车联网与自动驾驶技术及应用

刘云翔　主编
张　裕　朱勇建　林　涛　副主编

清华大学出版社
北　京

内容简介

本书对车联网、自动驾驶技术及其工作原理进行了阐述，主要内容包括自动驾驶汽车体系结构、计算机视觉感知、激光雷达感知、多传感器融合感知、V2X感知、决策规划、自动泊车及自动驾驶云平台开发技术，涉及当前自动驾驶研究领域的前沿技术与热点。

本书内容涉及面较广，是智能汽车、自动驾驶领域的入门教材，适合初学者和对具体技术领域有兴趣的读者。本书既可作为高等院校本科高年级计算机、汽车、交通类专业的教材，也可作为相关教师及相关领域研究人员和技术人员的参考书。

图书在版编目（CIP）数据
车联网与自动驾驶技术及应用 / 刘云翔主编.
北京 ：清华大学出版社，2024. 7. -- ISBN 978-7-302-66682-0
Ⅰ. U469-39
中国国家版本馆 CIP 数据核字第 2024E9C580 号

责任编辑：孟毅新
封面设计：傅瑞学
责任校对：刘　静
责任印制：刘　菲

出版发行：清华大学出版社
网　　址：https://www.tup.com.cn，https://www.wqxuetang.com
地　　址：北京清华大学学研大厦A座　　**邮　　编**：100084
社 总 机：010-83470000　　**邮　　购**：010-62786544
投稿与读者服务：010-62776969，c-service@tup.tsinghua.edu.cn
质量反馈：010-62772015，zhiliang@tup.tsinghua.edu.cn
印 装 者：小森印刷霸州有限公司
经　　销：全国新华书店
开　　本：185mm×260mm　　**印　　张**：10　　**字　　数**：238千字
版　　次：2024年7月第1版　　**印　　次**：2024年7月第1次印刷
定　　价：39.00元

产品编号：103502-01

前言

FOREWORD

近年来，随着人工智能、5G、大数据、云计算等新一轮高新技术的快速发展，汽车已从一个以硬件为主的工业化产品，逐步演变成移动智能新终端。自动驾驶是融合了传统车辆工程、人工智能和物联网等多种学科的交叉学科。传统车辆融合自动驾驶技术能够提高道路通行效率，减少交通事故和人员伤亡，提高车辆的运行效率，降低驾驶员的劳动强度，降低能源消耗和减少排放，提高出行的舒适性及安全性。随着"智能化"和"网联化"技术的不断发展，自动驾驶汽车技术由"单车智能"朝着"单车智能＋车路协同"的方向发展，而集成两大技术的智能网联汽车成为由传统汽车全面转型升级而形成的新一代汽车，支撑了未来汽车技术与产业的创新发展，促进了智能交通系统的建设与发展，呈现出智能化、网联化和协同化的总体态势。目前，我国在自动驾驶汽车领域存在巨大的科技人才缺口，导致人才培养滞后于技术及产业发展需求。本书旨在支撑自动驾驶领域复合型及应用型人才的培养。

本书共分9章，内容主要包括自动驾驶汽车基本概念、技术体系结构等，针对自动驾驶汽车平台、软硬件架构、环境感知、决策规划、自动泊车及自动驾驶云平台开发等关键技术进行了系统的阐述，梳理、区分了易混淆的自动驾驶及相关概念，强调了"单车智能＋车路协同"的自动驾驶技术发展趋势。

在本书的编写过程中，刘云翔负责全书的统筹及部分内容的编写工作，张裕、朱勇建、林涛、何伟、刘冶、姜丽、桂冰、陈小伟、张晴、陈颖参与了其余内容的编写、讨论和校订。

本书是2023年度教育部产学合作项目"人工智能实践基地建设"成果的重要组成部分，既强调基础理论方法，又注重结合具体应用，同时力求体现前沿技术与自动驾驶领域当前热点研究内容。本书通过基本概念与应用举例相结合的形式，使读者能熟悉自动驾驶汽车的基础知识，理解并掌握自动驾驶汽车核心技术和具备学术研究的基本技能，既可作为高等院校汽车类、交通类及计算机类专业的教材，也可作为企业工程技术人员的参考读物。

由于编者水平有限，书中难免有不足之处，恳请读者批评、指正。

编　者

2024年3月

目 录

CONTENTS

第1章 绪论

1.1 车联网技术

1.1.1 车联网应用背景

制造业是立国之本,是国家的支柱产业,是技术创新的主要领域。我国提出实施"中国制造 2025",以建设制造强国,加快发展先进制造业,其中汽车被列为十大"大力推送重点领域突破发展"之一,而智能交通系统(ITS)作为交通现代化建设的重要内容。为解决我国综合运输效能低下、公众出行不便、交通安全态势严峻、交通能耗高、交通服务水平落后等迫切问题,国家对交通运输提出了高效、安全、便捷、低碳发展的重大要求。面向应用需求,创新引领和推动智能交通的持续发展,是我国智能交通行业未来发展的方向。

随着大数据、云计算、人工智能、物联网等新一代信息技术的发展,众多领域掀起了新的科技革命。车联网(internet of vehicles)是物联网在智能交通领域的运用,是智能交通系统的重要组成部分。车辆和交通基础设施通过车联网技术对道路上的人、车、物实现全面感知,包括对道路的实时运行状况、道路交通流数据、交通设施状态的智能监测与管理等,这些都为驾驶员行车安全与综合信息服务提供基础支撑。车联网产业依托信息通信技术,通过车内、车与车、车与路、车与人、车与服务平台的全方位连接和数据交互,发展新一代汽车,提供综合信息服务,形成汽车、电子、信息通信、道路交通运输等行业深度融合的新型产业形态。车联网对于汽车产业转型升级、智能交通建设等具有重大意义,不仅有利于促进汽车产业创新变革,也有利于促进自动驾驶技术发展和应用,推进智慧交通,缓解交通拥堵及提升交通安全性。

1.1.2 车联网的定义与体系架构

1. 车联网的定义

车联网可以从广义和狭义两个方面进行定义。

广义车联网包括车内网、车际网和车云网，是车辆、道路、环境、云(平台)间进行数据和信息交换的通信技术，包含信息平台(云)、通信网络(管)、智能终端(端)三大核心技术。

(1) 车内网：以 CAN/LIN 总线技术为核心，建立一个标准化的整车网络。

(2) 车际网：基于无线通信技术，如专用短程通信技术(dedicated short range communication, DSRC)或 LTE-V 技术，建立车辆与周边环境的互联互通。

(3) 车云网：又称车载移动互联网，是指车载终端基于 3G、4G、5G 等远程通信技术实现与互联网的无线连接。

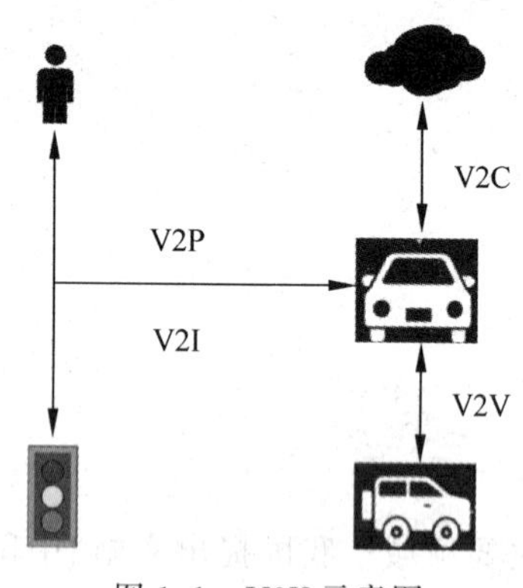

图 1.1 V2X 示意图

狭义车联网一般指 V2X(vehicle to everything)，是实现车与车(V2V)、车与人(V2P)、车与基础设施(V2I)和车与云(V2C)连接与信息交换的现代通信技术，如图 1.1 所示。

根据中国物联网校企联盟的定义，车联网是由车辆位置、速度和路线等信息构成的巨大交互网络。通过 GPS、RFID、传感器、摄像头图像处理等装置，车辆可以完成自身环境和状态信息的采集。通过互联网技术，所有的车辆可以将自身的各种信息传输汇聚到中央处理器；通过计算机技术，对这些大量的信息进行分析和处理，从而计算出不同车辆的最佳路线，并及时汇报路况和安排信号灯周期。

随着车联网技术和产业的发展，车联网的概念也在逐步发生变化。根据车联网产业技术创新战略联盟的定义，车联网是以车内网络、车际网络和车载行动网络为基础，按照既定的通信协议和数据交互标准，在车对其他对象(包括车、路、行人及互联网等)之间进行无线通信和信息交换的大系统网络，是能够实现智能化交通管理、智能动态信息服务和车辆智能化控制的一体化网络。

2. 车联网的体系架构

传统的车联网系统包括车辆和车载系统、车辆标识系统、路边设备系统、信息通信网络系统四大组成部分。随着车联网技术与产业的发展，传统的车联网系统包含的内容得到了扩展，根据车联网的系统功能划分，体系结构包含网络层、感知层和应用层三个层次，如图 1.2 所示。

1) 感知层

感知层包含具有感知能力的智能网联汽车和各种基础设施。其功能包括完成车辆自身与周围环境信息的全面感知，通过车与车、车与基础设施、车与云、车与行人的通信、车载传感器及车辆定位等信息感知技术，实时采集车辆状态、周围环境及车辆位置等信息，为车联网应用提供全面的信息感知服务。

2) 网络层

网络层解决车与车、车与路、车与设施、车与人等的互联互通，充分利用专用短程通信

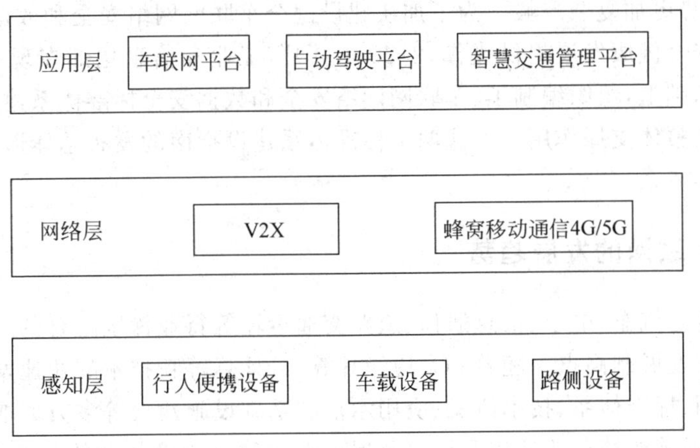

图 1.2 车联网体系架构

DSRC 和基于蜂窝移动通信的车联网技术(cellular-V2X,C-V2X)等通信网络资源,为综合应用层提供透明的信息传输服务和应用支撑。

3) 应用层

应用层是一个综合信息平台,包含面向各种车联网产业的应用,综合利用云计算、大数据、虚拟化等技术,构筑数据平台、运营平台和支撑平台。各项服务在现有的网络体系和协议基础上,对感知层的数据进行预处理,为车联网用户提供汽车信息收集、存储、处理、共享与发布等各类信息服务,具体应用包括车联网服务云平台、交通信息管理平台、自动驾驶服务云平台和地图云平台等。

1.1.3 车联网标准体系

2018 年 6 月,工业和信息化部、国家标准化管理委员会联合组织制定了《国家车联网产业标准体系建设指南》(以下简称《指南》)。两部门表示,将推动形成统一、协调的国家车联网产业标准体系结构,如图 1.3 所示。标准体系按照不同行业属性划分为汽车、通信、电子、交通和公安五大行业领域,具体包括智能网联汽车标准体系、信息通信标准体系、电子产品与服务标准体系、智能交通相关标准体系及车辆智能管理标准体系五个标准体系。在《指南》中分别定义了各自的标准体系结构。

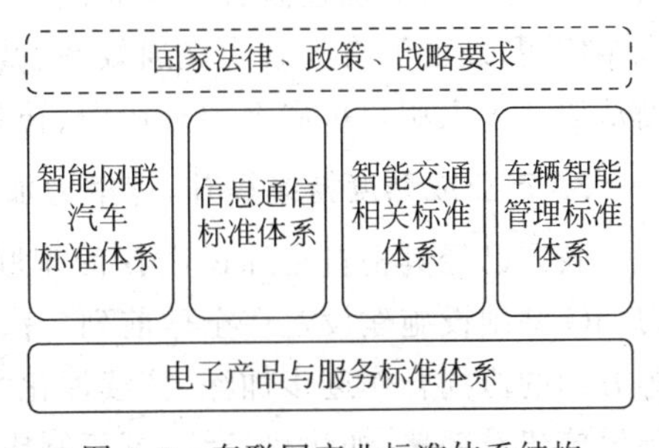

图 1.3 车联网产业标准体系结构

根据《指南》的规定,我国车联网产业标准体系建设总体目标包括以下两个阶段。

(1) 2018—2020 年,主要解决标准体系融会贯通和基础共性标准缺失的问题,基本建成国家车联网产业标准体系。

(2) 2020—2025 年,主要解决标准体系完善及标准推广应用问题,全面形成中国标准智能汽车的技术创新、产业生态、路网设施、法规标准、产品监管和信息安全体系。

随着汽车电动化、网联化、智能化交融发展,车辆运行安全、数据安全和网络安全风险交织叠加,安全形势更加复杂严峻。为了加快建设健全车联网网络安全和数据安全保障体系,为车联网产业安全健康发展提供支撑,2022 年 2 月,工业和信息化部在现有国家车联网产业标准体系的基础上,组织编制了《车联网网络安全和数据安全标准体系建设指南》,用于加强对车联网安全整体支撑作用。上述两个标准体系建设指南的发布总体形成了我国完善的车联网产业标准体系。

1.1.4 车联网的发展趋势

车联网产业是汽车、电子、信息通信、道路交通运输等行业深度融合的新型产业,是全球创新热点和未来发展制高点。随着 5G、边缘计算、云计算等新技术的快速发展,我国车联网产业在政策规划、标准体系、技术研发、应用示范和基础设施建设等多方面取得了积极进展,在促进汽车、交通等传统产业转型升级以及促进形成数字经济发展的新产业集聚方面起到了积极作用。

1. 政策加持,车联网加速落地

我国持续推动车联网产业发展,从政策发布到标准建立,推进车联网健康有序发展。2020 年国务院发布了《新能源汽车产业发展规划(2021—2035 年)》,促进新能源汽车与能源、交通、信息通信深度融合,协调推动智能网络设施建设,推进交通标识等道路基础设施数字化改造和互联。工业和信息化部在《关于推动 5G 加快发展的通知》中提出,要促进"5G+车联网"协同发展,推动将车联网纳入国家新型信息基础设施建设工程,促进 LET-V2X 规模部署,建设国家级车联网先导区。有了政策加持,我国车联网新型基础设施快速落地并初见成效。

2. 协同发展,车联网应用不断延伸

当前,车联网的内涵不断丰富,价值空间不断拓展。车联网应用服务体系日益丰富,与汽车、交通等行业加速融合。车联网应用不仅服务于辅助驾驶、高等级自动驾驶等智能网联汽车应用,还能够有效解决交通效率、城市治理等系统性工程问题。此外,车联网应用正逐渐从服务个人用户扩展至智慧矿山、智慧港口、智慧工厂等企业用户的生产类应用。

3. 产业成熟度持续提升,竞争力加强

我国已经具备自主知识产权的车联网 C-V2X 车规级芯片模组,形成了国际市场竞争力,5G 基础设施建设走在全球前列。汽车、信息通信、交通等跨行业在技术路径、建设运营等方面的协同合作逐步加深,持续深化"车—路—云—网—图"技术攻关,正在加快标准化基础设施建设部署,加快可持续、可复制应用场景推广与价值空间挖掘,筑牢通信安全、数据安全和网络安全基础底座,推进车联网产业迈入应用部署的新时期。

1.2 自动驾驶

1.2.1 自动驾驶概述

近几年,新能源汽车的发展十分迅速,除了传统车企开始布局新能源汽车,越来越多的互联网企业也纷纷入局,与之相关的智能驾驶技术也迅速普及。随着汽车电动化渗透率的不断提升，汽车在动力和加速方面趋于同质化，因此，智能化和网联化是汽车厂商差异化竞争布局的重要方向。其中，自动驾驶技术是智能汽车未来的核心竞争力之一。

1. 自动驾驶的定义及分级

自动驾驶是指车辆在无驾驶员操作的情况下自行实现驾驶，车辆自身能够对行驶任务进行规划与决策，并代替驾驶员操控，使车辆完成安全行驶的功能。

自动驾驶汽车又称无人驾驶汽车、电脑驾驶汽车或轮式移动机器人，是一种通过计算机系统实现无人驾驶的智能汽车。自动驾驶汽车依靠人工智能、视觉计算、雷达、监控装置和全球定位系统协同合作，可以让计算机在没有人的主动操作下做到车路协同，自动安全地操作机动车辆。

根据美国汽车工程师协会(SAE)制定的标准，自动驾驶等级分为L0～L5级。L0级为无自动驾驶，L1级为辅助驾驶，L2级为部分自动驾驶，L3级为有条件自动驾驶，L4级为高度自动驾驶，L5级为完全自动驾驶。自动驾驶分级如图1.4所示。

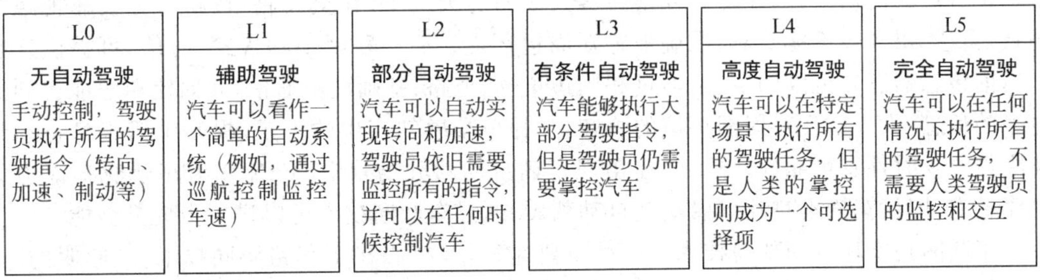

L0	L1	L2	L3	L4	L5
无自动驾驶 手动控制，驾驶员执行所有的驾驶指令（转向、加速、制动等）	**辅助驾驶** 汽车可以看作一个简单的自动系统（例如，通过巡航控制监控车速）	**部分自动驾驶** 汽车可以自动实现转向和加速，驾驶员依旧需要监控所有的指令，并可以在任何时候控制汽车	**有条件自动驾驶** 汽车能够执行大部分驾驶指令，但是驾驶员仍需要掌控汽车	**高度自动驾驶** 汽车可以在特定场景下执行所有的驾驶任务，但是人类的掌控则成为一个可选择项	**完全自动驾驶** 汽车可以在任何情况下执行所有的驾驶任务，不需要人类驾驶员的监控和交互

图1.4 自动驾驶分级

2. 自动驾驶技术及应用

自动驾驶是一个复杂的软硬件结合的系统，主要分为感知、决策规划、控制执行三大技术模块。感知模块主要通过GPS/IMU传感器获取车身状态信息，通过摄像头、激光雷达、毫米波雷达等传感器为自动驾驶提供周围环境信息，相当于驾驶员的眼睛和耳朵。决策规划模块根据感知系统提供的车辆位置和周边环境数据，在车载计算平台中根据适当的模型进行路径规划等决策，相当于驾驶员的大脑。控制执行模块以自适应控制和协同控制方式控制车辆执行响应命令动作，相当于驾驶员的手和脚。

从感知的层面看，随着智能驾驶级别的提升，车辆所需要的传感器也越发多样化，为了应对不同的场景和保证车辆的安全，多传感器融合成为行业技术发展趋势。多传感器融合是对信息的多级别、多维度组合，不仅能利用不同传感器的优势，还能提高整个系统的智能化，提升自动驾驶的可靠性与安全性。

自动驾驶技术在各领域的应用日益广泛，在个人出行乘用车方面，重庆、武汉两地发布新规，允许自动驾驶车辆进行商业化运营试点。至此，全国已有北京、重庆、武汉、深圳、广州、长沙等多个城市允许自动驾驶汽车在特定区域、特定时段进行商业化试运营。2022年8月1日，《深圳经济特区智能网联汽车管理条例》(以下简称《条例》)正式生效，这是国内首部关于智能网联汽车的管理法规，对自动驾驶的准入规则、路权、权责认定等进行了明确规定。根据《条例》，完全自动驾驶的汽车可以不具有人工驾驶模式和相应装置，可以不配备驾驶员，在深圳交通管理部门划定的区域、路段行驶。2022年8月7日，全国首个全车无人化示范运营资格在重庆市永川区发放，百度“萝卜快跑”自动驾驶付费出行服务正式开始运营。用户可下载“萝卜快跑”手机应用进行体验。目前，乘用车方面由于自动驾驶法规、技术和场景复杂等限制，严格意义上的L3很难在短期内落地。而在封闭、低速、固定线路和不载人的部分场景，如矿山、工业园区、港口等，高级版自动驾驶正加速落地。

1.2.2 自动驾驶与车联网的关系

自动驾驶的核心是车，而不是网。没有车联网(V2X)技术，驾驶也能实现自动化。在未来的自动驾驶应用中，V2X通信技术是实现环境感知的重要技术之一，与传统车载激光雷达、毫米波雷达、摄像头、超声波等车载感知设备优势互补，为自动驾驶汽车提供雷达无法实现的超视距和复杂环境感知能力。没有V2X，就无法真正地实现复杂场景下的安全自动驾驶。

如当前的谷歌、特斯拉、Mobileye自动驾驶系统，它们基于传感器、雷达和摄像头进行各种信息的输入；通过人工智能技术决策，单车本身在一定程度上就可以实现自动驾驶。但是也有很大的局限性，在晚上或雨雪雾天等恶劣天气下，在交叉路口、拐弯处及非视距等场景，雷达、摄像头不能及时、准确地感知周边环境。而车联网中的V2X通信，可提供远超出当前传感器感知范围的信息，通过和周边车辆、道路、基础设施通信，获取比单车能得到的更多的信息，大大增强对周围环境的感知，弥补单车感知产生的不足，提升车辆本身自动驾驶决策的及时性及可靠性。总之，在实现车辆自动驾驶场景中，V2X作为车辆感知能力的重要补充，即便车辆本身就可以实现自动驾驶，通过车联网技术可以进一步提升性能。

车联网是实现自动驾驶技术的一种重要途径，其核心在于车路协同技术。“聪明的路，智慧的车”的技术路线能够弥补当前自动驾驶汽车在信息感知、分析决策上的不足，尽快实现车辆的智能化自动化运营。自动驾驶目前有单车智能自动驾驶(autonomous driving，AD)和车路协同自动驾驶(vehicle-infrastructure cooperated autonomous driving，VICAD)两种技术路线。其中，AD主要依靠车辆自身的视觉、毫米波雷达、激光雷达等传感器、计算单元、线控系统进行环境感知、计算决策和控制执行。VICAD则是在单车智能自动驾驶的基础上，通过车联网将交通参与要素有机地联系在一起，助力自动驾驶车辆在环境感知、计算决策和控制执行等方面的能力升级，加速自动驾驶应用成熟。VICAD不仅可以提供更安全、更舒适、更节能、更环保的驾驶方式，还是城市智能交通系统的重要环节，也是构建新型智慧城市的核心要素。目前，通过车联网(V2X)的车路协同，从单车智能向网联智能演进，实现高水平自动驾驶，已成为产业发展方向。

1.3 智能网联汽车

2019年，国家发展和改革委员会、科学技术部、工业和信息化部联合发布了《汽车产业中长期发展规划》，明确将智能网联汽车(intelligent connected vehicle，ICV)技术作为汽车产业发展的重点突破领域，是《中国制造2025》重点产业领域之一。智能网联汽车是指车联网与智能车的有机联合，涵盖了计算机、电子、控制、人工智能等多学科领域。中国汽车工业协会将其定义为，搭载先进的车载传感器、控制器、执行器等装置，并融合现代通信与网络技术，实现车与人、车、路、后台等智能信息交换共享，实现安全、舒适、节能、高效行驶，并最终可替代人来操作的新一代汽车。

智能网联汽车可以提供更安全、更高效、更舒适、更节能的驾驶方式和交通出行综合解决方案，是城市智能交通系统的重要组成部分，拥有广阔的发展前景。其意义不仅在于汽车产品与技术的升级，更有可能带来汽车以及相关产业全业态和价值链体系的重塑。

1.3.1 智能网联汽车关键技术

目前提到的自动驾驶技术，更多的是从单车智能角度展开。作为未来发展一大爆发点的智能汽车，其未来发展方向包括智能化和网联化两个方面。智能汽车关键技术可总结为“三横”和“两纵”。其中，感知、决策、控制和通信是汽车智能化与网联化的核心，如图1.5所示。

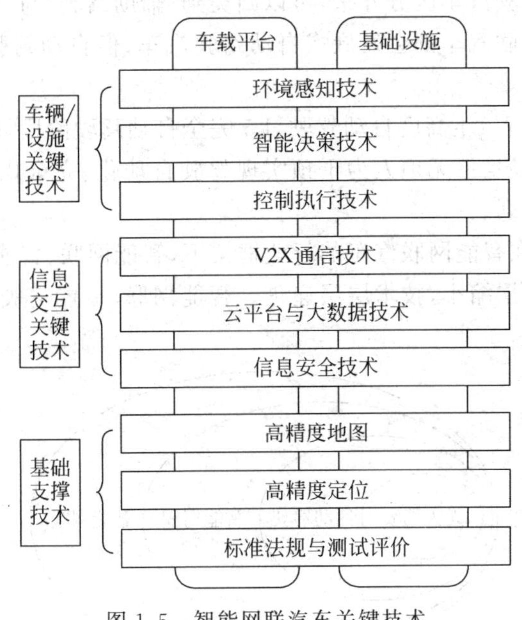

图1.5 智能网联汽车关键技术

“三横”是指车辆/设施技术、信息交互技术和基础支撑技术；“两纵”是指车载平台和基础设施建设。

(1) 车辆/设施技术包括环境感知技术、智能决策技术和控制执行技术等。

(2) 信息交互技术包括V2X通信技术、云平台与大数据技术、信息安全技术等。

(3) 基础支撑技术包括高精度地图与高精度定位技术、标准法规和测试评价技术等。

1.3.2 智能网联汽车与其他概念的区别与联系

自动驾驶是当前汽车产业发展的热点领域，也是在全球范围内被广泛关注的焦点。随着人工智能技术的不断发展，智能处理技术与网络通信技术深度融合，产生了智能网联汽车。车联网系统是智能网联汽车、智能汽车的最重要载体，只有充分利用互联技术才能保证智能网联汽车真正拥有充分的智能和互联。智能网联汽车的终极目标是无人驾驶汽车。无人驾驶汽车是汽车智能化与车联网的完美结合。

智能网联、智能驾驶、自动驾驶及无人驾驶几个概念的联系与区别如下。

与智能网联汽车实现“智能化”与“网联化”的融合不同，智能驾驶汽车更强调智能化的过程。智能驾驶汽车技术涵盖了ADAS、智能互联等任何有助于实现汽车驾驶智能化的系统和应用，覆盖环境感知、规划决策、控制执行等多个环节，并最终指向“代替人操作”的目标。

自动驾驶汽车重点强调实现汽车的自动化控制操作，比如，车辆本身搭载的各种传感器、GPS和其他通信设备感知外部环境信息，针对安全状况进行决策规划，然后无须驾驶员直接操作即可自动完成控制动作。

仅具有预警提示或者短暂干预能力的辅助驾驶系统而不能依据外部情况持续实施自主控制的汽车应与自动驾驶汽车区分开来，可以归类到“辅助驾驶”与“智能驾驶”。

不是所有的智能网联汽车都会发展成自动驾驶汽车，但自动驾驶汽车一定要有智能网联功能。

当自动驾驶系统进入L4高度自动驾驶、L5完全自动驾驶阶段，就意味着自动驾驶技术更加高级，从实现任何场景下无须人为干预实现驾驶自动化、完全代替人来操作的目标，进入了无人驾驶汽车的行列。

依据以上的分析，在智能网联汽车的行业框架下，智能网联、智能驾驶、自动驾驶及无人驾驶的关系应是内涵层层缩小，技术层层递进。智能网联、智能驾驶、自动驾驶及无人驾驶的关系如图1.6所示。

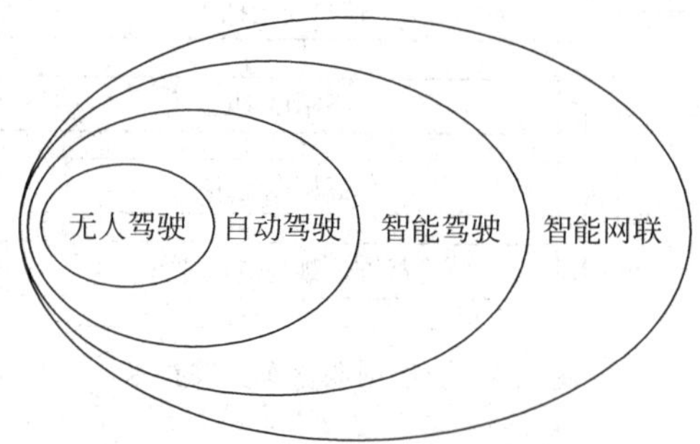

图1.6 智能网联、智能驾驶、自动驾驶及无人驾驶的关系

智能交通系统(intelligent transport system，ITS)是一种将先进的信息技术、数据通信传输技术、电子传感技术、卫星导航与定位技术、电子控制技术以及计算机处理技术等有效地集成运用于整个交通运输管理体系，而建立起的一种在大范围内、全方位发挥作用的，实时、准确、高效的综合运输和管理系统。发展智能交通是提高交通运输效率，解决交通拥挤、交通事故等问题的最好办法。从各国实际应用效果来看，发展智能交通系统确实可以提高交通效率，有效减缓交通压力，降低交通事故率，进而保护了环境、节约了能源。而智能网联汽车是智能交通系统的重要组成部分。智能交通系统、智能网联汽车及车联网关系如图1.7所示。

智能网联汽车是推动众多重点领域协同创新、构建新型交通运输体系的重要载体，在塑造产业生态、提高交通安全性、实现节能减排等方面具有重大战略意义。国家在智能网联汽车产业的法规、政策、技术、标准、试点、项目资金方面全方位支持，开放融合、创新发展的产业生态基本形成。

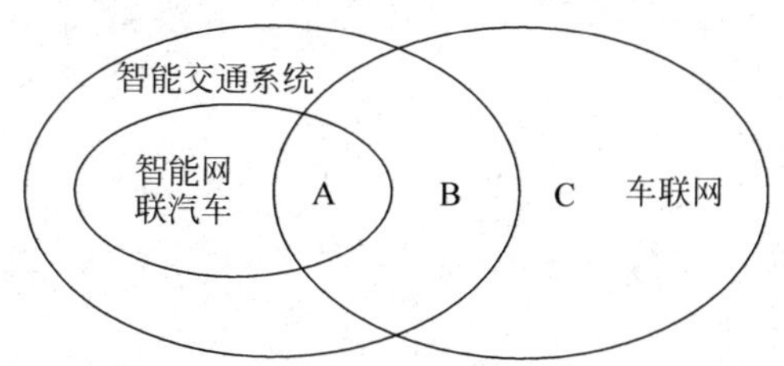

图 1.7 智能网联汽车与智能交通系统、车联网的关系

A—协同式智能车辆控制(智能网联汽车)；B—协同式智能交通管理与信息服务；
C—汽车智能制造、电商、售后服务及保险等

参考文献

[1] 崔胜民.智能网联汽车技术[M].北京：机械工业出版社，2020.
[2] 秦孔建，吴志新，陈虹.智能网联汽车测试与评价技术[M].北京：机械工业出版社，2021.
[3] 中国电子信息产业发展研究院.智能网联汽车测试与评价技术[M].北京：人民邮电出版社，2017.
[4] 王平，王超，刘富强，等.车联网权威指南——标准、技术及应用[M].北京：机械工业出版社，2018.
[5] 陈山枝，胡金玲，等.蜂窝车联网(C-V2X)[M].北京：人民邮电出版社，2021.
[6] 杨殿阁，黄晋，江昆，等.汽车自动驾驶[M].北京：清华大学出版社，2022.

第2章

自动驾驶平台

2.1 自动驾驶系统

自动驾驶技术是一种将机器学习和机器人技术等应用于交通领域，在没有人工干预的情况下，针对给定的出发地 A 和目的地 B，利用车规级别的计算平台和人工智能技术，安全高效地驾驶车辆并完成车辆的交通功能的新兴技术。针对当前频发的交通事故、较高的事故伤残率和交通拥堵等一系列问题，自动驾驶技术凭借其独有的交通事故预测功能、交通事故无法避免时伤害最小化功能和出行路线再规划功能等，能够有效地提高交通通行效率、降低交通事故率和改善车辆的能源消耗等，近年来吸引国内外的科研团队和科技公司纷纷布局自动驾驶技术的研发，同时自动驾驶技术也是实现我国建设交通强国和构建国家综合立体交通网的关键一环。

自动驾驶技术主要由环境感知、决策和规划控制三部分构成。类比于人类驾驶员，从 A 地出发到 B 地的过程中，车辆需要不间断地获取周围的交通环境数据和交通规则数据等，利用全局的地图信息和局部的路障信息规划合理的行驶路线，并将行驶车辆的速度和加速度等数据通过 CAN 总线发送给车辆运动控制系统，实现车辆在无人工干预情况下的自动行驶。通过车载传感器如摄像头、激光雷达和毫米波雷达，结合车载定位导航设备如 GNSS（全球导航卫星系统）和 IMU（惯性测量单元），利用机器学习的方法获知在某一个时刻车辆周围静态障碍物和动态障碍物的位置、大小、类别和属性等信息，根据已有的高精地图数据规划车辆在下一时刻的行驶轨迹，并依照当前的道路路况信息，在必要时更新高精地图数据。

如图 2.1 所示，自动驾驶系统包含环境感知系统、定位导航系统和路径规划系统。环境感知相当于人类驾驶员的眼睛和耳朵，主要依赖于车载传感器获取车辆周围的环境信息，并通过人工智能技术获知诸如道路标志、标线等信息。定位导航系统类似于当前的车载导航系统，但其与车载导航系统不同的是，定位导航系统提供的道路数据信息更为复杂，并且能够被车规级别的计算平台理解和使用。根据环境感知系统、定位导航系统和高精度地图提供的数据信息,路径规划系统实现车辆在下一个时刻的行驶轨迹规划,并将车辆行驶信息发送给运动控制系统,完成车辆的自动驾驶功能。

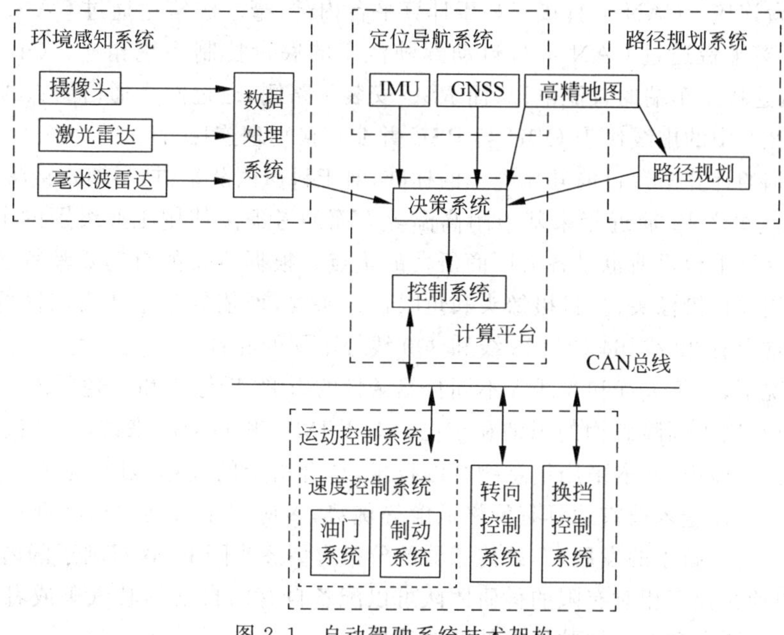

图 2.1 自动驾驶系统技术架构

基于自动驾驶技术在减少交通阻塞和降低交通事故等方面的优势,国内外的车企也开始着手车辆自动驾驶系统的研发。本章通过硬件平台和软件平台两个方面来详述自动驾驶系统。

2.2 硬件平台

如图 2.2 所示,除了车辆供电系统和底盘控制系统的改装之外,自动驾驶汽车与普通汽车的区别在于,自动驾驶汽车配备多种车载传感器和车规级别的计算平台。由于多个车载

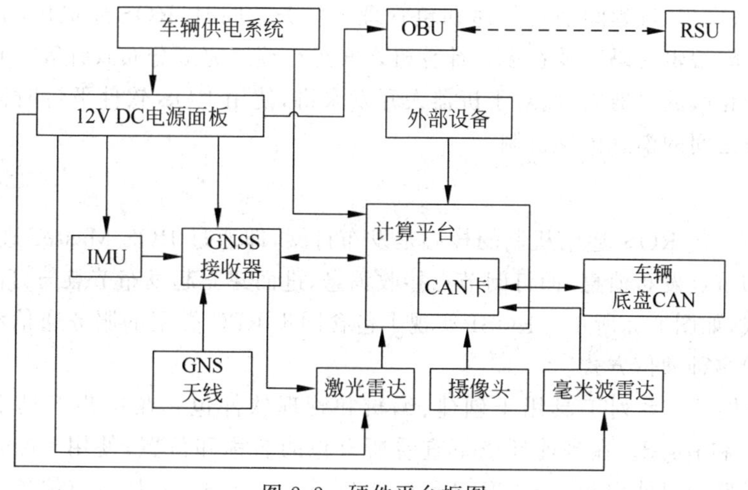

图 2.2 硬件平台框图

传感器的工作电压低于常规的 220V，因此车辆供电系统外接出一个 12V 的直流电压，为激光雷达、毫米波雷达、IMU 和 GNSS 接收器供电。在设备连接方面，常规的外设如鼠标和键盘等，直接与车规级别计算平台相连，而激光雷达、摄像头和 GNSS 接收器通过相应的连接线与计算平台连接。CAN 卡直接安装于计算平台内部，毫米波雷达通过 CAN 卡与计算平台连接，而计算平台通过 CAN 卡与自动驾驶汽车的底盘控制系统相连。OBU 安装于车端，可以直接连接于车端的直流电源，而 RSU 安装于路侧，通过网络通信的方式与 OBU 交换数据。图 2.2 中的虚线代表 OBU 与 RSU 并非直接物理连接。

车规级别的计算平台目前并无统一的标准，对于科研团队来讲，早期直接将台式机放置于自动驾驶汽车之上，而近年来基于耐高温等方面的考虑多使用工业级别的个人计算机。车规级别的计算平台目前也是各大厂商研发的重点。根据研发的自动驾驶算法不同，车载摄像头多使用单目摄像头、多目摄像头和鱼眼摄像头等，而依据各个研发团队的预算不同，激光雷达通常会有 32 线、64 线、128 线和 300 线等不同的配置。

通常情况下，由于天气和光线等不同自然条件的影响，摄像头和激光雷达多采用融合的技术，实现对车辆周围障碍物的识别和定位。对于 IMU 和 GNSS 来讲，由于误差的存在和障碍物的遮挡等原因，基本采用信息融合的技术，结合给定的高精地图，完成对自动驾驶汽车的精准定位。而毫米波雷达具有价格低廉等优势，多应用于自动泊车等低速场景中。随着国产激光雷达等技术的发展，车载传感器的价格有望逐步降低，这有利于国内自动驾驶技术的研发，也使得预算相对有限的科研团队可以配备自有的自动驾驶汽车或者配置更多的车载传感器，共同推动自动驾驶技术的产业落地。

2.3 软件平台

2.3.1 ROS

ROS(robot operating system)是主要为机器人的算法验证和功能实现提供基础支持的软件平台。ROS 依赖于 UNIX 平台运行，通常情况下用户会将 ROS 安装在 Ubuntu 或者 macOS 系统之上。与常规的操作系统类似，ROS 为机器人开发提供了硬件抽象、底层设备控制、常用函数实现、进程间消息传递和包管理等服务。同时，ROS 还提供相关工具和库，用于获取、编译、编辑代码以及在多个计算机之间运行程序完成分布式计算。可以将自动驾驶汽车看作简化版的机器人，而对于机器人开发来讲，使用 ROS 软件平台时需要关心的是机器人各部分之间的消息传递机制。

1. ROS1

ROS1(第一代 ROS)通信机制的核心是发布订阅，即通过 ROS Master 进行节点管理。机器人的发布节点发布消息，而订阅节点接收消息，进而建立起发布节点与订阅节点之间的消息传递方式，如图 2.3 所示。ROS1 实现了包含同步 RPC 类型的服务通信和异步数据流的话题通信等多种通信方式。

ROS1 提供了一系列工具用于创建、编辑和管理软件包。在这些工具中最常见的有 rospack、rosls 和 roscd。在当前环境下查看所有包的名称和位置，使用 rospack list 命令；查找一个包的路径时使用 rospack find ＜package-name＞命令；从当前位置切换到任一包

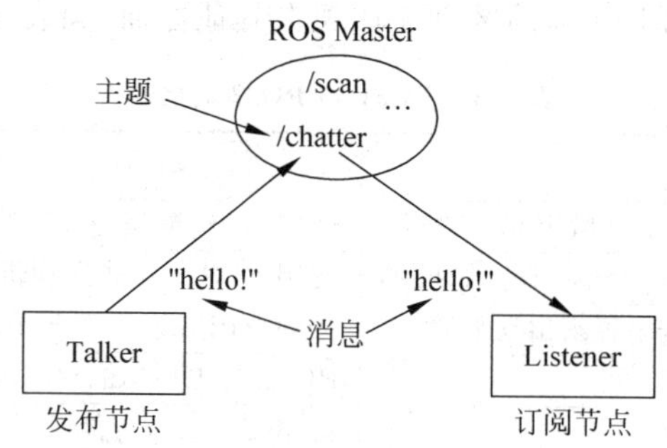

图 2.3 ROS1 的通信机制

或者目录位置时使用 roscd <package-name/subdir>命令；而查看任一包或者目录的信息时使用 rosls <package-name/subdir>命令。通常情况下，当新建项目时，首先需要创建一个新的工作空间。如图 2.4 所示，mkdir 命令创建 catkin_ws 文件夹和子文件夹 src；catkin_init_workspace 命令初始化工作空间并在 src 文件夹下生成 cmakelists. txt 文件；catkin_make 命令使用 cmakelists. txt 编译生成 build 和 devel 子文件夹；source 命令将新建的工作空间路径加入环境变量 ROS_PACKAGE_PATH 中。

```
mkdir -p ~/catkin_ws/src
cd ~/catkin_ws/src
catkin_init_workspace
cd ~/catkin_ws/
catkin_make
source devel/setup.bash
```

图 2.4 新建工作空间

在新建的工作空间中，利用 catkin_create_pkg <package_name> [depend1] [depend2] [depend3]命令新建包，并使用 catkin_make 编译 ROS 包。通过执行上述命令，为后续的代码开发做好充分的准备。

2. ROS2

当有多个机器人需要协作时，ROS1 对网络的严重依赖和仅支持单机器人等的架构缺陷，会极大地限制机器人技术的研发。因此 ROS2(第二代 ROS)利用 RTSP(real-time publish-subscribe)协议的 DDS(data-distribution service)，摆脱对 ROS Master 节点的依赖，实现发布节点和订阅节点之间的直接通信。ROS2 创建工作空间和 ROS 包的步骤相对来讲比较简单，如图 2.5 所示。

```
mkdir -p ~/dev_ws/src
cd ~/dev_ws/src
ros2 pkg create --build-type ament_cmake <package_name>
```

图 2.5 新建工作空间和 ROS 包

在此基础上,ROS1 和 ROS2 的区别还体现在其他方面,如表 2.1 所示。

表 2.1 ROS1 和 ROS2 的区别

ROS1	ROS2
使用 TCPROS(TCP/IP 的自定义版本)通信协议	使用 DDS(数据分发系统)进行通信
使用 ROS Master 进行集中发现和注册。如果主机出现故障,完整的通信管道很容易出现故障	使用 DDS 分布式发现机制。ROS2 提供了一个自定义的 API 来获取关于节点和主题的所有信息
ROS1 仅在 Ubuntu 操作系统上可用	ROS2 与 Ubuntu、Windows 10 和 OS X 兼容
使用 C++ 3 和 Python 2	使用 C++ 11(可能升级)和 Python 3
ROS1 仅使用 CMake 构建系统	ROS2 提供使用其他方式构建系统的选项
具有使用单个 CMakeLists. txt 文件调用的多个包的组合构建	支持包的独立构建,以更好地处理包间的依赖关系
消息文件中的数据类型不支持默认值	消息文件中的数据类型可以在初始化时具有默认值
roslaunch 文件是用 XML 编写的,功能有限	roslaunch 文件是用 Python 编写的,支持重新配置和有条件的执行
即使使用实时操作系统,也无法确定地支持实时行为	支持 RTPREEMPT 等 apt RTOS 的实时响应

2.3.2 Cyber RT

Cyber RT 是百度为自动驾驶场景专门开发的开源和高性能运行时框架,对应于 ROS2。如图 2.6 所示,Cyber RT 是百度 Apollo 整体框架中的中间件,为感知、定位、规划、控制和人机交互等提供支持。Cyber RT 基于中心化的计算模型,针对自动驾驶的高并发、低延迟和高吞吐进行了优化。为了解决 ROS1 的诸多问题,Cyber RT 将常规的调度和任务从内核空间移到任务空间,降低了内核空间频繁切换的开销。尽管早期的百度的 Apollo 自动驾驶算法栈可以依赖 ROS1 运行,但目前通常情况下,开发人员多将 Apollo 算法栈部署于 Cyber RT 之上。

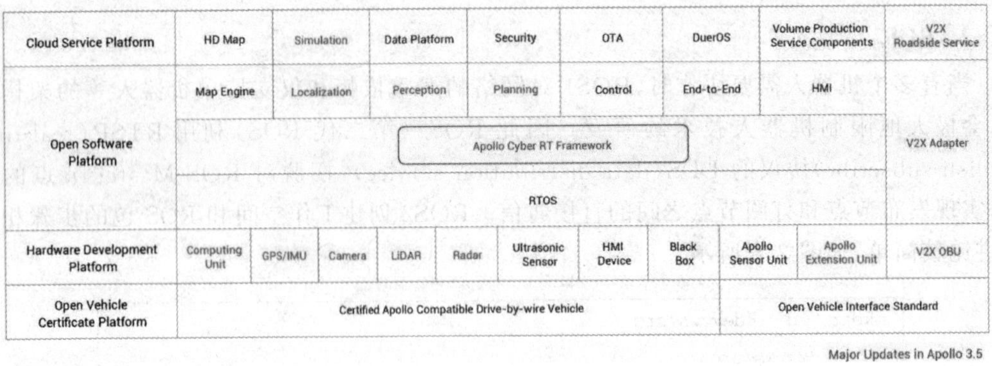

图 2.6 百度 Apollo 框架

ROS 与 Cyber RT 的主要区别如表 2.2 所示。

表 2.2 ROS 与 Cyber RT 的区别

说　　明	ROS	Cyber RT
组件之间通信	—	Component
数据通信管理	Topic	Channel
模块通信途径	Node	Node
订阅者模式	Publish/Subscribe	Reader/Writer
请求/响应模式	Service/Client	Service/Client
模块间通信的数据单元	Message	Message
全局参数访问的接口	Parameter	Parameter
记录并回放消息	Bag file	Record file
启动模块的途径	Launch file	Launch file
异步计算任务	—	Task
优化线程使用和系统资源分配	—	CRoutine
任务调度	—	Scheduler
定义模块拓扑结构的配置文件	—	Dag file

参 考 文 献

[1] 王建，徐国艳，陈竞凯，等. 自动驾驶技术概论[M]. 北京：清华大学出版社，2019.

[2] Morgan Quigley，Brian Gerkey，Ken Conley，et al. ROS：an open-source Robot Operating System[J]. IEEE International Conference on Robotics and Automation，2009(2)：37.

第3章

基于视觉的智能感知技术

智能驾驶的核心不在于车而在于人，是驾驶员在长期驾驶实践中对环境感知、决策规划、控制执行过程的理解、学习和记忆。环境感知作为第一个环节，属于智能驾驶车辆与外界环境信息交互的关键位置，其关键在于智能驾驶车辆能够更好地模拟人类驾驶员的感知能力，从而理解自身和周边的驾驶态势，智能驾驶车辆获取和处理环境的信息，主要用于状态感知和 V2X。V2X 是车和外界的信息交换、网联通信。状态感知主要是通过车载传感器对周边以及本车环境信息进行采集和处理，包括交通状态感知和车身状态感知，V2X 网联通信是利用现代通信和网络技术，实现智能驾驶车辆与外界设施和设备之间的信息共享、互联互通和控制协同。V2X 网联通信通过强调车辆、道路和使用者三者之间的关系，从而提高驾驶员的安全性和驾驶效率。

3.1 摄像头基本工作原理

光线通过镜头进入摄像头内部，然后经过 IR Filter 过滤红外光，最后到达传感器。传感器按照材质可以分为 CMOS 和 CCD 两种，可以将光学信号转换为电信号，再通过内部的 ADC 电路转换为数字信号，然后传输给 DSP(如果没有，则以 DVP 的方式传送数据到基带芯片，此时的数据格式为 Raw Data)。

镜头是相机的灵魂，镜头对成像起很重要的作用，相当于人眼中的晶状体，利用透镜的折射原理，景物光线透过镜头在聚焦平面上形成清晰的像，然后通过感光材料 CMOS 或 CCD 记录影像，并通过电路转换为电信号。镜头产业有比较高的技术门槛，业内比较知名的如富士精机、柯尼卡、美能达、大立光、Enplas 等。

镜头一般由几片透镜组成透镜结构，按材质可分为塑胶透镜和玻璃透镜。玻璃镜片比树脂镜片贵。塑胶透镜其实是树脂镜片，透光率和感光性等光学指标比不上镀膜镜片。

通常摄像头采用的镜头结构有 1P、2P、1G1P、1G2P、2G2P、2G3P、4G、5G 等。透镜越多，成本越高，相对成像效果会更出色(光线更均匀、更细致；对光线的选通更丰富；成像畸变更小)，但是会导致镜头变长，光通量变小。

红外滤光片 IR Filter 主要用于过滤掉进入镜头的光线中的红外光，这是因为人眼看不到红外光，但是传感器能感受到红外光，所以需要将光线中的红外光滤掉，以便图像更接近人眼看到的效果。

传感器是摄像头的核心，负责将通过镜头的光信号转换为电信号，再经过内部 AD 转换为数字信号。每个像素点只能感受 R、G、B 中的一种，因此每个像素点中存放的数据是单色信息。人们通常所说的 1 000 万像素，表示的就是有 1 000 万个感光点，每个感光点只能感应一种光，这些最原始的感光数据我们称为 RAW Data。Raw Data 数据要经过 ISP(image sensor processor，是传感器模块的组成部分)的处理才能还原出三原色。也就是说，如果一个像素点感应为 R 值，那么 ISP 会根据该感光点周围的 G、B 的值，通过插值和特效处理等，计算出该 R 点的 G、B 值，这样该点的 RGB 就被还原了。

目前常用的传感器有两种，一种是 CCD(电荷耦合)器件，另一种是 CMOS(金属氧化物导体)器件。

CCD(charge coupled device，电荷耦合器件)使用一种高感光度的半导体材料制成，通过模数转换器芯片将光线转换成电信号。CCD 由许多独立的感光单元组成，通常以百万像素为单位。当 CCD 表面受到光照时，每个感光单元都会将电荷反映在组件上，所有的感光单位产生的信号加在一起，就构成了一幅完整的图像。

CMOS(complementary metal-oxide semiconductor，互补性氧化金属半导体)是利用硅和锗做成的半导体，使其在 CMOS 上共存着带 N(－)和 P(＋)级的半导体，这两个互补效应所产生的电流可以被处理芯片记录并解读成影像。

图像处理芯片 DSP 是 CCM 的重要组成部分，它的作用是将感光芯片获得的数据及时、快速地传递到中央处理器并刷新感光芯片，因此 DSP 芯片的好坏直接影响画面品质，如色彩饱和度、清晰度、流畅度等。如果传感器没有集成 DSP，则通过 DVP 的方式传输到基带芯片中(可以理解为外挂 DSP)，进入 DSP 的数据是 RAW Data，采集到的是原始数据。如果集成了 DSP，则 RAW Data 会被 AWB、color matrix、lens shading、gamma、sharpness、AE 和 de-noise 等模块处理，最终输出 YUV 或者 RGB 格式的数据。

3.1.1　机器视觉原理

机器视觉(machine vision)作为光电技术应用的一个特定领域，目前已经发展成一个备受瞩目的行业。随着工业 4.0 浪潮袭来，机器视觉会摆脱最初“辅助工具”的地位，成为生产系统的“眼睛”与“大脑”。

机器视觉技术是计算机科学的一个重要分支，它涉及计算机、图像处理、模式识别、人工智能、信号处理、光学、机械等多个领域，其目的是给机器或者自动生产线添加一套视觉系统。机器视觉采用机器代替人眼来做测量与判断，通过计算机摄取图像来模拟人的视觉功能，实现人眼视觉的延伸。

一个完整的工业机器视觉系统由众多功能模块共同组成，一般由光学系统(光源、镜头、工业相机)、图像采集单元、图像处理单元、执行机构及人机界面等模块组成，所有功能模块相辅相成，缺一不可。好的机器视觉系统能够为制造业提供更多有利于提高产品质量和生产效率的硬件支持。

通过机器视觉产品(即工业相机)将待检测目标转换成图像信号,传送给图像处理分析系统,得到被摄目标的形态信息,将像素分布和亮度、颜色等信息转变成数字化信号;图像系统对这些信号进行各种运算来抽取目标的特征,进而根据判别的结果来控制现场设备的动作。

3.1.2 多角度视觉信息融合

图像融合(image fusion)是指将多源信道所采集到的关于同一目标的图像数据经过图像处理,最大限度地提取各自信道中的有利信息,最后综合成高质量的图像。融合的结果可以更好地将多幅图像在时空上的相关性和信息上的互补性进行整合,从而将更为重要的图像特征表征出来以便于机器的后续处理。

在一般情况下,图像融合由低到高分为四个层级:信号级融合、数据级融合、特征级融合以及决策级融合。

信号级融合主要是对原始图像数据(未经处理)的融合,在这种情况下,更多是对图像融合的大致估计,不能准确精细地对图像进行融合。

数据级融合经常被称为像素级融合,是指直接对传感器(如 Kinect 设备)采集来的数据进行处理而获得融合图像的过程。像素级融合主要包含空间域算法和变换域算法。空间域算法包含多种融合规则方法,如逻辑滤波法、灰度加权平均法、对比调制法等;变换域算法包含金字塔分解融合法、小波变换法等。

3.1.3 视觉信息与异构信息的融合

多传感器信息融合(multi-sensor information fusion,MSIF)是指利用计算机技术将来自多传感器或多源的信息和数据,在一定的准则下加以自动分析和综合,以完成所需要的决策和估计而进行的信息处理过程。

多传感器信息融合是用于包含处于不同位置的多个或者多种传感器的信息处理技术。随着传感器应用技术、数据处理技术、计算机软硬件技术和工业化控制技术的发展成熟,多传感器信息融合技术已形成一门热门的新兴学科。我国对多传感器信息融合技术的研究已应用于信息的定位和识别等。随着科学的进步,多传感器信息融合技术将会成为一门智能化、精细化数据信息图像等综合处理和研究的专门技术。

多传感器信息融合技术的基本原理就像人的大脑综合处理信息的过程一样,将各种传感器进行多层次、多空间的信息互补和优化组合处理,最终产生对观测环境的一致性解释。在这个过程中要充分地利用多源数据进行合理支配与使用,而信息融合的最终目标则是基于各传感器获得的分离观测信息,通过对信息多级别、多方面组合导出更多有用信息。这不仅利用了多个传感器相互协同操作的优势,而且也综合处理了其他信息源的数据来提高整个传感器系统的智能化。

根据数据处理方法的不同,信息融合系统的体系结构有以下三种。

(1) 分布式。分布式是先对各个独立传感器所获得的原始数据进行局部处理,然后再将结果送入信息融合中心进行智能优化组合来获得最终的结果。分布式对通信带宽的需求低、计算速度快、可靠性和延续性好,但跟踪的精度却远没有集中式高;分布式的融合结构又可以分为带反馈的分布式融合结构和不带反馈的分布式融合结构。

(2) 集中式。集中式是将各传感器获得的原始数据直接送至中央处理器进行融合处理,可以实现实时融合,其数据处理的精度高,算法灵活,缺点是对处理器的要求高,可靠性较低,数据量大,故难于实现。

(3) 混合式。在混合式多传感器信息融合框架中,部分传感器采用集中式融合方式,剩余的传感器采用分布式融合方式。混合式融合框架具有较强的适应能力,兼顾了集中式融合和分布式的优点,稳定性强。混合式融合方式的结构比前两种融合方式的结构复杂,这样就加大了通信和计算上的代价。

卡尔曼滤波(KF)处理信息的过程一般为预估和纠正,它在多传感器信息融合技术中的作用不仅是个简单具体的算法,而且也是一种非常有用的系统处理方案。事实上,它与很多系统处理信息数据的方法类似,它利用数学上迭代递推计算的方法为融合数据提供行之有效的统计意义下的最优估计,但是对存储的空间和计算要求很小,适合于对数据处理空间和速度有限制的环境下。KF 分为分散卡尔曼滤波(DKF)和扩展卡尔曼滤波(EKF)两种。DKF 能使数据融合完全分散化,而 EKF 能有效克服数据处理的误差和不稳定性对信息融合过程产生的影响。

3.2　基于视觉的目标识别技术

基于视觉的目标识别是指在驾驶过程中,仅仅依赖摄像头获取周边信息,并利用计算机视觉技术对摄像头获取的信息进行分析,识别出周围环境对驾驶的影响因素。

3.2.1　目标识别概念

目标识别是一种计算机视觉技术,用于识别图像或视频中的目标。目标识别是深度学习和机器学习算法的关键输出。当人们看照片或视频时,很容易就能认出人、物体、场景和视觉细节。目标识别的目标是教会计算机去做对于人类而言自然而然的事情:对图像所含内容获得一定程度的理解。

计算机视觉的三个比较重要的任务是目标分类、目标检测和语义分割,其中目标分类是比较容易的,只要给出输入的图片属于哪个具体类别即可,例如,是行人还是汽车。目标检测的任务是对输入的图像进行物体检测,标注物体在图像上的位置以及该位置上物体属于哪个分类,如图 3.1 所示。语义分割的任务是对输入的图像进行逐像素的分类,标记出像素级别的物体。

图 3.1　自动驾驶中的目标检测

语义分割和目标检测都在意以下两个关键信息。

(1) 物体的位置。物体的位置即待检测的物体在图像中位于什么位置。对于语义分割来说,这个信息需求的精准度是像素级别的。概括地说,我们需要把物体的轮廓描绘出来,以此来体现它的位置信息。对于目标检测来说,这个信息需求的精准度仅在标注其外切矩形。换句话说,把物体框出来,以此来体现它的位置信息。

(2) 物体的分类。有了位置信息之后,语义分割和目标检测都存在对物体的分类。不同的是,对语义分割,它提供的位置信息和分类信息是有重叠的,即不仅标记了每个像素的分类,也提供了位置信息。对目标检测来说,分类信息是针对每个标注的框的,每一个框对应着自己的分类。

3.2.2 主流目标识别算法介绍

过去的20多年中,目标检测的发展大致经历了两个历史时期:传统的目标检测时期(2014年以前)和基于深度学习的检测时期(2014年以后)。传统的目标检测算法可以概括为以下几个步骤:①采取滑动窗口的方式遍历整张图像,产生一定数量的候选框;②提取候选框的特征;③利用支持向量机等分类方法对提取到的特征进行分类,进而得到结果。由于当时缺乏有效的图像表示,人们只能设计复杂的特征表示,并通过各种加速技能来充分利用有限的计算资源。该时期主要的检测方法有以下几种。

1. Viola-Jones(维奥拉—琼斯)检测器

P. Viola和M. Jones在没有任何约束(如肤色分割)的情况下首次实现了人脸的实时检测。他们设计的检测器在一台配备了700 MHz Pentium Ⅲ CPU的计算机上运行,在保持同等检测精度的条件下的运算速度是其他算法的数十倍甚至数百倍。这种检测算法以共同作者的名字命名为“Viola-Jones(VJ)检测器”以纪念他们的重大贡献。

VJ检测器采用最直接的检测方法,即滑动窗口(slide window):查看一张图像中所有可能的窗口尺寸和位置并判断是否有窗口包含人脸。这一过程虽然看上去简单,但它背后所需的计算量远远超出了当时计算机的算力。VJ检测器结合了“积分图像”“特征选择”“检测级联”三种重要技术,大大提高了检测速度。Viola Jones检测器由三个核心步骤组成,即Haar特征和积分图、Adaboost分类器以及级联分类器。

2. HOG检测器

HOG检测器利用方向梯度直方图(HOG特征描述子),通过计算和统计局部区域的梯度方向直方图来构建特征。HOG特征与SVM分类器算法的结合,在行人检测任务中应用广泛且效果显著。然而,HOG检测器的缺点是始终需要保持检测窗口的大小不变,如果待检测目标的大小不一,那么HOG检测器需要多次缩放输入图像。

3. 基于部件的可变形模型(DPM)

DPM所遵循的思想是“分而治之”,训练过程中学习的是如何将目标物体进行正确的分解,而推理时则是将不同的部件组合到一起。比如,检测“汽车”问题可以分解为检测“车窗”“车身”和“车轮”等。

早期的目标检测任务中,在提取特征时,主要的方式是人工提取,具有一定的局限性,手工特征的性能也趋于饱和。2012年起,卷积神经网络的广泛应用使目标检测也开启了新的征程。2014 年，R-CNN 算法横空出世，目标检测开始以前所未有的速度快速发展。在深度学习时代，目标检测算法根据检测思想的不同通常可以分为两大类别：两阶段(two-stage)检测和一阶段(one-stage)检测。

两阶段检测算法基于提议的候选框，是一个“由粗到细”的过程。首先产生区域候选框，其次提取每个候选框的特征，最后产生位置框并预测对应的类别，特点是精度高但速度慢。最早期的 R-CNN 算法利用“选择性搜索”方法产生候选框、卷积神经网络提取特征，支持向量机分类器进行分类和预测。虽然 R-CNN 算法具有一定的开创性，但生成的候选框大量重叠，存在计算冗余的问题。2014 年提出的 SPPNet 算法利用空间金字塔池化层对不同尺度的特征图进行池化并生成固定长度的特征表示，减少反复缩放图像对检测结果造成的影响。然而，SPPNet 的缺点是，模型的训练仍然是分多步的；SPPNet 很难对 SPP 层之前的网络进行参数微调，导致效率降低。2015 年提出的 Fast R-CNN 算法对 R-CNN 与 SPPNet 算法做出进一步改进，提出感兴趣区域池化层(ROI)，使得检测的速度和精度大大提升。随后又出现了 Faster R-CNN 算法，实现了端到端的训练，用 RPN 网络代替选择性搜索，大大减少了训练和测试的时间。

一阶段检测算法基于边界框的回归，是一个“一步到位”的过程。一阶段检测网络在产生候选框的同时进行分类和边界框回归，特点是速度快但精度稍逊。2016 年提出 YOLO (you only look once)算法，该算法将图像分割成 $S\times S$ 的网格。在第一个版本中，YOLO 算法的 S 值为 7，基于每个网格对应的包围框直接预测类别概率和回归位置信息。随后又出现了 SSD 算法，该算法借鉴 YOLO 算法的思想，并利用多尺度特征图进行预测。

YOLO 是 CVPR 2016 会议的一篇文章，在目标检测领域比较有名，YOLO 出名不在于它的精度高，而在于它的速度很快，下面介绍 YOLO 算法的主要内容。

YOLO 用整个图片的特征去预测每一个边界框。它还同时预测一个图像在所有类中的所有边界框。YOLO 先把整个图片划分成 $S\times S$ 的网格，如果一个物体的中心正好落在一个网格中，那么这个方格就负责预测物体。每一个网格预测出 B 个边界框和这些框的置信分数，用来表示网格包含物体的准确度和产生的框的精确程度。输出就是 $S\times S\times(5\times B+C)$ 的一个张量(tensor)，如图 3.2 所示。

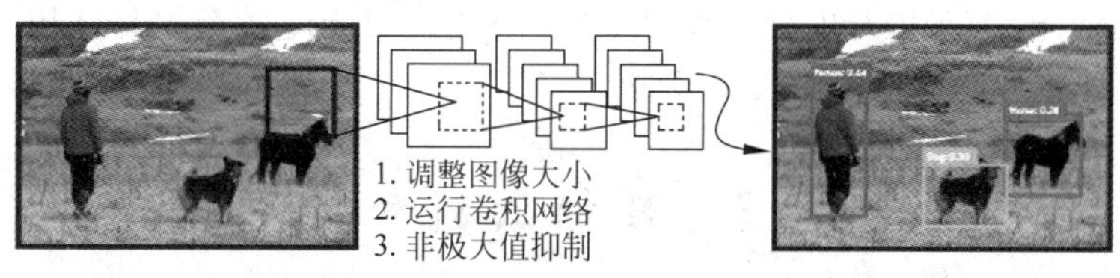

图 3.2 使用 YOLO 算法进行目标检测

3.2.3 目标识别与自动驾驶的关系

基于纯视觉的目标检测算法在自动驾驶中非常重要，而且对现有车辆也可以进行改造，成本低，汽车厂商易于接受。如果需要安装大量的深度传感器，必然使汽车的整车价格攀升，用户无法接受。目标检测算法完成了对环境和车辆自身信息的收集，并在核心处理器中进行融合分析，给出决策。

环境感知是智能车辆自主行驶的基础和前提，对环境信息和车内信息的采集、处理与分析,使智能驾驶车辆能够准确地感知并理解车辆自身和周边环境的驾驶态势。

机动车驾驶员的驾驶环境包括车辆行驶的各种道路、道路交通标线、道路的交通标识、街道照明以及道路的自然环境。驾驶环境是影响安全行车的一个重要因素。研究表明,有28%的交通事故与驾驶环境有关。不同类型的道路对车辆行驶有不同的影响,高等级公路的交通事故往往比传统的双行道要低。道路中心线、车道边缘线等道路交通标线对驾驶行为有明显影响,夜间行车更是如此。在车道上画上人字形的标线,可以使机动车驾驶员发生车道正在变窄的错觉即本道错觉,从而自动放慢车速。其他道路标识也都是为了保证道路交通安全设置的。

自动驾驶中的车内信息主要指座舱内部的信息,也就是被定义为智能座舱的内容。从物理范围来看,智能座舱包括带给驾驶员和乘客更加安全、舒适、智能的驾乘体验所有模块,包括操控系统、娱乐系统、通信系统等。

其中,操控系统是与驾驶功能相关的,如方向盘的控制、油门和刹车的控制、雨刷器和转向灯的控制等。娱乐系统则是指中控台屏幕、后排多媒体,中控大屏上的功能越来越丰富,可以包含车辆的所有驾驶信息,如车速、剩余油量、车胎压力、各种报警信息的显示。中控大屏还是一个娱乐中心,可以用来播放音/视频,显示与驾驶者互动的语音助手,显示导航信息。通信系统则是车载的通信功能模块,现在的自动驾驶车辆内置了非常多的通信模块,涵盖了4G/5G无线通信系统、蓝牙通信系统、车载WiFi等。

从体验的角度来看,智能座舱在交互安全的基础上,通过对软硬件提出特定功能要求,使驾驶员能在车机互联、语音交互、驾驶员状态监控、生物识别、车路协同、安全预警、物联网、信息安全等技术上得到优质体验,在舒适化、智慧化、办公化等方向上不断进行提升。

智能座舱是未来智能网联汽车的主要组成部分之一,以座舱域控制器(CDC)为核心,推动包含IC、IVI、AR/VR、HUD等车内科技配置的融合。智能座舱包含大量的软硬件设备和各模块系统,融合和通信、人机交互关系成为最重要的影响因素。所以,自动驾驶从ADAS过渡而来发展很快,而智能座舱迟迟没有业内统一的标准。自动驾驶系统负责车辆空间位置的移动,而智能座舱是在整个移动过程中给用户提供人、车、环境需求和信息交互的空间,把智能座舱比喻成汽车除驾驶之外的一套生态系统,这套系统必须是由硬件平台、软件OS、产品功能、生态和人机交互界面HMI组成。智能座舱最容易让用户记住的外化系统主要是娱乐系统、交互系统、操控系统。

3.3 目标识别案例

目标检测在自动驾驶中的应用非常重要,例如在道路上行驶的汽车,首先要对道路环境进行识别,包括车道线、周围的车辆、行人等。下面以车辆识别为例,讲解如何使用目标检测方法来识别道路上的车辆。

如果使用监督学习的方法,首先要构建车辆检测的数据集,目前有许多开源的车辆检测的数据集,常见的大型开源数据集有UA-DETRAC、BDD100K、CompCars等。这些数据集可以用来作为自动驾驶的车辆检测,标注图片量超过100 000张,类别包含公共汽车、行人、自行车、卡车、小汽车、火车和骑手等。如果不使用公开的开源数据集,也可以自己手动标注,数据标注是一项人工参与的烦琐的重复性工作。为了减轻人工投入,也可以使用自动化或半自动化标注的方法。虽然自动化标注的数据集最后也需要人工校核微调，但也极大地降低了标注任务的复杂程度。

目标检测标注工具 LabelImg 是比较常用的，对图像中包含汽车的部分行矩形框标注，如图 3.3 所示。该工具可生成与图像命名对应的 XML 标注文件，其内容主要为标注类别和矩形框的左上、右下坐标点信息。标记好数据集之后，就可以使用检测算法进行训练了。

图 3.3 使用标注工具对图片进行标注

下面以 YOLO 算法为例，介绍如何进行车辆检测的训练。首先创建一个训练集文件夹，命名为 train。在此文件夹下，包含两个文件夹，一个叫作 images，另一个叫作 labels。其中 images 中存放 JPG 格式的图片，labels 文件夹中存放标注好的 YOLO 格式的 TXT 文件。测试集也包含类似的文件夹。放置好数据集文件后，就可以运行 YOLO 的训练算法了，根据需要设置好训练的参数，中间的可视化结果以及训练好的模型会自动保存在自动生成的 runs 文件夹下，训练好的模型文件扩展名为. pt。例如，best. pt 是经过训练的最好的网络参数，将该参数文件复制到指定的文件夹下，就可以用来对新的数据图片进行测试。测试图片中如果包含有汽车特征的区域，图像检测算法就能将该区域的坐标识别出来，并在图片中把该区域以矩形框标识，将该物体的类别信息显示在矩形框上。

参考文献

[1] 王旭东，叶玉堂. CMOS 与 CCD 图像传感器的比较研究和发展趋势[J]. 电子设计工程，2010(11)：4.

[2] 李育林. 摄像机 CCD 与 CMOS 图像传感器工作原理[J]. 科技经济导刊，2019(25)：2.

[3] 寇王民，盛宏，金祎，等. CCD 图像传感器发展与应用[J]. 电视技术，2008，32(4)：38-39.

[4] 李帅. 探索 CCD 传感器在智能汽车中的应用[J]. 时代汽车，2022(8)：2.

[5] 韩静，吴俊林. CCD 传感器工作原理及光强分布的测量[J]. 陕西师范大学学报(自然科学版)，2006，6(34)：44-45.

[6] 周红平. CCD 图像传感器原理[J]. 中国新技术新产品，2009(20)：28-29.

[7] 蒙庆华，林成钦，樊东鑫．机器视觉原理与应用研究[J]．自动化应用，2020(4)：3.
[8] 郑伟成，李学伟，刘宏哲．基于深度学习的目标检测算法综述[J]．中国宽带，2022(3)：3.
[9] 朱磊，冯成涛，张继，等．动态背景下运动目标检测算法[J]．现代电子技术，2022，45(6)：148-152.
[10] 蒋镕圻，蒋镕圻，叶泽聪，等．针对弱小无人机目标的轻量级目标检测算法[J]．激光与光电子学进展，2022，59(8)：12.
[11] 宁健，徐衍萍，支俐锋，等．基于深度学习的目标检测算法综述[J]．数码设计(上)，2022(5).
[12] 付苗苗，邓淼磊，张德贤．基于深度学习和 Transformer 的目标检测算法[J]．计算机工程与应用，2023，59(1)：37-48.
[13] 李航．基于深度学习目标检测的算法研究[D]．长春：中国科学院长春光学精密机械与物理研究所，2020.
[14] 李小军，邓月明，陈正浩，等．改进 YOLOv5 的机场跑道异物目标检测算法[J]．计算机工程与应用，2023，59(2)：202-211.
[15] 胡杰，安永鹏，徐文才，等．基于激光点云的深度语义和位置信息融合的三维目标检测[J]．中国激光，2023，50(10).
[16] 宁健，马淼，柴立臣，等．深度学习的目标检测算法综述[J]．信息记录材料，2022，23(10)：4.
[17] 郭磊，薛伟，王邱龙，等．一种基于改进 YOLOv5 的小目标检测算法[J]．电子科技大学学报，2022，51(2)：8.
[18] 李壮飞，杨风暴，郝岳强．一种基于残差网络优化的航拍小目标检测算法[J]．国外电子测量技术，2022(8)：041.
[19] 隗寒冰，白林．基于多源异构信息融合的智能汽车目标检测算法[J]．重庆交通大学学报：自然科学版，2021，40(8)：140-149.
[20] 黄凤琪，陈明，冯国富．基于可变形卷积的改进 YOLO 目标检测算法[J]．计算机工程，2021，47(10)：8.
[21] 张宝朋，康谦泽，李佳萌，等．轻量化的 YOLOv4 目标检测算法[J]．计算机工程，2022(8)：048.

第4章

基于激光雷达的智能感知技术

4.1 激光雷达的基本工作原理

4.1.1 激光雷达的基本概念

激光雷达是一种利用电磁波探测目标位置的电子设备，其功能包含搜索和发现目标；测量其距离、速度、位置等运动参数；测量目标反射率、散射截面和形状等特征参数。激光雷达同传统的雷达一样，都由发射、接收和后置信号处理三部分和使此三部分协调工作的机构组成。传统的雷达是以微波和毫米波段的电磁波作为载波的雷达。激光雷达以激光作为载波，激光是光波波段电磁辐射，波长比微波和毫米波短得多，具有以下优点。

(1) 全天候工作，不受白天和黑夜的光照条件的限制。

(2) 激光束发散角小，能量集中，有更好的分辨率和灵敏度。

(3) 可以获得幅度、频率和相位等信息，且多普勒频移大，可探测从低速到高速的目标。

(4) 抗干扰能力强，隐蔽性好；激光不受无线电波干扰，能穿透等离子鞘，低仰角工作时，对地面的多路径效应不敏感。

(5) 激光雷达的波长短，可在分子量级上对目标探测且探测系统的结构尺寸可做得很小。

4.1.2 激光雷达的应用

激光雷达以其独特的优点，被广泛应用于大气、海洋、陆地和其他目标的遥感探测中。汽车激光雷达是基于激光雷达的优点，同时利用先进的数字技术克服其缺点而设计的。随着自动化技术与人工智能技术的相互融合快速发展，自动驾驶车辆应运而生，它可以减少人为原因导致的交通事故，也可以为残疾人、行动不便的老年人等提供开车的机会，人工智能合理的路径规划也可以节约驾驶时间。在汽车领域，不同的传感器各有优势。目前自动驾驶的传感器主要有激光雷达、毫米波雷达、视觉(照相机)系统等,不同传感器的原理和功能各不相同。从可靠度、行人判别、夜间模式、恶劣天气环境、细节分辨、探测距离等方面来对比,激光雷达是三种环境传感器中综合性能最好的一种,这也就决定了它是自动驾驶汽车等机器人环境感知系统中不可或缺的一部分,如图 4.1 所示。

图 4.1　车载激光雷达工作概念图

4.1.3　车载激光雷达的工作原理

自动驾驶车辆激光雷达系统工作原理是:激光发射电路在主控模块的作用下向目标物发射激光,当激光照射到目标物上时,目标物将激光反射回激光接收电路,然后由主控模块对信号进行计算、处理,得到大量无拓扑结构的离散的空间坐标点,即点云。通过计算机对点云数据进行处理可以使车辆准确感知到当前路面状况并使得车辆及时做出相应操作。自动驾驶车辆激光雷达系统结构框图如图 4.2 所示,激光雷达工作示意图如图 4.3 所示。

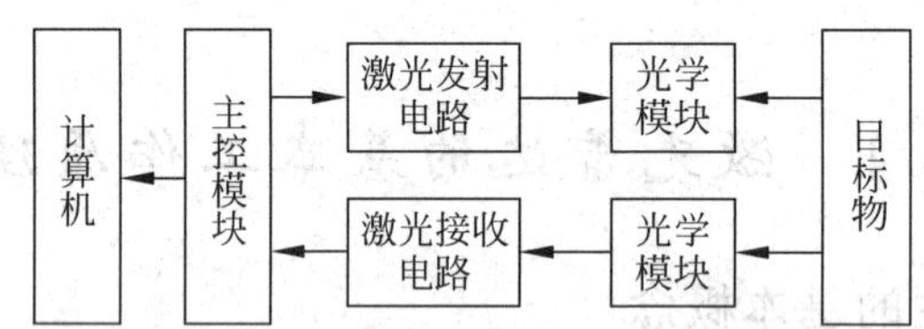

图 4.2　自动驾驶车辆激光雷达系统结构框图

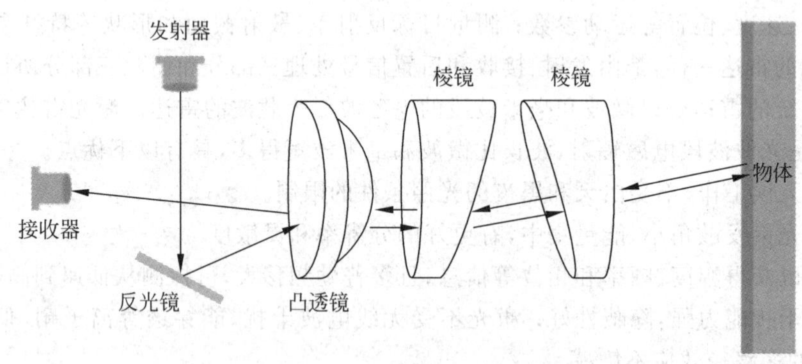

图 4.3　激光雷达工作示意图

4.2　激光雷达的分类

车载激光雷达的信号发射系统分为机械式、混合式和全固态式三种。

(1) 机械式激光雷达。机械式激光雷达由于其探测性能优越,技术成熟,成为目前的主流。机械式激光雷达安置在汽车顶部,通过控制系统来控制机械扫描结构转动,实现由"线"到"面"对车辆周围环境 360°全方位感知。机械扫描结构是由多个激光器竖直排列起来,在激光器前方加入透镜和底座的旋转结构构成的,机械式激光雷达扫描时具有扫描速度快,抗外界干扰能力强和能对外界环境实现360°扫描等优点。

(2) 混合式激光雷达。混合式车载激光雷达是将激光雷达安装在汽车顶部,通过将激光器固定,控制激光器前方的MEMS振镜进行旋转,从而使激光雷达实现对车身周围环境120°的扫描。混合式车载激光雷达内部振镜的尺寸很难把控,尺寸的大小关系到振镜的频率、车辆控制的实时性和激光雷达的探测距离。这个问题是目前混合激光雷达量产和实际应用的一个技术难点。

(3) 全固态式激光雷达。全固态车载激光雷达中,光学相控阵车载激光雷达是由多个光电扫描单元排列组成的,在每个设置好的方向上依次产生高强度光束完成扫描;闪光型车载激光雷达是直接向前方发射出大片激光光束,完成对目标区域的检测。全固态车载激光雷达具有无时延、稳定性高等优点,通常安装在车身的多个方位以便实现对周围环境全方位的扫描。

车载激光雷达的信号接收方法分为非相干探测和相干探测两种。

(1) 非相干探测。非相干探测利用光电探测器直接将激光雷达发射系统发射出的激光信号转换为电信号。非相干探测方法具有操作难度低和探测系统简单等优点。因此,非相干探测的方法是目前车载激光雷达信号接收最常用的方法。

(2) 相干探测。相干探测的方法指的是在激光雷达发射出激光后通过分光束,将激光光束分为一束参考光束和一束发射激光,待光电探测器接收到激光回波信号后,将回波信号和参考光束进行相关处理,去除掉回波信号中掺杂的噪声。相干探测的方法具有探测精度高、灵敏度高和信噪比高等优点。

4.3 激光雷达SLAM技术

4.3.1 激光SLAM概述

1. SLAM提出的背景及意义

移动机器人是一种智能化的机器人,它可以通过携带于自身的传感器来感知周围的环境以及自身的状态,然后根据这些感知信息对周围的环境进行理解和判断,从而在掌握这些信息的基础上对任务做出相应的决策与判断。

早在20世纪60年代,人们就开始对移动机器人进行研究。美国斯坦福研究院(SRI)在1966年至1972年间研制出了可以自主移动的机器人系统Shakey。Shakey能够自主感知环境和建模,并且能够完成简单的路径规划等任务,具有一定的人工智能。该机器人系统的完成证明了机器人能够根据具体的工作环境和任务来指定相应的行动规划和操作,尤其是能够使用一些工具来完成某些简单的任务。1969年,世界上第一台具有仿人功能的,可以用双脚行走的机器人在日本早稻田大学诞生。1982年,卡耐基梅隆大学机器人实验室开发了一款名为CMU-Rover的移动机器人。2009年,日本产业技术综合研究所(AIST)研发了一款名为HPR-4C的机器人,其全身有30个马达来控制肢体移动,使得机器人可以行走并且能够进行手臂的移动,并且能做出喜、怒、哀、乐、惊讶等多种表情。

移动机器人广泛应用于军事、工业、救援、家政服务及太空探索等各方面,同时,移动机器人在美国国家航空航天局火星探测项目中担当了重要的角色。在军事领域中,像无人机等智能武器设备正在发挥着越来越重要的作用。在生活和娱乐方面,SONY 公司研发的 AIBO 机器狗已经在全世界创下了巨大销量。移动机器人正在参与人类社会的各个方面。

在移动机器人的研究中,自主导航是一个重要的研究方向,所谓自主导航就是人们希望机器人能够自主地从一个位置移动到另一个位置。机器人的自主导航问题可以由以下四个小问题组成:"我在什么地方?""世界是什么样子的?""我要去哪里?""我如何到达目的地?"。第一个问题描述了机器人的位置,即定位问题。第二个问题描述了机器人的周围环境如何,即地图构建问题。第三个问题描述了机器人接下来干什么,即任务规划问题。第四个问题描述了机器人如何到达目的地,即路径规划问题。其中,定位和地图构建问题是其他两个问题的基础和前提,倘若定位和地图构建出现了错误,移动机器人根据构建的地图进行自主导航将会出问题,并且无法正确地完成任务。如果是在开阔地带,人们能够利用全球定位系统(global positioning system,GPS)来获得机器人的绝对位置,但是在室内以及室外的遮蔽环境,比如海底、地下、外星球等地方,GPS 将无法有效地发挥作用,不能正确地提供机器人的位置信息。所以,在这种情况中,人们希望机器人能够不依赖于外部环境,根据自身携带的传感器就能确定自己的位置。机器人给自身定位的过程中需要依赖环境地图,而环境地图的建立又需要机器人的准确定位作为基础,所以定位与建图这两个问题并不是孤立的,有着内在的联系。如果把这两个问题合二为一当作一个问题看待,那就是同时定位与地图构建(simultaneous localization and mapping,SLAM)问题。

SLAM 问题是指搭载特定传感器的主体,在没有环境先验的情况下,在运动过程中建立环境地图,并且同时确定自己在地图中的位置。SLAM 问题有着重要的理论研究意义和应用价值,解决了 SLAM 问题也就真正地实现了机器人的自主,因此是实现机器人全自主的关键所在。

2. 激光 SLAM 技术的发展

SLAM 技术发源于自动化机器人领域,主要用于机器人在未知环境中的自主导航,利用 SLAM 技术可以通过测量平台搭载的传感器同步完成自身的定位与对周围环境的制图。将激光扫描技术与 SLAM 技术结合的激光 SLAM 技术,可以实现在没有 GNSS 信号的情况下,快速高效地获取空间三维信息。

激光 SLAM 技术的发展分为两个阶段,早期算法主要采用各类滤波算法,现在则主要采用图优化模型。基于滤波的 SLAM 算法将每个估计阶段分为两个部分:预测和更新。其中预测部分将之前的运动状态和建立的环境地图作为先验信息,根据运动模型预测下一时刻的运动状态,根据观测模型预测下一时刻对环境的观测结果。通过不断迭代估计阶段,求解当前的运动状态和环境地图。基于图优化的 SLAM 方案考虑了移动载体历程中全部的位姿状态和环境观测信息,用节点和边形成的图来表示一系列的移动机器人位姿和约束,建立和维护关联数据,可独立出前端实现并行计算,是一种更为高效和普适的优化方法。相较于早期基于滤波器的 SLAM 方法,通常可以得出全局一致性更好的地图,且随着求解方法的不断发展,在相同计算量的前提下,图优化 SLAM 的求解速度也已经超过滤波器方法,是目前 SLAM 领域内的主流方法，也是三维激光 SLAM 采取的主要方案。Hauke 等人研究了图优化方法为什么较滤波器方法能取得更优的效果。

3. 基于滤波的 SLAM 算法

基于滤波器的方法源于贝叶斯估计理论，是早期解决 SLAM 问题的方法，在室内或小范围场景应用中具有不错的效果，但由于只考虑移动载体的当前位姿状态和当前环境观测信息，且不具有回环检测能力，存在线性化以及更新效率低等问题，在程序运行中还会随着场景的增大占用成倍增加的计算资源，这使得它在室外大型场景中的表现效果比较差，基于滤波的 SLAM 算法只保留当前的运动状态和构建的地图，无法根据当前的观测对较早的运动状态进行修正，误差随时间不断积累，估计状态发散速度快。现阶段基于滤波器的激光 SLAM 方案主要应用在二维室内小范围场景。

4. 基于图优化的 SLAM 算法

基于图优化的 SLAM 算法(graph-based SLAM)则通过所有观测值同时估计整条轨迹所有时刻的运动状态和地图，因此也被称为全 SLAM(full SLAM)。此算法的测量精度更高。在基于图优化的 SLAM 中，将每个时刻的待估计变量位姿作为一个节点或顶点，位姿之间的关系构成边，形成一个位姿图。图优化理论是一种将图论和非线性优化相结合的理论，将优化问题转化为因子图形式进行表达，反映优化变量与约束条件之间的依赖关系。

Lu 等人于 20 世纪 90 年代首次提出基于图优化的 2D SLAM 算法，他们用带约束的位姿网络实现了数据关联，具备图优化的原型。Gutmann 等人于 1999 年正式提出了图优化框架，该框架与目前主流的图优化框架大致相同，具备前端扫描匹配、全局优化以及闭环检测模块，但由于当时技术发展和认知局限，没有认识到系统的稀疏性，并未实现实时 SLAM。之后，国内外诸多研究学者也不断探索，为图优化 SLAM 方法的发展做出了巨大贡献，图优化 SLAM 方案框架的各个模块也在逐步完善。

图优化 SLAM 的研究基础是图论，图(graph)是一种数据结构，由顶点(vertex)与连接顶点的边(edge)组成，表示为 $G(V,E)$，其中 G 表示图，V 表示顶点的集合，E 表示边的集合。其思想是用顶点表示事物，而连接不同顶点之间的边则用于表示事物之间的关系。如果在图 G 中存在一个顶点上连接两个以上的边，则称该图为超图，SLAM 研究的就是根据已有的观测数据实现超图的构建以及优化的过程。假设移动载体的位姿节点用 $\mu=\{\mu_1,\mu_2,\cdots,\mu_n\}$ 表示，将环境中的地标表示为 $S=\{S_1,S_2,\cdots,S_n\}$，则移动平台的位姿和地标可以用图 4.4 表示。

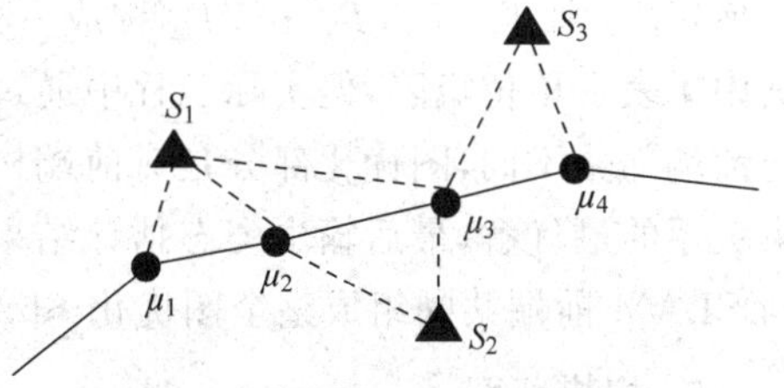

图 4.4　SLAM 问题中的“图”

如果某时刻 k，移动载体在位置 μ_k 通过激光传感器进行扫描观测得到数据 S_k，则传感器的观测方程为

$$S_k=F(\mu_k) \tag{4.1}$$

由于系统参数和传感器观测存在误差，使得上式不可能精确相等，因此误差 $e_k=S_k-F(\mu_k)$便存在，如果把

$$\min_{\mu} F_k(\mu_k)=\| e_k \| \tag{4.2}$$

作为目标函数，把 μ_k 作为变量进行优化，便可以求解得到移动载体位姿的估计值 μ_k'，从而计算估计出平台移动的轨迹。具体到 SLAM 问题中，顶点表示激光雷达的位姿以及特征点的位姿，而边表示观测方程。观测方程的表达形式有多种，可定义为移动平台不同位姿之间的约束，也可以定义为移动平台在某位置观测得到的某空间点坐标表达式，一般为位姿之间由里程计(odometry)或者配准(registration)计算出的转换矩阵。这样对移动平台位姿的求解过程就转化为求解图中的优化问题。图优化 SLAM 的模型表示形式也可以从弹簧能量模型的视角来解释，如图 4.5 所示。在 SLAM 中是对位姿的最大似然估计，弹簧模型中则是对应系统的最小能量状态，而两者的本质问题都可以转换为非线性最小二乘问题。

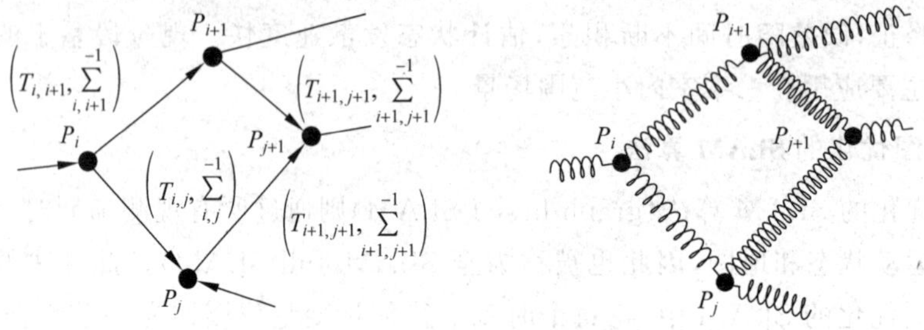

图 4.5 图优化 SLAM 模型

基于图优化的 SLAM 方案可以分为扫描匹配、闭环检测、后端优化、点云地图存储表示 4 个部分。扫描匹配利用激光雷达、惯性测量单元(IMU)及编码器等传感器数据进行扫描匹配，利用相邻帧之间的关系估计当前帧的运动姿态，得到短时间内的相对位姿和地图，考虑的是局部数据关联问题。由于长时间的增量式扫描匹配会不可避免地造成误差累积，而闭环检测可以通过比较当前帧与历史关键帧来优化位姿，检查匹配确立节点间的约束关系，减少全局地图的漂移误差，考虑的是全局数据关联。如果从基于图优化的表示形式来看，扫描匹配和闭环检测都是为了根据观测信息建立图的节点以及节点间的约束，即完成图的构建。研究学者们将两者一起划分为图优化 SLAM 的前端部分。

由于系统参数误差、观测噪声以及匹配误差的存在，通过前端模块所构建的位姿图一致性较差，且通常情况下构建图的边与边的约束存在“冲突”。若用 T_i 表示帧间匹配的相对变换矩阵，则 $T_0, T_1, T_2, \cdots, T_n$ 构成一个闭环，在理想情况下应当满足 $T_0T_1T_2\cdots T_n=\boldsymbol{I}$，其中 $\boldsymbol{I}$ 表示单位矩阵，但实际工程中通过前端得到的相对变换矩阵一般是达不到此结果的。与前端部分不同，图优化部分是对前端构建的图信息进行非线性优化，取得尽量满足所有约束关系的最优解，最后输出姿态估计结果和全局点云地图，这一部分也被称为 SLAM 后端，与 SLAM 前端共同组成整个图优化 SLAM 框架。

5. 扫描匹配

对于前端扫描匹配，代表性的三维点云匹配算法大体可分为两类：基于匹配的方法和基于特征的方法。基于匹配的方法根据算法建立的目标评价函数可以分为基于距离判断和基于概率模型判断两种，基于概率模型判断的方法主要是正态分布变换(normalized distribution transform，NDT)算法，基于距离判断的方法主要是 ICP 算法及其变种算法。适合 3D 激光雷达 SLAM 的算法包括 PP-ICP、NICP、IMLS-ICP 等。其中，代表性的算法是广义迭代最近点(generalized iterative closest point，GICP)，算法原理是将 ICP 算法和

PL-ICP 算法结合到概率框架模型上进行点云配准，提升了算法的适用性和精确度。基于匹配的算法一般通过直接使用扫描点来实现准确估计，需要使用大量的点进行稳定配准，虽然匹配精度较高但通常计算效率不高。目前能够快速准确地实现三维激光点云匹配配准的算法是一种体素化的广义迭代最近点算法，该方法通过体素化扩展了 GICP 方法，避免了高代价的最近邻搜索，同时保持了算法的精度，结合了类 ICP 和 NDT 算法的优势。

6. 闭环检测

闭环检测基于全局数据关联，是实现鲁棒 SLAM 的核心步骤，通过识别是否到达历史场景促使地图闭环，能够校正累积误差，从而产生全局一致性的映射地图。但相应地，错误闭环的结果则会严重影响后端优化的准确度，甚至会直接导致最终地图的效果不佳。闭环检测的难点主要体现在以下方面。

(1) 感知歧义。例如，在长廊、隧道、楼梯等结构化十分相似的场景，会加大判断难度。

(2) 由于激光传感器本身的稀疏性造成的观测数据鲁棒性和区分性受限问题，即如何建立易于处理的环境有效表征方式。

(3) 数据规模会随着运行时间增加而导致需要判断的帧数据不断增长，会降低建图的实时性。

7. 后端图优化

后端优化是将各帧雷达的位姿和帧间运动约束综合起来达到整体优化的一个过程，可以消除局部累计误差，在大尺度的建图中，一般需要具备一个"监管者"来时刻协调之前的轨迹，这便是 SLAM 的后端优化。基于图优化 SLAM 的后端优化方法可概括为 4 类：基于最小二乘法的优化方法、基于松弛迭代的优化方法、基于随机梯度下降的优化方法以及基于流形迭代方法。目前基于图优化的开源优化库有 iSAM(incremental smoothing and mapping)、GTSAM(georgia tech smoothing and mapping)、G2O(general graph optimization)、Ceres、BA(bundle adjustment)等，借助于这些优化库可节省后端迭代求解优化值的时间。

基于二维激光的 SLAM 算法相对成熟，Santos 等对 5 种具有代表性的基于单线激光雷达的 2D 激光 SLAM 算法进行了测试评估和总结，结果表明，Gmapping 和 KartoSLAM 算法在定位和建图的准确性和效率上要更加优越。之后 Google 开源的 Cartographer 算法采用目前主流的基于图优化的激光 SLAM 算法框架，提出了分支定界的方法，解决子地图的构建以及与全局地图的匹配问题，实现了闭环检测和较好效果的全局优化，是目前较为先进和成熟的二维激光 SLAM 技术的代表。

二维激光雷达在确定高度的水平面上通过测量旋转扫描的激光信号与其回波的时间差、相位差，确定环境中目标的距离和角度，并依据这两类数据在水平面上建立二维极坐标系来表示所感知的环境信息，可视为一种单线程的三维激光雷达。相比于只能感知环境中单个平面信息、适用于室内几何结构实现小型区域地图构建的二维激光雷达，三维激光雷达可以进一步获取高程上更丰富的信息，对于室外大型场景也有更好的感知效果。激光雷达根据线数可分为单线、4/8 线以及 16/32/64/128 线 3 类，随着线束的增多，激光雷达能够感知环境的信息更丰富，所得的数据量也相应更大，设备的成本也成倍增加，因此基于激光的 SLAM 算法需要在线束上有所考量，要达到更好的实时性就需要减少每帧的输入数据量，而较少的初始数据量因为线束稀疏又不能很好地反映环境信息，目前的3D激光雷达SLAM算法研究多基于16/32/64线激光雷达，而面向无人驾驶的应用则追求更高精度的128线雷达。3D激光雷达SLAM技术基于多线激光雷达，沿用并发展了基于图优化的SLAM算法框架，并将其应用于无人驾驶等领域，解决大型场景的定位与建图问题。

8. 激光SLAM分类

激光SLAM分类如图4.6所示。

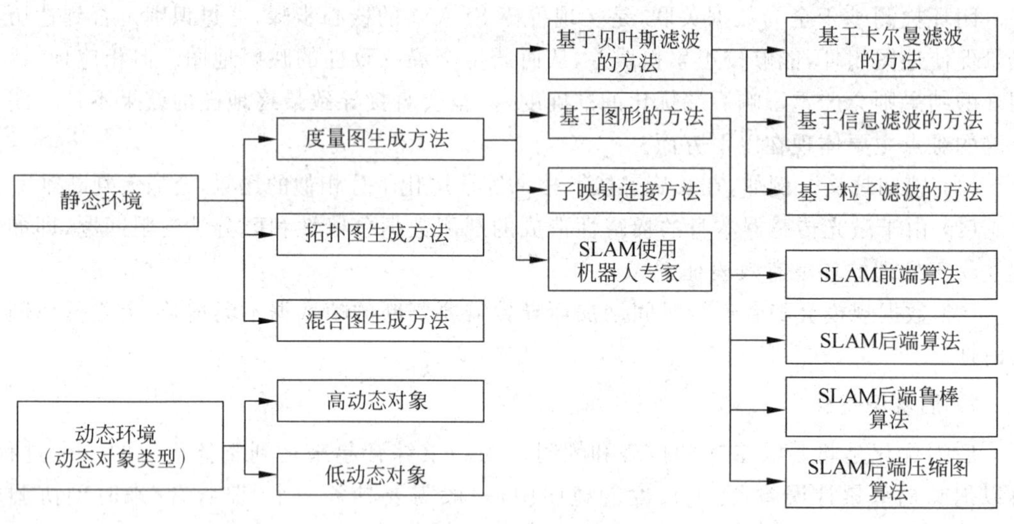

图4.6 激光SLAM分类

4.3.2 激光SLAM框架及特点

激光SLAM框架一般分为前端扫描匹配、后端优化、闭环检测、地图构建四个关键模块。前端扫描匹配是激光SLAM的核心步骤，工作内容是已知前一帧的位姿并利用相邻帧之间的关系估计当前帧的位姿。前端扫描匹配能给出短时间内的位姿和地图，但不可避免地会产生误差累积。后端优化在长时间增量式扫描匹配后优化里程计及地图信息。闭环检测负责通过检测闭环而减少全局地图的漂移现象，以便生成全局一致性地图。地图构建模块负责生成和维护全局地图。

现阶段主流激光SLAM系统包括单线激光雷达SLAM和多线激光雷达SLAM。

1. Gmapping算法基本原理

Gmapping算法是目前移动机器人领域广泛使用的单线激光雷达SLAM算法。该算法是基于Rao-Blackwellized粒子滤波器（Rao-Blackwellized particle filter，RBPF）的原理发展起来的。RBPF算法主要用于基于栅格的SLAM问题，该算法不仅需要传感器的观测数据，并且还需要里程计的信息，即给定了观测量 $Z_{1:t}=Z_1,Z_2,\cdots,Z_t$ 以及里程计的数据 $U_{1:t-1}=U_1,U_2,\cdots,U_{t-1}$，就可以估计机器人的轨迹 $X_{1:t}=X_1,X_2,\cdots,X_t$ 和环境地图 m。这个联合后验概率可以表示为 $P(X_{1:t},m\mid Z_{1:t},U_{1:t-1})$，通过Rao-Blackwellization方法能够因式分解为

$$P(X_{1:t},m\mid Z_{1:t},U_{1:t-1})=P(M\mid X_{1:t},Z_{1:t})\times P(X_{1:t}\mid Z_{1:t},U_{1:t-1})$$

通过因式分解把计算机器人轨迹以及地图的方法分为两个步骤，即可极大地简化计算量。首先通过里程计数据与传感器观测值计算出机器人的轨迹，有了机器人轨迹之后，便能够通过机器人轨迹以及已知的观测值来计算环境地图的概率分布。

RBPF 算法使用粒子滤波的方法来估计后验概率 $P(X_{1:t}|Z_{1:t},U_{1:t-1})$，其中每个粒子代表一个可能的轨迹。由于环境地图和机器人的轨迹是高度相关的，因此每一个粒子对应着一条机器人的轨迹以及环境地图。最后，最高概率的粒子和它对应的轨迹与地图会被筛选出。

基于粒子滤波算法的 SLAM 往往需要大量的粒子来获得一个较好的结果，而这样会大大增加计算的复杂度。Gmapping 算法也采用了自适应的算法，可以选择性地进行粒子的重采样操作。自适应重采样技术的引入有效减少了粒子耗散的问题，计算粒子分布时不是仅依靠机器人的运动，而是同时将当前的观测信息考虑进去，因此减少了机器人的位置在粒子滤波中的不确定性。粒子重采样步骤能够避免滤波器移除好的样本，即包含着机器人轨迹和环境地图数据的粒子。

2. Cartographer 算法基本原理

谷歌公司在 2016 年开源的 Cartographer 是综合了 2D、3D SLAM 的优秀算法，采用的是图优化框架。Cartographer 算法采用 Ceres 构建问题进行优化，后端采取的是 4 线程。运动预测部分利用 Imu 构建预测模型，帧间匹配和测距构建观测模型，采用 UKF 进行运动预测。在帧间匹配方面，Cartographer 采用的是双搜索的方式，先用一次三维窗口遍历寻优，再构建优化等式，利用 Ceres 优化求解。另外，Cartographer 还采用了子图（submap）的概念，依据一定数量的激光扫描点云初始化一个子图，依据窗口大小，插入新扫描帧，更新子图，因为有子图缓存，所以会占用较大内存。Cartographer 较为先进的回环检测功能采用了分支界定的方式，依据多分辨率多层的树状结构和单枝生长的方式，及时剪枝操作，深度优先搜索确定闭环。

3. LOAM 算法基本原理

单线激光雷达 SLAM 的 LOAM 算法因其性能强、位姿精度高等优点，成为近十年优秀的三维激光 SLAM 算法之一。很多其他优秀的三维激光 SLAM 算法都是以 LOAM 为基础进行改进的。激光雷达传感器在运动的过程中会使点云产生运动畸变，从而影响点云匹配的正确率，进一步影响定位与建图的精度。针对这一问题，LOAM 提供了一种低漂移和低复杂度的算法，该算法的框架如图 4.7 所示。

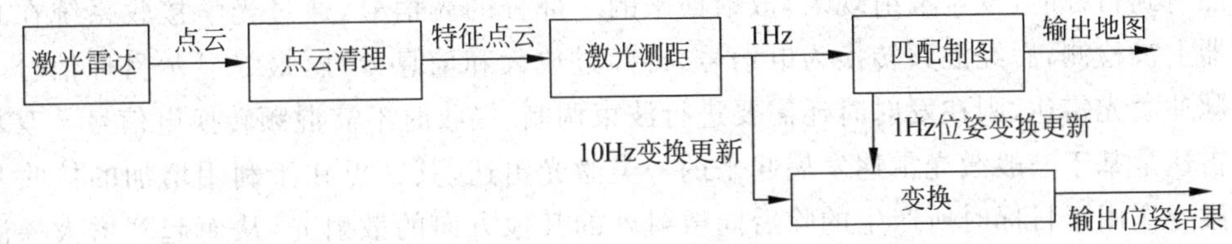

图 4.7　LOAM 算法框架

该框架主要由四部分组成，即点云清理、激光测距、匹配制图、变换。点云清理的主要作用是对激光雷达获取的数据提取出特征点和去除瑕点，特征点的提取是通过曲率值来分类的，特征点曲率大于设定阈值的点为边缘点，曲率小于设定阈值的点为平面点。曲率值计算公式如下。

$$c=\frac{1}{|S|\cdot\|X^{L}_{(k,i)}\|}\left\|\sum_{j\in S,j\neq i}(X^{L}_{(k,i)}-X^{L}_{(k,j)})\right\| \tag{4.3}$$

式中，i 为每帧点云中的待求点($i\in P_k$)；S 为点 i 周围连续点的集合；X 为点云中点的坐标值；k 为第 k 帧；j 为集合 S 中的某个点。

激光测距是以 10Hz 低精度高频的帧间运动估计的，其主要作用是利用相邻时刻 t 和 $t+1$ 采集的两帧点云数据进行配准，完成位姿粗略的估计。根据上一步中提取的边缘点和平面点，在 t 时刻找两个特征点确定一条直线，使其 $t+1$ 时刻距目标点最近，点到直线和点到平面的距离公式分别如下。

$$d_{\mathrm{E}}=\frac{|(\widetilde{X}^{L}_{(k+1,i)}-\overline{X}^{L}_{(k,j)})\times(\widetilde{X}^{L}_{(k+1,i)}-\overline{X}^{L}_{(k,l)})|}{|\overline{X}^{L}_{(k,j)}-\overline{X}^{L}_{(k,l)}|} \tag{4.4}$$

式中，j、l 是 k 时刻点云中用来确定直线的点；i 是 $k+1$ 时刻点云中的点；j 是 i 对应的匹配点；l 是点 j 周围距离最小的特征点。

$$d_{\mathrm{H}}=\frac{\left|\begin{matrix}(\widetilde{X}^{L}_{(k+1,i)}-\overline{X}^{L}_{(k,j)})\\((\overline{X}^{L}_{(k,j)}-\overline{X}^{L}_{(k,l)})\times(\overline{X}^{L}_{(k,j)}-\overline{X}^{L}_{(k,m)}))\end{matrix}\right|}{|(\overline{X}^{L}_{(k,j)}-\overline{X}^{L}_{(k,l)})\times(\overline{X}^{L}_{(k,j)}-\overline{X}^{L}_{(k,m)})|} \tag{4.5}$$

式中，j、l、m 是 k 时刻点云中用来确定一个平面的点；i 是 $k+1$ 时刻点云中的点；j 是 i 对应的匹配点；l 是点 j 周围距离最小的特征点。

匹配制图的主要作用是优化激光里程计的结果，其以 1Hz 频率使用地图和点云数据进行匹配来修正激光测距的处理结果，校正激光里程计的误差。变换的作用是接收和整合激光测距和匹配制图的处理结果，从而完成定位与地图的构建。

4.3.3 激光 SLAM 传感器基本原理

激光雷达的组成与微波雷达基本类似，主要由发射系统、接收系统、信号处理系统、扫描系统和显示系统构成。

激光雷达系统的工作原理如下：激光器发射激光，通过光学调制器、波束控制器和光学扫描系统射向空间，在扫描控制系统的控制下，激光束按照特定的方式在空间扫描，当激光光斑照射到目标时，发生散射现象，散射回来的一部分的光信号，通过光学接收系统在光学探测器上被检测，后经混频转换为电信号，再经过放大和信息处理，最终显示目标信号。而对于脉冲激光雷达，则在发射时还需要进行波束调制，接收时不需混频转换电信号。双基地激光雷达是基于一般激光雷达发展起来的一类激光雷达，其特点在于利用增加的接收基地接收激光作用于目标时所产生的除后向散射外的其他方向的散射光，从而起到增大探测概率的目的。

测距是激光雷达的一种重要用法，利用具有高度方向特性的激光束在空间和时间上的高度相干性，能够对光源至反射点的距离进行准确测量。激光测距主要有两种模式，第一种是利用激光脉冲进行测量，第二种是利用发射/接收信号的相位差进行测距。第二种模式需要采取连续波激光发射器,在实际激光雷达中并不常见。目前,大多数激光雷达采用的是第一种测距方法,也就是激光脉冲法。脉冲测距是通过测量光波飞行时间 T 来实现的,激光脚点到光源的距离表示为

$$R = \frac{1}{2} c T_F \tag{4.6}$$

式中,c 表示光速,由此可以按照下式表示出激光测距的距离分辨率:

$$\Delta R = \frac{1}{2} c \Delta T_F \tag{4.7}$$

式中,ΔT_F 表示测时分辨率。由式(4.7)可知,距离测量分辨率与时间记录精度有关。当前主流激光雷达均采用高精度电子时间计时器,其分辨率可达 10ps<Egger,对应的距离测量分辨率为 1.5mm。在激光整体测距误差中,测距分辨率所占比例很小,在面向环境测量的激光雷达应用中可以忽略。

对于激光雷达的观测模型,通过忽略激光雷达自转时各个角度的采样差,以条件概率分布的方式来建立,并表示如下。

$$P(Z_t \mid X_t, m) \tag{4.8}$$

式中,X_t 表示 t 时刻机器人的位姿;m 代表地图;Z_t 表示激光观测。且因为激光雷达自转一周会对环境采样多次,因此有

$$Z_t = \{Z_t^1, Z_t^2, Z_t^3, \cdots\} \tag{4.9}$$

激光雷达每次扫描中激光点相互独立,那么一圈完整的扫描可表示为

$$P(Z_t \mid X_t, m) = \Pi P(Z_t^i \mid X_t, m) \tag{4.10}$$

惯性测量单元(inertial measurement unit,IMU)具有实时性、简单和全天候完全自主导航的优点,能弥补视觉测程不稳定的缺点。尽管随着时间的增长其漂移会迅速积累而发散,但中高精度的 IMU 在短时间内定位却有着很高的精度。

轮式里程计(wheel odometry)是安装在机器人上的里程计,是一种通过测量移动距离来表示位姿的传感器。对于差速轮式移动机器人,通过在底层驱动上的编码器可以获得一定时间内轮子的转动距离。由此获得的信息根据特定的公式可以计算出机器人的位姿。但是这种方式也会在移动速度过快时或者受到外界因素的影响造成误差。编码器能够按照电机的转速以及轮子的直径得出移动机器人的位姿改变情况。

里程计的分辨率可以由如下公式计算得出,即通过机器人的驱动轮直径 d 乘以一个常数 π,然后与电机的减速比和编码器的精度的乘积相除可得单位脉冲内驱动轮的转动距离:

$$\delta = \pi d / \mu\rho \tag{4.11}$$

用 N_L 与 N_R 表示左右两边轮子上的编码器输出脉冲变化量,由此可以得出在设定的一个采样周期 Δt 内的转动距离 ΔS_L 以及 ΔS_R:

$$\begin{cases} \Delta S_L = \delta \times N_L \\ \Delta S_R = \delta \times N_R \end{cases} \tag{4.12}$$

由于移动机器人在移动过程中存在转向的行为,建立如图 4.8 所示的圆弧模型。设机器人左、右驱动轮的轮间距为 L,机器人在 $t-1$ 时刻的位姿是 $X_{t-1}(x_{t-1}, y_{t-1}, \theta_{t-1})$,$t$ 时刻的位姿是 $X_t(x_t, y_t, \theta_t)$,则从 $t-1$ 时刻到 t 时刻机器人的位姿变化量可以表示为

$$\begin{cases}\Delta D_t=(\Delta S_{\mathrm{L}}+\Delta S_{\mathrm{R}})/2\\ \Delta\theta_t=(\Delta S_{\mathrm{L}}-\Delta S_{\mathrm{R}})/L\end{cases} \tag{4.13}$$

机器人的里程计的输入模型为 $\mu_t=(\Delta D_t,\Delta\theta_t)^T$，里程计的圆弧模型可表示为

$$\begin{cases}x_t+\dfrac{\Delta D_t}{\Delta\theta_t}\left[\sin(\theta_t+\Delta\theta_t)-\sin\theta_t\right]\\ y_t-\dfrac{\Delta D_t}{\Delta\theta_t}\left[\cos(\theta_t+\Delta\theta_t)-\cos\theta_t\right]\\ \theta_t+\Delta\theta_t\end{cases} \tag{4.14}$$

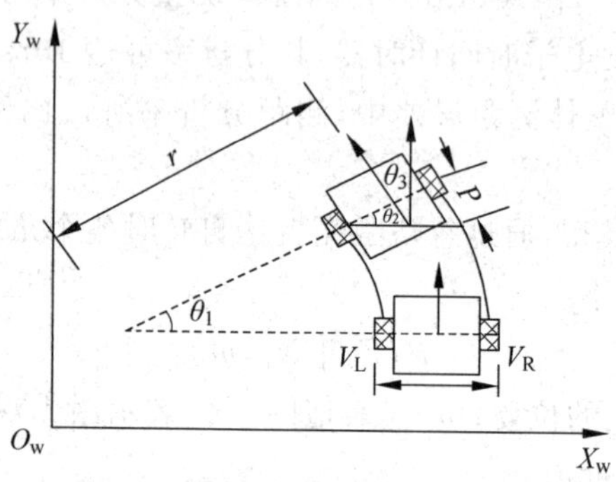

图 4.8 轮式里程计圆弧模型

对于里程计来说，由于驱动轮的安装问题、尺寸参数的选取不当、测量出错等原因导致的误差称为系统误差。系统误差是无法在机器人移动过程中进行改变的，因此会随着其运动而逐渐积累下来。由于环境因素影响导致机器人移动过程中抖动、漂移等情况发生时产生的误差称为非系统误差。这种非系统误差的出现是不定的，因此按照概率学来判断，可以称其为随机过程。

4.3.4 激光 SLAM 帧间匹配算法

1. ICP 匹配算法

迭代最近点匹配(iterative closet point，ICP)算法最早由 Besl 于 1992 年提出。ICP 匹配首先根据最近邻原则寻找目标点云中与参考点云的对应点对，根据对应点对的误差和，用最小化误差方程求解最优的旋转矩阵与平移向量，对目标点云进行变换，并根据最近邻原则重新选择两组点云变换后的对应点对。不断重复以上步骤，直至目标函数收敛满足阈值或迭代次数达到阈值。为创建一个正确并且一致的模型，需要把不同的位置所获取的激光点云数据转换到相同的世界坐标系下，以实现点云的配准。若机器人的位姿是正确的，那么这个转换就能够直接基于此求解。但是，由于位姿传感器的误差而导致机器人自身的定位有误差，所以需要考虑利用重合的二维激光点云数据几何结构来进行激光点云的配准，也就是迭代最邻近点方法(ICP)。同时，如果点云配准成功，则能够给出旋转矩阵和平移向量，将其应用到之前获取的机器人位姿上。这样一来，机器人定位与激光点云配准的精度都将得到提升。

ICP 算法的主要原理是在两个对应匹配的点集中，为每一个已知的点找到最邻近的点。在理想情况下，ICP 算法能够单调收敛，即让每个点都能找到它局部的最临近点。但在实际

应用中,并不是总能够满足这个条件,因此需要对此做出补偿。图 4.9 所示为 ICP 匹配过程原理图。

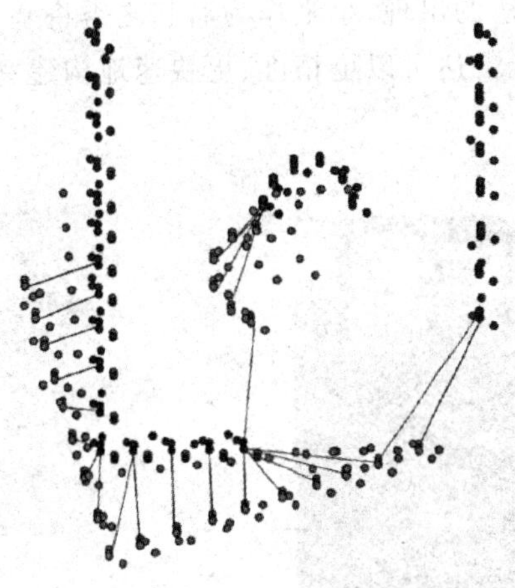

图 4.9 ICP 匹配原理图

2. NDT 匹配算法

正态分布变换(normal distribution transform,NDT)算法由 Biber 等人于 2003 年提出,NDT 是基于概率模型的,不用确定两帧点云的特征点或点对的对应关系,而是通过两帧点云数据的正态概率模型进行匹配,因此 NDT 算法可以减小寻找点对的时间以及点对误匹配导致的计算误差,具有不依赖于初始值和匹配速度较快等优点。由于 NDT 匹配的优点,众多科研者投入研究对其进行优化并取得了很多成果。Magnusson 等人将 NDT 匹配算法由二维推广到三维环境,随后 Stoyanov 提出了分布到分布的 D2D-NDT 算法。Magnusson 等人提出 NDT 匹配算法可以牺牲精度以提高匹配速度,并通过实验证明 NDT 匹配算法在计算效率和鲁棒性上优于传统的 ICP 算法。

3. CSM 匹配算法

栅格相关性扫描匹配(correlation scan match,CSM)算法通过遍历匹配的方式排除了结果对初值的敏感性,经过分支定界等方法降低了计算量,但总体计算速度较慢,且计算精度受限于栅格的精度。优化的方法通过给定一个目标函数,把激光雷达数据扫描匹配问题转换成非线性最小二乘优化问题,该方法可以限制误差的累积,但仍然对初值敏感。基于特征的匹配算法通过提取特征点,大幅降低了计算量,但是精度较高的特征点提取比较困难,角点特征的数量较少,而数量较多的线段特征,由于帧间相互遮挡导致同一特征在不同帧中提取的线段特征长度存在差异,无法直接进行匹配。

4.3.5 SLAM 技术的应用

随着近年来从事 SLAM 领域的科研人员越来越多,国内企业在应用方面也取得了一些成果。例如,近年来比较热门的无人车,利用激光雷达传感器(Velodyne、IBEO 等)作为工具,获取地图数据,并构建地图,规避路程中遇到的障碍物,实现路径规划。与 SLAM 技术在机器人领域的应用类似,只是相比较于 SLAM 在机器人中的应用,无人驾驶的雷达要求和成本要明显高于机器人。国内多家企业把无人驾驶作为重要的研究方向,其中百度无人车已经进入路试阶段,并取得了良好的测试效果。如图 4.10 所示为百度无人车。

随着近年来廉价激光雷达的出现,小米作为后起之秀将基于激光雷达的 SLAM 技术应用到扫地机器人中,通过激光雷达可以更精准、更快速地构建室内二维地图,如图 4.11 所示为小米扫地机器人。

图 4.10 百度无人车

图 4.11 小米扫地机器人

4.4 基于激光雷达的目标检测与识别

如今人工智能高速发展,为解决交通堵塞、通行效率低等问题,自动驾驶汽车取得了前所未有的发展。汽车作为重要的运载工具,通过车载传感器、可视设备、控制器、执行器等电子设备,形成一种可以在任意地点、任意时刻、能够接入任意信息的模式,为汽车提供智能环境的支持,达到提高车辆安全性的目的。目标识别感知及控制系统目前已经成为汽车智能化的亮点和卖点。

2015 年,国务院发布《中国制造 2025》,明确提出,到 2025 年,我国将掌握自动驾驶的总体技术以及各项关键技术,要建立起比较完善的智能网联汽车的自主研发体系、生产配套体系以及产业群,要基本完成汽车产业的转型升级。所以在政策和市场的共同作用下,我国的智能汽车技术发展迅猛,智能汽车领域相关系统以及应用软件的开发已经初步成形。

激光雷达是一种主动探测传感器,其具有受环境干扰小、精度高、速度快的特点,广泛适用于移动机器人、AGV 等的目标检测和识别方面。关于激光雷达的目标检测,主要集中在行人和障碍物方面,针对以上两种目标,重点在于如何研究高效的控制模型。对于自动驾驶汽车来说,从高清图像中检测出特征物体尤为重要,例如,不易被发现的红绿灯、有遮挡的车辆、行人等。目标识别的难点主要有以下几个方面:①无法准确无误地分割目标物体,特别是目标特征不显著的物体。②不同的物体在不同角度的探测结果不同。③环境对目标物体信息的干扰。

4.4.1 基于激光雷达的环境感知

自动驾驶的四大核心技术包括环境感知、精度定位、路径规划和线控执行,环境感知是实现自动驾驶的先决和必要条件,越来越多的研究表明,仅仅依靠视觉的环境感知很难达到自动驾驶的要求。

环境感知主要包括路面、静态物体和动态物体三个方面。自动驾驶汽车对于动态物体的感知，不仅要检测物体，还要对其轨迹进行追踪，从而预计车辆的行驶轨迹，对于复杂的实际交通道路必不可少，如图 4.12 所示。

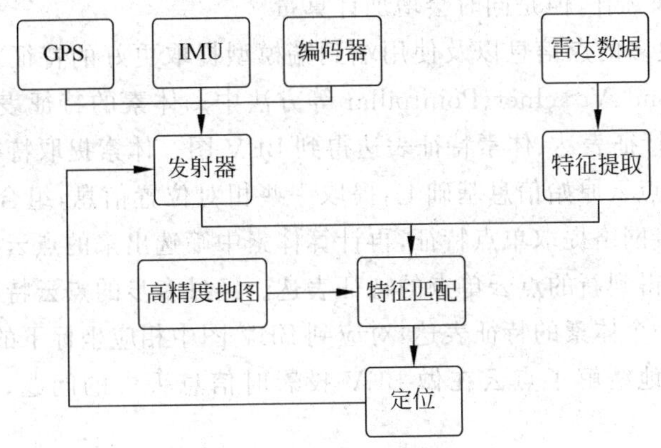

图 4.12　激光雷达环境感知

4.4.2　激光雷达数据预处理

通常激光雷达在工作时，每一束激光对应一个目标物体的三维立体坐标(静态位姿)，但实际上目标物体是在不断运动和变化的，在运动和变化的过程中会发生物体的形状畸变。为了保证目标数据的稳定和可靠，要去除物体畸变。由激光雷达原始产生的目标数据，可以获取每一束激光打在障碍物上的激光点距的绝对距离值和角度值，转换为目标距离值和角度值，去畸变之后，转化为新的数据重新发布。

4.4.3　激光雷达数据的特征表达

激光雷达的稀疏点云成像与稠密像素点的图像成像不同。点云都是连续的，图像是离散的；点云可以反映真实世界目标的形状、姿态信息，但是缺少纹理信息。图像是对真实世界的目标离散化后的表达，缺少目标的真实尺寸；图像可以直接作为卷积神经网络的输入，而稀疏则需要做一些预处理。

因此，为了完成 3D 目标检测任务，需要对稀疏点云做特征表达，下面介绍 3 种方式。

1. 离散化特征提取

1) BEV 图

BEV 图由激光雷达点云在 XY 坐标平面离散化后投影得到，其中需要人为规定离散化时的分辨率，即点云空间多大的长方体范围($\Delta l \times \Delta w \times \Delta h$)对应离散化后的图像的一个像素点(或一组特征向量)，如点云 20cm×20cm×Δh 的长方体空间，对应离散化后的图像的一个像素点。根据长方体空间中点云点特征表达方式不同可以分为手动提取特征、体素特征。

(1) 手动提取特征：使用这种方式做特征表达的典型3D目标检测方法有MV3D、PIXOR、YOLO3D等，通过使用一些统计特征来完成对长方体中点云的特征表达，主要特征包括最大高度值、与最大高度值对应的点的强度值、长方体中点云点数、平均强度值等。手动提取特征的主要问题是丢弃了很多点云的点，缺失了很多信息。当然可以通过设置比较小的长方体范围来弥补，但是同时会增加计算量。

(2) 为了使用更多的点信息以及使用端到端模型提取更好的特征，提出了体素表达方式，广泛应用于Second、Voxelnet、Pointpillar等方法中。体素的特征表达主要包括3个步骤：点云预处理、点特征表达、体素特征表达得到BEV图。体素提取特征中，需要在体素中筛选一定量的点，在点云原始信息基础上，提取一些相对位置信息，组合成新的点云单点特征表达。使用全连接网络提取单点特征，再计算体素中筛选出来的点云特征，得到上下文特征，与单点特征组合得到新的点云单点的特征表达。经过多步的点云特征提取后，将最后提取的特征向量作为一个体素的特征表达，对应到BEV图中相应坐标下的特征向量。基于体素的特征表达，极大地缓解了点云在做BEV投影时信息丢失的问题，提高了整个网络的效果。

2) 相机视角图

激光雷达的垂直分辨率(线数)和水平分辨率(旋转角分辨率)是两个重要的、可以依据的参数，分别对应了离散化后的图像的高和宽，如对于一个64线、角分辨率0.2°、10Hz扫描频率的激光雷达，离散化后的图像大小为$64\times1\,800\times c$。

根据激光雷达的硬件配置，每条激光线都有固定的垂直方向的角度，通过计算便可以得到某个点云点对应的离散化后的图像的横坐标；通过计算水平方向的旋转角度，便可以得到某个点云的点对应离散化后的图像的纵坐标。这种投影方式和图像成像效果很相似，但也同时会引入图像成像的缺点，如遮挡、缺失深度信息等。

2. 点对点特征提取

PointNet系列主要包含两个模块：全连接和特征变换。具体来说，对于每一个点云输入，网络先通过一个T-Net将其在空间上对齐，再通过MLP将其映射到64维的空间上，再进行对齐，最后映射到1 024维的空间上。这时对于每一个点，都有一个1 024维的向量表征，而这样的向量表征对于一个3维的点云明显是冗余的，因此这时引入最大池化操作，对1 024维所有通道都只保留最大的那一个，这样得到点云的全局特征。

PointNet存在的一个缺点是无法获得局部特征，这使得它很难对复杂场景进行分析。在PointNet++中，通过两个主要的方法来进行改进，使得网络能更好地提取局部特征。①利用空间距离，使用PointNet对点集局部区域进行特征迭代提取，使其能够学到局部尺度越来越大的特征。②由于点集分布很多时候是不均匀的，如果默认是均匀的，会使得网络性能变差，此时可采用自适应密度的特征提取方法。通过以上两种方法，能够更高效地学习特征，也更有鲁棒性。

3. 特征融合

最直观的方法是将点云投影到图像上，然后利用图像处理方法进行特征提取，但输出也是图像级，对于3D空间的定位不是很准确。如DepthRCNN就是一种基于RCNN的二维对象检测、实例和语义分割架构。

4.4.4 点云分类

3D 形状分类主要有三种方法：基于多视图的(multi-view)、基于体积的(volumetric-based)、基于点的(point-based)。基于多视图的方法将非结构化的点云投影为 2D 图像，而基于体积的方法将点云转换为 3D 体积表示。然后利用 2D 或 3D 卷积网络来实现形状分类。相反，基于点的方法直接在原点云图像上运行，不会造成信息丢失，正在逐渐成为主流。

1. 基于多视图的点云分类算法

首先将 3D 形状投影到多个视图中，然后提取视图的特征，融合这些特征以进行准确的形状分类。所以关键在于如何融合这些特征。该方法开创性的工作是 2015 年提出的 MVCNN，如图 4.13 所示，其中所有分支的 CNN_1 共享权重，它将多视图特征最大池化为全局描述符。但是，最大池化只能保留特定视图中的最大元素，从而导致信息丢失。

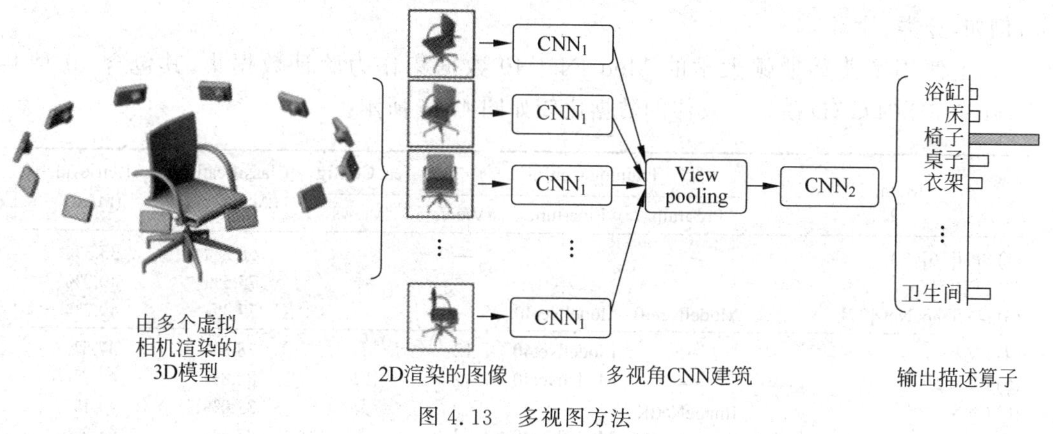

图 4.13 多视图方法

假设输入的 3D 形状是按照一个恒定的轴(Z 轴)正直地摆放的。这种情况下，物体被 12 个“虚拟相机”包围，也就是每隔 30°产生一个 2D 视角渲染图。而且在相机工作时，是与水平面有 30°的水平角的，且径直指向 3D 网格数据的中心。

此时假设 3D 形状不沿着恒定的 Z 轴放置。此时物体的形状会更加显得不规则，所以需要更多的视角来确定。文中采用的是围绕物体生成 20 面体，然后放置 20 个虚拟相机，每个虚拟相机通过旋转 0°、90°、180°和 270°来获得 4 个视角的数据，因此总共可以获得 80 个视角的数据。使用不同的阴影系数或光照模型并不会影响输出描述算子，因为学习到的滤波器对光照变化的不变性。

CNN 是 VGG-M 的变种，其网络结构主要为 5 个卷积层、3 个全连接层，最后通过一个 Softmax 进行分类。其中倒数第二层被用作图像描述算子。整个网络先在 ImageNet 图像集上进行预训练(这里 2D 的好处就体现出来了，利用规模更大的数据集帮助加快特征学习和收敛)，之后用之前采集到的多视角图像进行微调。实验表明，微调能够显著改善性能。相比较于当时比较流行的 3D 形状描述算子(如 SPH、LFD)以及 3D ShapeNets，CNN 在分类与检索任务上都能够取得更优异的表现。在分类部分，使用了线性核 SVM，以一对多的方式去结合图像特征分类 3D 形状。

简单地求一个 3D 形状的多视角图像的特征描述算子的平均值，或者简单地将这些特征描述算子做"连接"(这里可以想象成将特征简单地"串联"),会导致不好的效果。所以在这一部分,通过融合多视角 2D 图像产生的特征,可以综合这些信息,形成一个简单、高效的 3D 形状描述算子。

因此,人们设计了 multi-view CNN(MVCNN),放在基础的 2D 图像 CNN 之中。如图 4.13 所示,同一个 3D 形状的每一张视角图像各自独立地经过第一段的 CNN_1 卷积网络,在一个叫作视图池化(view pooling)的层中进行"聚合"。之后,再送入剩下的 CNN_2 卷积网络。整张网络第一部分的所有分支共享相同的 CNN 中的参数。在 View pooling 层中,逐元素取最大值操作。实际上这个视图池化层可以放在网络中的任何位置。经过作者的实验,这一层最好放在最后的卷积层(Conv5),以最优化执行分类与检索的任务。

在 MVCNN,用倒数第二项作为一种聚合的 3D 形状特征描述算子,得到了比用基础的 CNN 卷积网络从单独的图像中提取到的图像描述算子有更好表现的描述算子,特别是在检索实验中,从 62.8%提高到了 70.1%。这种描述符可以直接用来进行其他 3D 形状的任务,例如,分类、检索。

以上使用了普林斯顿大学的 ModelNet 40 数据集作为验证数据集,其包含 40 种共 12 311 个 3D 的 CAD 模型。具体的数据比较如图 4.14 所示。

Method	Training Config.			Test Config.	Classification (Accuracy)	Retrieval (mAP)
	Pre-train	Fine-tune	#Views	#Views		
(1) SPH[16]	—	—	—	—	68.2%	33.3%
(2) LFD[5]	—	—	—	—	75.5%	40.9%
(3) 3D ShapeNets[37]	ModelNet40	ModelNet40	—	—	77.3%	49.2%
(4) FV	—	ModelNet40	12	1	78.8%	37.5%
(5) FV, 12×	—	ModelNet40	12	12	84.8%	43.9%
(6) CNN	ImageNetlK	—	—	1	83.0%	44.1%
(7) CNN, f.t.	ImageNetlK	ModelNet40	12	1	85.1%	61.7%
(8) CNN, 12×	ImageNetlK	—	—	12	87.5%	49.6%
(9) CNN, f.t., 12×	ImageNetlK	ModelNet40	12	12	88.6%	62.8%
(10) MVCNN, 12×	ImageNetlK	—	—	12	88.1%	49.4%
(11) MVCNN, f.t., 12×	ImageNetlK	ModelNet40	12	12	89.9%	70.1%
(12) MVCNN, f.t.+metric, 12×	ImageNetlK	ModelNet40	12	12	89.5%	80.2%
(13) MVCNN, 80×	ImageNetlK	—	80	80	84.3%	36.8%
(14) MVCNN, f.t., 80×	ImageNetlK	ModelNet40	80	80	90.1%	70.4%
(15) MVCNN, f.t.+metric, 80×	ImageNetlK	ModelNet40	80	80	90.1%	79.5%

* f.t.=fine–tuning, metric=low–rank Mahalanobis metric learning.

图 4.14 数据比较

之后,Yang 等人提出对多视图的关系进行建模,提出了一种关系网络,用两个模块分别提取不同视图间的相邻关系以及整个视图之间的关系,最终生成 3D 描述算子,使用图卷积网络建模多个视图之间的关系,每个视图作为一个图节点,然后将由局部图卷积(图 4.15)、non-local 消息传递和选择性视图采样组成的核心层应用于构建的图。

基于视图的方法(view-based approach)通过物体投影的 2D 图像识别其 3D 形状,已经取得了先进的 3D 形状识别结果。基于视图的方法面临的主要挑战是如何将多视图特征聚合为全局形状描述算子。基于视图的图卷积神经网络(view-based graph convolutional neural network,V-GCN)用于在灵活的视图配置空间中识别基于多视图物体的图表示的

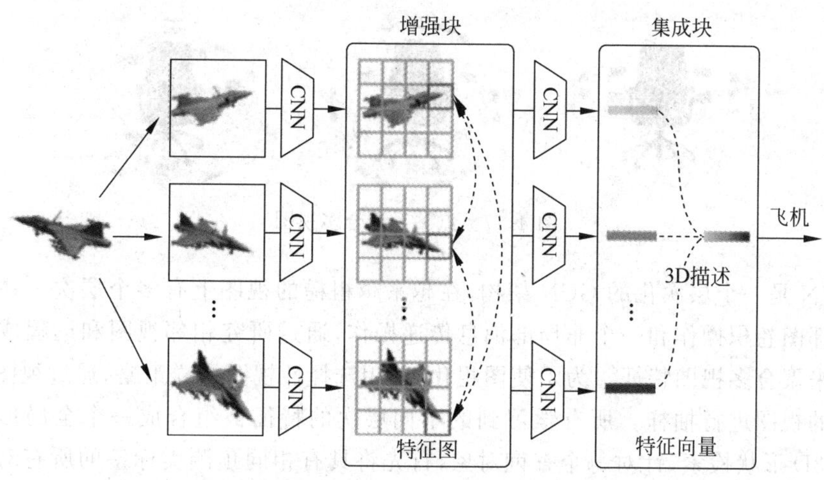

图 4.15　局部图卷积

3D 形状，如图 4.16 所示。首先利用 3D 物体的 2D 多视图构建视图—图(view-graph)作为图节点，然后在视图上设计一个图卷积神经网络分层地学习判别多视图物体的 3D 形状描述。V-GCN 是一种基于局部和非局部图的卷积进行特征变换，同时基于选择性视图采样进行图粗化的层次网络。基准数据集上进行的大量实验表明，V-GCN 能够实现最先进的 3D 形状分类和检索。

此工作是基于视图的方法，主要的挑战是如何聚合多视图特征成为一个全局的三维形状描述。传统的方法是通过最大池化来聚合多视图特征，这种方法是置换不变的，但忽略了视图之间的关系。

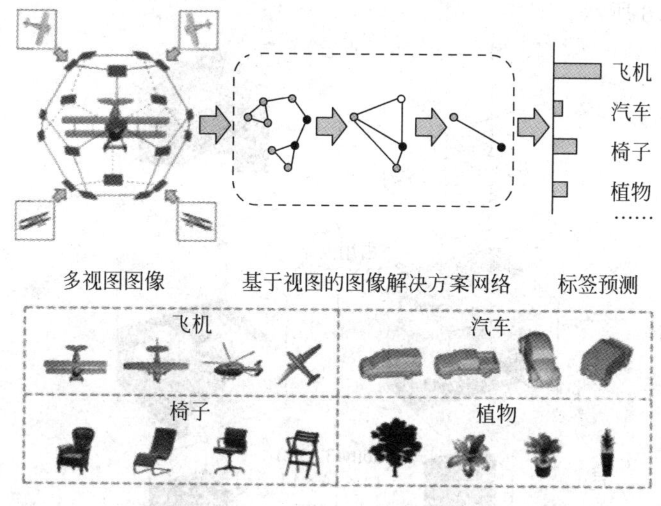

图 4.16　V-GCN

V-GCN 主要具有以下两个优点。

(1) 能够灵活建模多视图配置。

(2) 通过视图—图表示利用 GCN 聚合关于图节点关系聚合多视图特征，如图 4.17 所示。

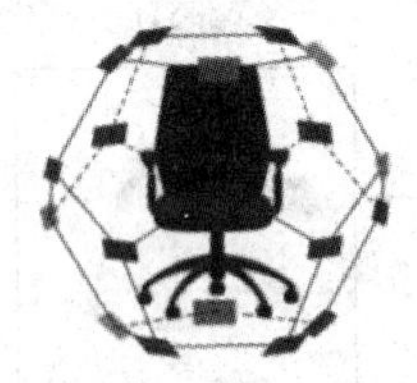

图 4.17 点关系聚合多视图

V-GCN 是一个层次化的 GCN 架构，在越来越粗糙的视图上有多个层次。在每层设计了一个局部图卷积操作和一个非局部消息传递操作，通过研究相邻视图和远程成对视图之间的关系来聚合多视图特征。为了使图粗化，使用选择性视图抽样策略，通过视图选择器对有代表性的视图进行抽样。所有学习到的不同层次的特征被组合成一个全局形状描述算子。对于 3D 形状检索，针对每个查询对象，首先将具有相同预测类标签的所有对象作为检索形状，并根据类标签预测概率得分的排序来确定检索等级，V-GCN 在分类准确率方面取得了很好的结果。

2. 基于体素的方法

通过体素网格进行学习可以解决多视图表示的主要问题。体素网格缩小了二维和三维之间的差距，它们是最接近图像的三维表示形式，这使得二维深度学习的概念（如卷积操作）能够容易地应用于三维情景。

在 2015 年提出的 VoxNet5 是最早在给定体素网格输入的情况下在物体分类任务上取得优异表现的深度学习方法。VoxNet 使用的是概率占用网格，其中的每个体素都包含了该体素在空间中被占用的概率。这样做的一个好处是，它允许网络区分已知是自由的体素。整个流程如图 4.18 所示。

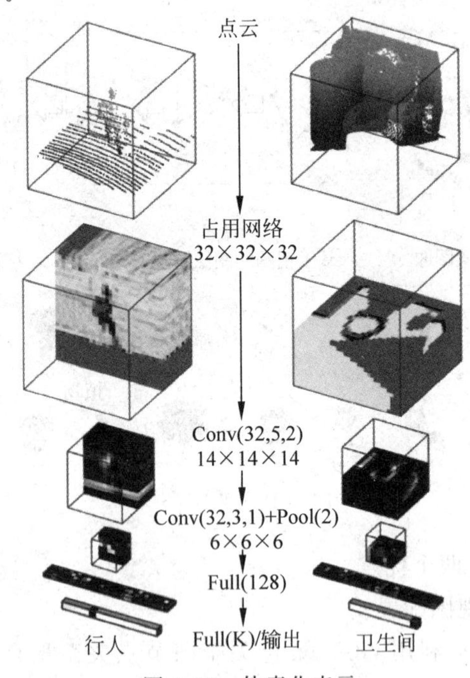

图 4.18 体素化表示

体素或立体像素，是体积像素的简称。概念上类似二维空间的最小单位——像素，像素用在二维计算机图像的视频数据上。体积像素一如其名，是数字数据于三维空间分区上的最小单位，应用于三维成像、科学数据与医学视频等领域。有些真正的三维显示器运用体素来描述它们的分辨率，例如，可以显示 512×512×512 体素的显示器。

如同像素，体素本身并不含有空间中位置的数据(即它们的坐标)，然而却可以从它们相对于其他体素的位置来推敲，意即它们在构成单一张体积视频的数据结构中的位置。

多边形网格是三维计算机图形学中表示多面体形状的顶点与多边形的集合，也叫作非结构网格。这些网格通常由三角形、四边形或者其他的简单凸多边形组成，这样可以简化渲染过程。但是，网格也可以包括带有空洞的普通多边形组成的物体。

非结构网格内部表示的例子有，一组顶点的简单列表，它们带有表示那些顶点组成多边形的信息列表；另外可能带有表示空洞的附加信息。

翼边数据结构根据应用程序的不同所选择的数据结构也有所不同：三角形的处理要比普通多边形的处理更加简单，在计算几何中更是这样。对于优化的算法，可能需要快速访问边线或者相邻表面这样的拓扑信息，这样就需要如翼边表示这样更加复杂的结构。

保持对象在其 Z 轴上的一致方向并非易事，所以采用一种简单的方法来解决这个问题。在训练时，通过创建每个输入实例的 n 个副本来扩充数据集，每个实例围绕 Z 轴旋转，有 $360/n$ 个间隔。在测试时，将输出层的激活池放在所有 n 个副本上。这里，n 是 12 或 18。这可以看作一种投票方法，网络对随机作物的平均预测和对输入图像的翻转；然而，它是通过对旋转的彻底抽样而不是随机选择来执行的。

这种方法的灵感来自卷积被解释为跨平移的权重共享，在旋转中隐式地共享权重。这种方法的最初版本是通过在训练期间以与测试期间相同的方式对网络的密集层进行最大池或平均池来实现的。然而，上面描述的方法产生了相似的结果，同时收敛速度明显加快。

对激光雷达数据集的可视化检查表明$(0.2\text{m})_3$ 分辨率保存了分类所需的所有信息，同时为大多数较大的对象(如卡车和树木)提供了足够的空间上下文。然而，假设更好的分辨率将有助于区分其他类，如交通标识和交通灯，特别是对于稀疏的数据。因此，受用于视频分析的中心凹结构的启发，实现了一个多分辨率 VoxNet。在这个模型中，使用两个具有相同 VoxNet 体系结构的网络，每个网络接收不同分辨率的占用网格：$(0.1\text{m})_3$ 和$(0.2\text{m})_3$。这两个输入都集中在同一个位置，但是较粗的网络在低分辨率下覆盖更大的区域，而较细的网络在高分辨率下覆盖更小的区域。为了融合来自两个网络的信息，将它们各自的 FC(128)层的输出连接起来，并将它们连接到 Softmax 输出层。

由于体素网格与图像十分相似，它们实际上使用的带步长的卷积和池化运算都是从二维像素的工作方式进行调整迁移到三维体素上来的。卷积算子使用的是 $d\times d\times d\times c$ 的卷积核而不是二维卷积神经网络中使用的 $d\times d\times c$，池化运算考虑的是不重叠的三维体素块而不是二维像素块。图中 Conv(f,d,s)中，f 表示卷积算子个数，d 为卷积核尺寸，s 为步长。

体素的缺点是，需要很高的分辨率才能模拟出一个物体的精准结构。而高分辨率往往意味着大量的内存和计算量。这类方法难以处理密集的 3D 数据，因为计算量随着分辨率三次方增长。

为了解决这个问题，OctNet 提出，在点云等表示方法中的 3D 数据本身是稀疏的(空间中有一些地方没有物体存在),这就导致了在使用 3D 卷积时的计算资源浪费。所以 OCtNet 使用一组不平衡的八叉树来对空间进行分层划分,更具体地说,以递归方式拆分在其域中包含数据点的八叉树节点,并在树的最佳分辨率停止。也就是说,OCNet 根据 3D 结构动态地分布计算和存储,这样可以在高分辨率时节省计算和存储。

如图 4.19 所示,第二行是普通的 3D ConvNet,可以看到如果使用高分辨率计算,那么全图都是密集的网格点,代表该处的卷积计算位置,而第三行的 OCtNet 可以根据输入物体的形状,动态调节每个位置的分辨率(通过八叉树实现),从而在使用同等分辨率时降低计算量和内存占用。

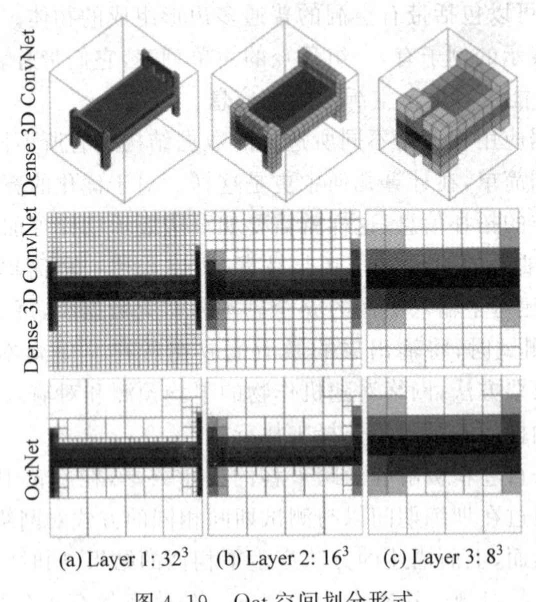

图 4.19 Oct 空间划分形式

但是体素网格仍然具有一些缺点。首先,与点云相比,它们丢失了分辨率。因为如果代表复杂结构的不同点距离很近,它们会被绑定在同一个体素中。与此同时,与稀疏环境中的点云相比,体素网格可能导致不必要的高内存使用率。这是因为它们主动消耗内存来表示自由和未知的空间,而点云只包含已知点。

3. 基于点云的算法

PointNet 是深度学习应用到点云数据的先驱。在此之前,传统的机器学习方法大多基于点云的手工设计的特征,并使用机器学习模型如 SVM。深度学习方法将点云进行体素化形成体素网格并使用 3D 卷积神经网络,或者将点云经过投影生成多视角的图片,并使用传统的 2D 卷积神经网络。这些方法将点云数据转换成中间表示(体素网格、图片),造成了数据不必要的增大,同时还会损失点云的几何信息。

PointNet 是一个端到端的网络,直接处理原始的点云数据,同时解决了点云的排列不变性和变换不变性问题,并在点云的分类、部件分割和场景语义分割的任务上取得了与之前相比最好的性能,为这些任务提供了一个统一的架构,同时能够对点的缺失、点的插入、点的扰动保持一定的鲁棒性。

PointNet 的两个关键点是共享 MLP 和对称函数。共享 MLP 单独处理每个点,并且共享权重，对称函数能够保持排列不变性。

(1) 无序性：点云中的点不像图像中的网格一样规则，其无序性是指无论一个点云中的点以何种顺序排列，对于分类等任务来讲，其结果是一样的。PointNet 通过单独处理每个点以及使用对称函数解决了这个问题。

(2) 点与点之间的相互作用：点云中的点来自一个具有距离度量的空间，每个点不是独立的，临近的点来自一个有意义的子集。也就是说，点云具有局部特征。该问题实际上没有得到解决，PointNet 并没有捕获点云的局部特征。

(3) 变换不变性：作为一个几何物体，无论施加什么样的刚体变换，如平移、旋转所有的点，都不会改变它的类别和每个点所属的类别。PointNet 通过 T-Net 解决了这个问题。

图 4.20 是该 PointNet 的网络结构。深色框内是用于分类的网络结构(除最后的 MLP 外)，浅色框内是用于部件分割或者语义分割的网络结构。网络中的重点包括 T-Net、shared mlp 和 max pool。

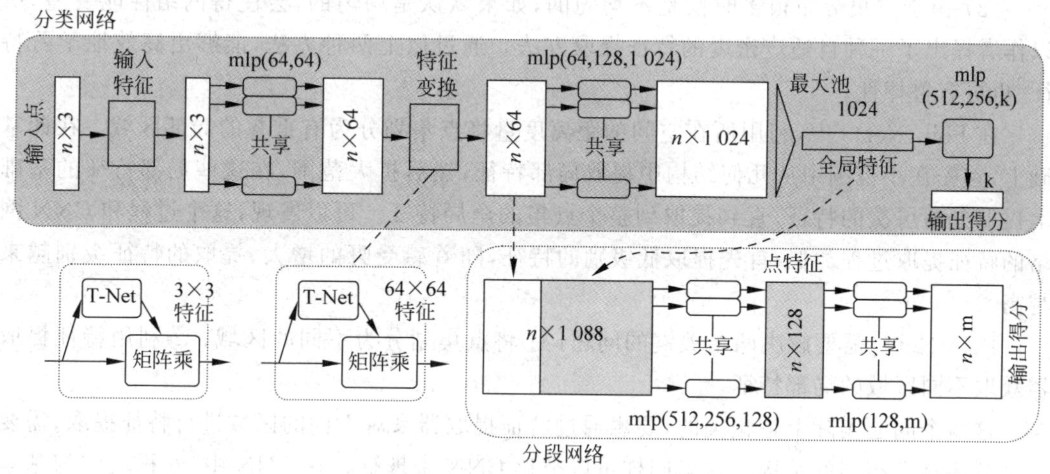

图 4.20 PointNet 网络结构

共享 MLP 的意思是多层感知机，这个多层感知机特别的地方在于它的权重是对每个点共享的，自然而然，它的实现使用的是大小为 1 的卷积核，卷积用的是 1D 卷积。通过对输入的点云的每个点单独地进行维度提升，最后通过一个最大池进行特征聚合。最大池是一个对称函数，对称函数有 max、min、average 等，其结果对输入序列的顺序保持不变。而这里之所以用最大池操作是因为通过对比试验，最大池的效果是最好的。这个最大池的操作也是有些特别的，它实际上是对得到的 $n\times 1\,024n\times 1\,024$ 这个特征矩阵的第 0 维求最大值，得到一个 1 024 维的向量，这个向量就是点云的全局特征。可以看到，前面的共享 MLP 是对每个点单独地进行处理，最后最大池操作又能保持排列不变性，因此整个网络能够对点云实现排列不变性。

T-Net 实际上是一个小型 PointNet，最终的输出是一个向量，将其通过重塑操作得到一个矩阵，用这个矩阵对输入的每个点或者每个特征进行空间变换，能够保证变换不变性。通过 T-Net，如图 4.21 所示，将输入空间或特征空间对齐到基准空间。

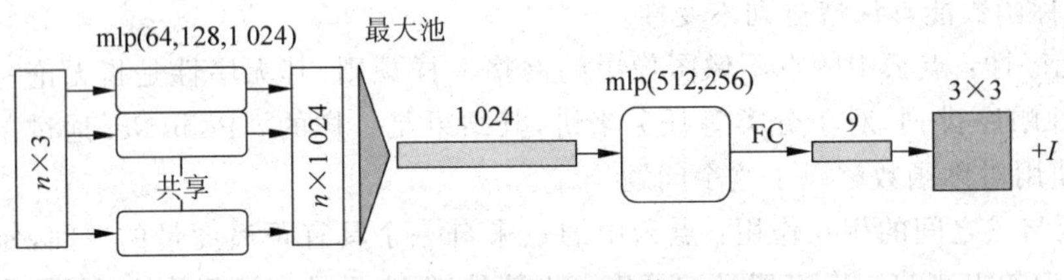

图 4.21 T-Net 结构

通过对特征空间使用 T-Net,还需要对最终的损失加上一个正则项:

$$L_{reg} = \| I - AA^T \|_F^2 \tag{4.15}$$

PointNet 的一个缺点是无法获得局部特征,这使得它很难对复杂场景进行分析。在 PointNet++中,主要通过以下两个方法来进行改进,使得网络能更好地提取局部特征。

(1) 利用空间距离,使用 PointNet 对点集局部区域进行特征迭代提取,使其能够学到局部尺度越来越大的特征。

(2) 由于点集分布很多时候是不均匀的,如果默认是均匀的,会使得网络性能变差,所以作者提出了一种自适应密度的特征提取方法。通过以上两种方法,能够更高效地学习特征,也更有鲁棒性。

在 PointNet++中,利用所在空间的距离度量将点集划分为有重叠的局部区域。在此基础上,首先在小范围中从几何结构中提取局部特征,然后扩大范围,在这些局部特征的基础上提取更高层次的特征,直到提取到整个点集的全局特征。可以发现,这个过程和 CNN 网络的特征提取过程类似,首先提取低级别的特征,随着感受野的增大,提取的特征级别越来越高。

PointNet++需要解决两个关键的问题:①将点集划分为不同的区域;②利用特征提取器获取不同区域的局部特征。

这两个问题实际上是相关的,要想通过特征提取器来对不同的区域进行特征提取,需要每个分区具有相同的结构。这里同样可以类比 CNN 来理解。在 CNN 中,卷积块作为基本的特征提取器,对应的区域都是 $n\times n$ 的像素区域。而在 3D 点集中,同样需要找到结构相同的子区域和对应的区域特征提取器,因此,使用 PointNet 作为特征提取器。对第二个问题,使用邻域球来定义分区,每个区域通过中心坐标和半径来确定。选取中心坐标时,使用快速采样算法。区域半径的选择是一个比较有挑战性的事情,因为输入点集是不均匀的,同时区域特征会存在重叠或被遗忘的情况。尽管 CNN 使用小的卷积核效果比较好,但这是由于图像是网格化的,每个区域是非常规整的。如果在 PointNet++中使用小的半径,网络性能反而很差。可以从直观上想象一下,邻域球过小,意味着可能看不到足够完整的局部特征。这个过程也可以使用 KNN 实现。

PointNet++是 PointNet 的延伸,在 PointNet 的基础上加入了多层次结构,使得网络能够在越来越大的区域上提供更高级别的特征,模型结构如图 4.22 所示。

网络的每一组分组抽象层主要包括 3 个部分:取样层、编组层和 PointNet 层。

(1) 取样层:主要对输入点进行采样,在这些点中选出若干个中心点。

(2) 编组层:利用上一步得到的中心点将点集划分成若干个区域。

(3) PointNet 层:对上述得到的每个区域进行编码,变成特征向量。

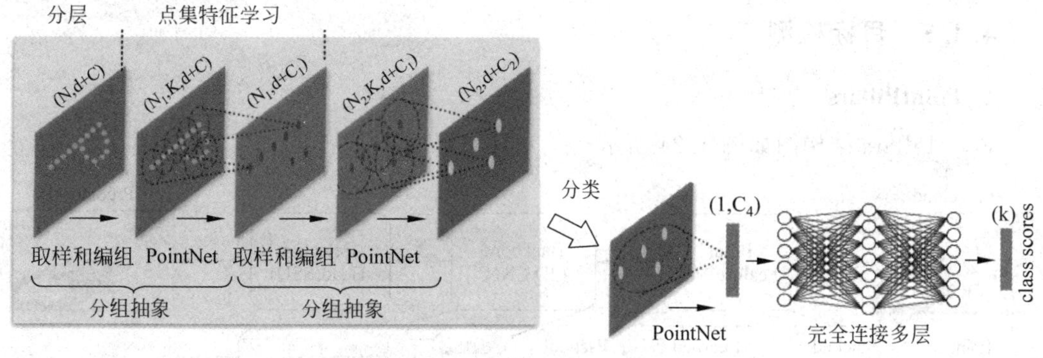

图 4.22　PointNet++网络结构

每一组提取层的输入是 $N\times(d+C)$，其中 N 是输入点的数量，d 是坐标维度，C 是特征维度。输出是 $N'\times(d+C')$。其中，N'是输出点的数量，d 是坐标维度，C'是新的特征维度。下面详细介绍每一层的作用及实现过程。

取样层使用最远点取样选择 N'个点，相比于随机采样，这种方法能更好地覆盖整个点集。具体选择多少个中心点，数量怎么确定，是由人来指定的。

编组层使用 Ball 检索方法生成 N'个局部区域，取两个变量，一个是每个区域中点的数量 K，另一个是球的半径。这里半径是占主导地位的，会在某个半径的球内找点，上限是 K。球的半径和每个区域中点的数量都是人为指定的。这一步也可以使用 KNN 来进行，而且两者对于结果的影响并不大。

PointNet 层接受 $N'\times K\times(d+C)$的输入，输出是 $N'\times(d+C)$。需要注意的是，在输入网络之前，会把该区域中的点变成围绕中心点的相对坐标。

点云不均匀时，对每个子区域如果在分区时使用相同的球半径，会导致有些稀疏区域采样点过小。这个问题的解决方法有多尺度编组（multi-scale grouping，MSG）和多分辨率编组（multi-resolution grouping，MRG）两种。其中，MSG 结构如图 4.23 所示。

在 MSG 中，对于同一个中心点，如果使用 3 个不同尺度，就分别围绕每个中心点画 3 个区域，每个区域的半径及里面的点的个数不同。对于同一个中心点来说，不同尺度的区域送入不同的 PointNet 进行特征提取，之后合并多个组，作为这个中心点的特征。也就是说，MSG 实际上相当于并联了多个层次结构，每个结构中心点数量一样，但是区域范围不同。

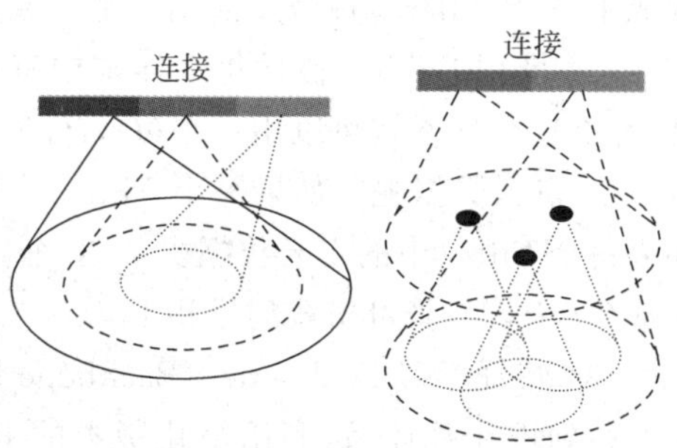

图 4.23　MSG 结构

MSG 很明显会降低运算速度，所以提出了 MRG，这种方法针对不同的层级编组做了一个合并组，但是由于尺度不同，将低层级的先放入一个 PointNet 进行处理再和高层次的进行合并组。还有一种 random input dropout（DP）的方法，就是在输入点云之前，对点集进行随机的舍弃，比例使用了 95%，也就是说进行 95%的重新采样。某种程度有点像数据增强，也是提高模型的鲁棒性。

4.4.5 目标检测

1. PointPillars

PointPillars 结构图如图 4.24 所示。

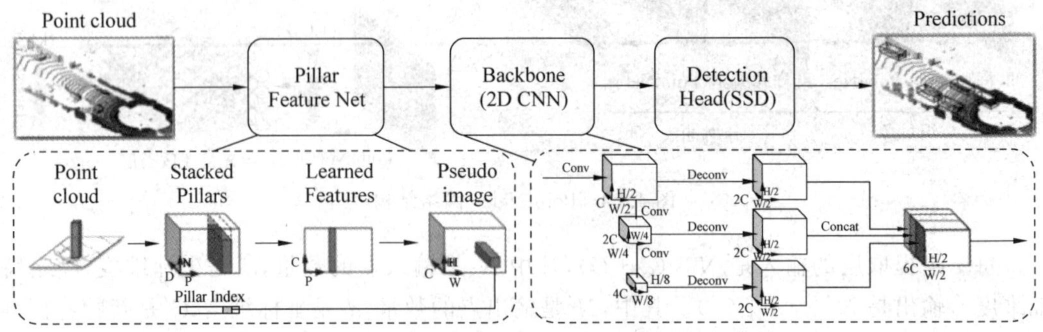

图 4.24 PointPillars 结构图

PointPillars 利用 PointNet 来学习组织在垂直列中的点云表示，虽然编码特征可以与任何标准的 2D 卷积检测架构一起使用，但其进一步提出了一个精简的下游网络。广泛的实验表明，PointPillars 在速度和精度方面都大大优于以前的编码器。尽管仅使用激光雷达，PointPillars 在 3D 和鸟瞰图 KITTI 基准测试方面显著优于现有技术。

PointPillars 接受点云作为输入，并估计面向汽车、行人和骑自行车者的 3D 框。它由三个主要的阶段组成：①将点云转换为稀疏伪图像的特征编码器网络；②一个 2D 卷积主干，将伪图像处理成高级表示；③检测头用于检测和回归 3D 框，如图 4.24 所示。

其具体实现步骤如下。

(1) 输入点云。按照点云数据所在的 X、Y 轴(不考虑 Z 轴)将点云数据划分为一个个的网格，凡是落入一个网格的点云数据被视为其处在一个 Pillar(柱体)中，或者理解为它们构成了一个 Pillar。每个点云用一个 $D=9$ 维的向量表示。

(2) 堆积 Pillar。假设每个样本中有 P 个非空的 Pillar，每个 Pillar 中有 N 个点云数据，那么这个样本就可以用一个(D,P,N)的张量表示。但是，如何保证每个 Pillar 中恰好有 N 个点云数据呢？如果每个 Pillar 中的点云数据超过 N 个，那么就随机采样至 N 个；如果每个 Pillar 中的点云数据少于 N 个，少于的部分就填充为 0；于是，就很容易将点云转换成(D,P,N)张量格式的堆积 Pillars。

(3) 特征学习 Backbone。Backbone 模块如图 4.25 所示。

得到堆积柱体后，利用简化版本的 PointNet 对张量化的点云数据进行处理和特征提取。特征提取可以理解为对点云的维度进行处理，原来的点云维度为 $D=9$，处理后的维度为 C，那么就获得了一个(C,P,N)的张量。接着，按照 Pillar 所在维度进行最大池化操作，即获得了(C,P)维度的特征图。

PointPillars 使用了与 VoxelNet 类似的主干网络。主干网络由两个子网络构成：一个自上而下的网络以越来越小的空间分辨率产生特征；另一个网络执行上采样和串联自顶向下的功能。

自上而下的主干可以用一系列 Block(S,L,F)来表征。每个块以步幅 S(相对于原始

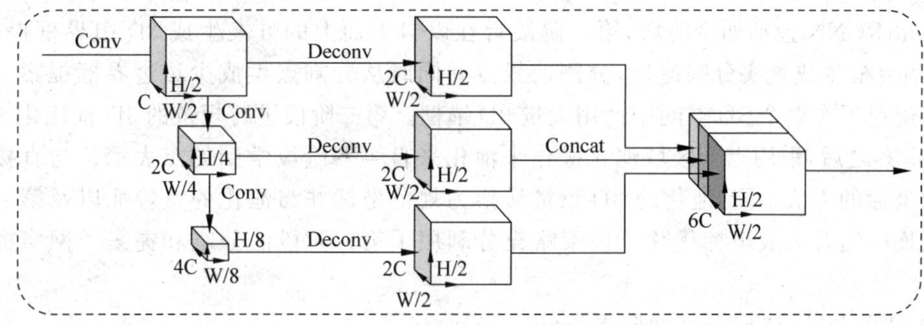

图 4.25　Backbone 模块

输入伪图像测量)运行。一个块有 L 个 2D 卷积层和 F 个输出通道,每个通道后面跟着 BatchNorm 和一个 ReLU。每个自顶向下块的最终特征通过上采样和级联进行组合。首先,使用具有 F 个最终特征的转置 2D 卷积对特征进行上采样,接下来,将 BatchNorm 和 ReLU 应用于上采样的特征,最终输出特征是源自不同步幅的所有特征的串联。

使用单摄探测器(single shot detector,SSD)来设置来执行 3D 对象检测。与 SSD 类似,使用 2D 中的 IoU 将先验框与真实框进行匹配。边界框的高度和海拔不用于匹配;相反给定 2D 匹配,高度和海拔成为额外的回归目标。

2. PointRCNN

PointRCNN 模型结构如图 4.26 所示。

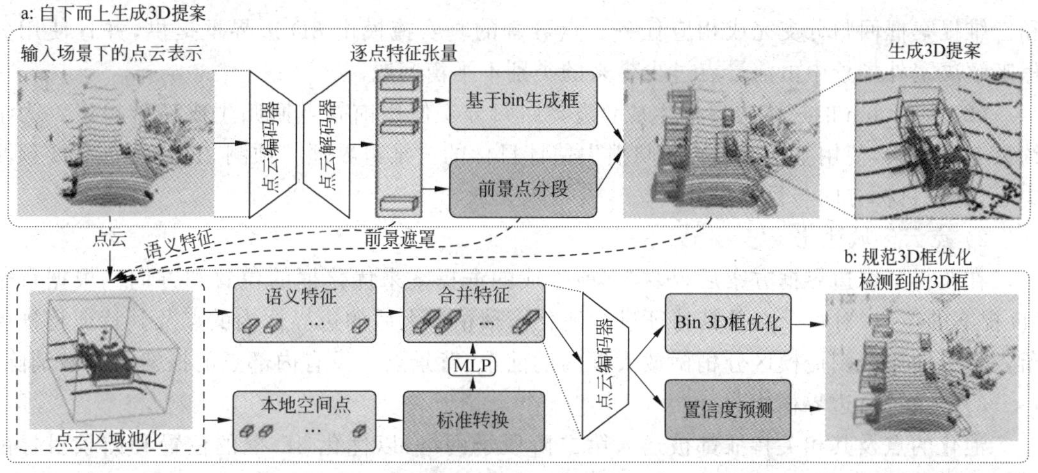

图 4.26　PointRCNN 模型结构

PointRCNN 用于原始点云的 3D 目标检测,整个框架包括两个阶段:①使用自下而上的 3D 提案产生;②在规范坐标中修改提案获得最终的检测结果,如图 4.26 所示。第一阶段子网络不是从 RGB 图像或点云投影到鸟瞰视图或体素中,而是通过将整个场景的点云分割为前景点和背景点,以自下而上的方式直接从点云生成少量高质量的 3D 提案。第二阶段子网络将每个提案的池化的点转换为规范坐标,更好地学习局部空间特征,这个过程与第一阶段中学习的每个点的全局语义特征相结合,用于框优化和置信度预测。对 KITTI 数据集的 3D 检测基准的广泛实验表明,该架构优于仅用点云作为输入,是一种具有显著边缘的先进方法。

PointRCNN包括两个阶段，第一阶段旨在以自下而上的方案生成3D边界框提案，基于3D边界框生成真实分割掩模，分割前景点并同时从分割点生成少量边界框提案。这样的策略避免了在整个3D空间中使用大量3D锚框。第二阶段进行规范的3D框优化。在生成3D提案之后，采用点云区域池化操作来池化来自第一阶段学到的点表示。与直接估计全局框坐标的方法不同，池化的3D点被转换为规范坐标并与池化的点特征以及第一阶段的分割掩模组合完成坐标优化。该策略充分利用了第一阶段的分割和提案子网络提供的信息。

1）基于全区域的3D框回归损失

基于全区域的3D框回归损失用于提案生成和优化，收敛更快，有更高的召回率。

提出一种基于全场景点云分割的精确、鲁棒的三维提案生成算法作为第一阶段子网络。3D场景中的目标是自然分离的，彼此不重叠。所有三维目标的分割掩模都可以通过3D边界框注释直接获得，即3D框内的3D点被视为前景点。因此，自下而上的方式生成3D提案，具体来说，逐点学习点的特征、分割原始点云，同时从分割的前景点生成3D提案。基于这种自下而上的策略，避免在3D空间中使用大量预定义的3D框，并且显著限制了生成的3D提案的搜索空间。并且，3D box提案方法比基于3D锚点的提案生成方法有更高的召回率。

点云的表示使用带有MSG的PointNet++作为Backbone，也可以使用VoxelNet等。

（1）前景点分割。三维提案生成方法直接从前景点生成3D box提案，同时完成前景分割和三维预测框生成。经Backbone处理后的每个点的特征，分别经过前景掩模预测分支和三维提案框回归分支完成相应任务。点分割的真实掩模由3D边界框提供，并且使用失焦来解决室外场景中由前景点过少带来的类别不平衡问题。

（2）基于bin的三维边界框生成：边界回归分支使用前景点回归生成三维提案。为了约束三维提案，使用基于bin的回归损失估计目标的三维边界框。预测3D边界框需要预测中心位置、目标方向与目标尺寸。

2）点云区域池化

在获得三维边界框方案后，根据之前生成的框提案来优化框的位置和方向。根据每个3D提案的位置，对每个点及其特征进行池化。稍稍放大后的边界框内的点及其特征将被保留。然后使用分割掩模区分稍微放大框内的前景、背景点。没有内部点的提案将会被消除。

3）规范3D边界框优化

池化的点及其相关特征都被送入第二阶段子网络，以优化3D框的位置和前景目标的可信度。经过规范坐标转换，更好地学习每个提案的局部空间特征。

3. Complex-yolo

Complex-yolo是一个仅用于点云的实时3D物体检测网络，如图4.27所示。它通过一个特定的复杂回归策略来估计笛卡儿空间中的多类3D框，扩展了一个用于RGB图像的快速二维标准目标探测器YOLO v2。因此，使用特定的欧拉区域建议网络(E-RPN)，通过在回归网络中添加一个虚分数和一个实分数来估计物体的姿态。E-RPN支持在训练期间很好地概括，在KITTI上的实验表明，在效率方面，优于当前领先的3D物体检测方法，比最快的模型快5倍以上，从而在识别汽车、行人和骑自行车的人方面取得了最优的效果。此外，Complex-yolo能够以高精度同时估计所有8个小型货车，包括货车、卡车或坐着的行人。

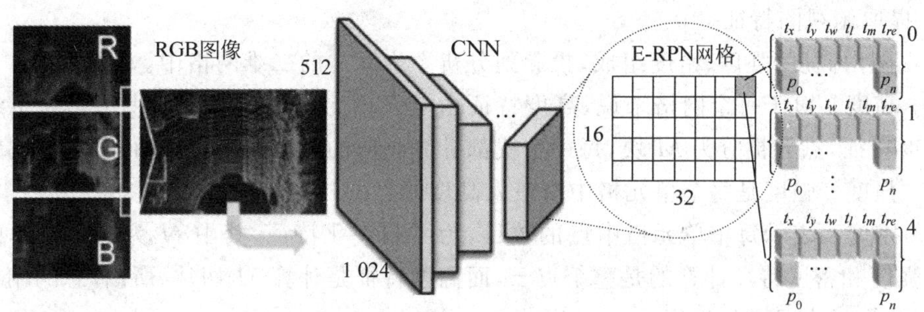

图 4.27 Complex-yolo 模型结构

Complex-yolo 在 YOLO v2 网络结构的基础上使用 E-RPN 进行扩展。前面部分同 Darket-19，在最后的输出层增加了两个复数角度的回归。E-RPN 根据复数的实部和虚部估计精确的物体方位。使用复数表示物体方位可以有效避免奇点，并产生一个封闭的数学空间，对模型的泛化具有有利的影响。

从 2D 到 3D 的转换是根据每个类的预定高度完成的，网络的优化损失函数由原来的 YOLO v2 损失函数加上 Euler 的损失函数得到。因此 Complex-yolo 在 KITTI 数据集上能够达到实时和高准确率(50fps/TitanX)，使用 E-RPN 为每个 3D 包围框估计精确的朝向，与其他基于激光雷达的方法相比，Complex-yolo 能通过一次前向传递所有的类别。

4. MV3D-Net

MV3D-Net 融合了视觉和雷达点云信息，同时和以往基于体素的方法不同，它只用了点云的俯视图和前视图，这样既能减少计算量，又不至于丧失过多的信息，如图 4.28 所示。随后生成 3D 候选区域，把特征和候选区域融合后输出最终的目标检测框。MV3D 将 3D 点云体素化，提取结构特征之后送入到 SVM 或者神经网络中进行分类，还有的使用了点云的前视图，包含 2D 点云图，使用了一个全链接的卷积网络作用在 2D 点云图上从而预测出 3D 框，并通过 3D 体素模式，如 3DVP，运用一系列的 ACF 检测器去做 2D 检测和 3D 姿态的估计。

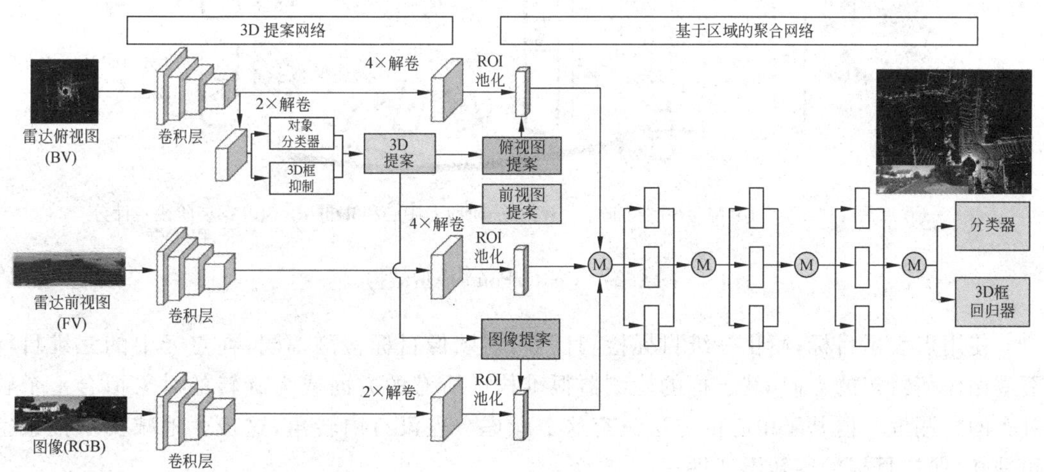

图 4.28 MV3D-Net

1）提取俯视图特征

俯视图由高度、强度、密度组成，投影到分辨率为 0.1 的二维网格中。

（1）高度。对于每个网格来说，高度特征由点云单元格中的最高值得出。为了编码更多的高度特征，点云被分为 M 块，每一个块都计算相应的高度图，从而获得了 M 个高度图。

（2）强度。强度是每个单元格中有最大高度的点的映射值。

（3）密度。表示每个单元格中点的数目，为了归一化特征，其中 N 为单元格中的点的数目。强度和密度特征计算的是整个点云，而高度特征是计算 M 切片，所以，总的俯视图被编码为$(M+2)$个通道的特征。

2）提取前视图特征

前视图给俯视图提供了额外的信息。由于激光点云非常稀疏时，投影到 2D 图上也会非常稀疏。相反，将它投影到一个圆柱面，生成一个稠密的前视图。

（1）物体投射到俯视图时，保持了物体的物理尺寸，从而具有较小的尺寸方差，这在前视图/图像平面的情况下是不具备的。

（2）在俯视图中，物体占据不同的空间，从而避免遮挡问题。

（3）在道路场景中，由于目标通常位于地面平面上，并在垂直位置的方差较小，可以为获得准确的 3D 绑定框提供良好基础。

5. CenterPoint

CenterPoint 提出了一个基于中心的框架来表示、检测和跟踪对象，如图 4.29 所示。以前的基于锚的方法相对于自我车辆坐标使用"轴对齐"的锚。当车辆在直路上行驶时，基于锚点和基于中心的方法都能够准确地检测物体（顶部）。但是，在安全关键的左转（底部）期间，基于锚点的方法很难将轴对齐的边界框拟合到旋转的对象。因此基于中心的模型通过旋转不变点准确地检测物体，彩色效果最佳。

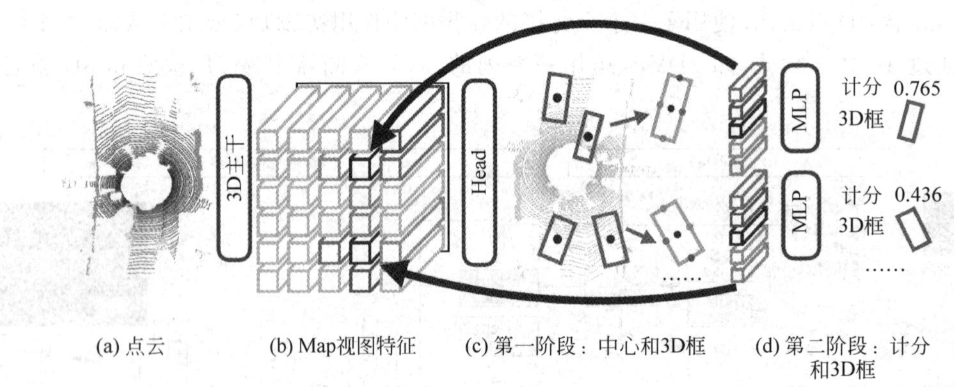

图 4.29 CenterPoint 模型结构

使用点表示目标，简化三维目标检测任务，与图像目标检测不同，在点云中的三维目标不遵循任何特定的方向，基于框的检测器很难枚举所有的方向或为旋转的对象拟合一个轴对齐的检测框。但基于中心的方法没有这个顾虑。点没有内转角，这极大地减少了搜索空间，同时保持目标的旋转不变性。

使用基于中心的方法可以简化追踪任务，由于该方法不需要额外的运动模型（如 Kalman 滤波），所以追踪计算时间可以忽略不计，在检测的基础上仅需要运行 1ms。

改进模块作为网络的第二阶段，不仅保障了模型预测性能，也比现在大多数的改进方法更快。这是由于“检测—追踪”的多目标追踪流程对检测阶段的错误预测非常敏感，通过第二阶段预测框的计分来降低 CenterPoint 第一阶段中产生的错误预测，提升目标检测的质量，同时进一步提升了追踪的结果。

在 Waymo 验证中，CenterPoint 的定性结果如图 4.30 所示，将原始点云显示为蓝色，将检测到的对象显示为绿色边界框，并使用红色将边界点内部的激光雷达点显示为红色。

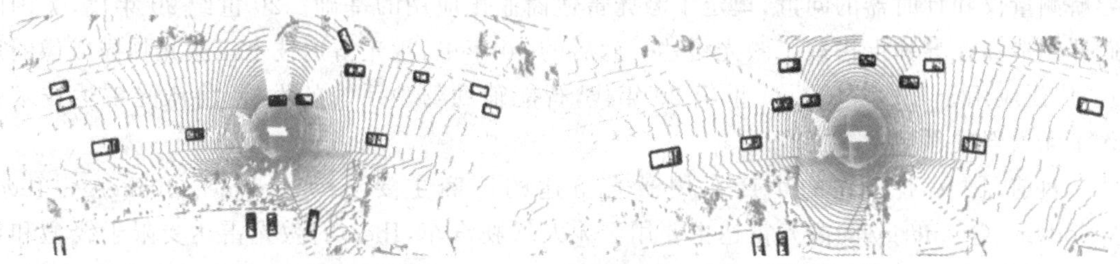

图 4.30　CenterPoint 检测效果图

在 nuScenes 的 3D 检测和跟踪任务中，单阶段的 CenterPoint 效果很好，单个模型的 NDS 为 65.5，AMOTA 为 63.8，模型性能很好，但是论文中说该模型的速度是在 Waymo 上为 11 FPS，在 nuScenes 上为 16 FPS；同时模型的速度实验是在 TiTan RTX 上做的，也就是在所有边缘计算设备上均达不到实时计算。在 nuScenes 数据集上进行的实验结果如图 4.31 所示。

Method	mAP	NDS	Car	Truck	Bus	Trailer	CV	Ped	Motor	Bicycle	TC	Barrier
PointPillars[18]	30.5	45.3	68.4	23.0	28.2	23.4	4.1	59.7	27.4	1.1	30.8	38.9
WYSIWYG[16]	35.0	41.9	79.1	30.4	46.6	40.1	7.1	65.0	18.2	0.1	28.8	34.7
3DSSD[39]	42.6	56.4	81.2	47.2	61.4	30.5	12.6	70.2	36.0	8.6	31.1	47.9
PMPNet[40]	45.4	53.1	79.7	33.6	47.1	43.1	18.1	76.5	40.7	7.9	58.8	48.8
PointPainting[29]	46.4	58.1	77.9	35.8	36.2	37.3	15.8	73.3	41.5	24.1	62.4	60.2
CBGS[45]	52.8	63.3	81.1	48.5	54.9	42.9	10.5	80.1	51.5	22.3	70.9	65.7
Ours	**60.3**	**67.3**	**85.2**	**53.5**	**63.6**	**56.0**	**20.0**	**84.6**	**59.5**	**30.7**	**78.4**	**71.1**

图 4.31　实验结果

CenterPoint 虽然整体思路和 CenterNet 类似，但是 CenterPoint 也有以下三维检测器独有的特点。

(1) 在三维检测中，主干网络需要学习目标的旋转不变性和等变性。为了让网络更好地捕获这个特征，作者在中心点预测分支和回归分支各添加了一个可变卷积。中心点预测分支学习旋转不变性，回归分支学习等变性。

(2) 考虑到网络输出的旋转不变性，选择圆形池化区域而不是 CenterNet 中的方形区域。具体说，就是在俯视图中，只有当某中心半径 r 内没有具有更高置信度的中心时，该对象才被视为正，该方法称为 Circular NMS。Circular NMS 与基于 3D IoU 的 NMS 具有一样的抑制效果，但速度更快。

(3) 基于上述的设计，检测器依然没有达到完美的旋转不变性和等变性。因此构建一个由输入点云的 4 个旋转、对称副本组成的简单集合，并将这一集合共同输入 CenterPoint，每一个都产生一个热力图和回归结果，然后简单地将这些结果求均值。

4.5 激光雷达应用案例

20 世纪 60 年代，激光雷达首次问世是用于气象研究，当时美国的国家大气研究中心使用数据采集装置和传感器，制作出了激光雷达。随后的阿波罗 15 号月球探测计划中，宇航员使用激光雷达开展月球表面测绘工作。之后，随着民用 GPS 技术的推广，高精度的惯性导航测量仪和计时器的问世，奠定了激光雷达商业化应用的基础。20 世纪 90 年代，美国的武器制造商在导弹上搭载了激光雷达。此后的 10 年里，激光雷达技术以激光扫描成像的形式，广泛应用于考古领域。21 世纪 20 年代，智能辅助驾驶系统的发展，将激光雷达技术带入了无人驾驶领域。

目前，国际上领先的生产车用激光雷达的厂商主要有 Velodyne、Quanergy、Ibeo。Velodyne、Quanergy 的激光雷达主要用于无人驾驶汽车，Ibeo 的激光雷达受限于线型和精度，主要应用于高级驾驶辅助(ADAS)。Velodyne 已经和福特公司建立了合作关系，并且谷歌无人车、百度无人车和一些高校的无人驾驶汽车研究团队都使用 Velodyne 公司的产品。此外，随着市场对激光雷达小型化、低成本化的需求不断加剧，固态激光雷达技术也随之兴起。

Quanergy 公司于 2014 年推出第一款机械式激光雷达产品 M8-1，并应用在奔驰、现代等公司的实验车型。其后续发布的产品都开始走固态路线，S3 号称全球首款全固态激光雷达，采用了光学相控阵技术，与 Quanergy 合作的 OEM 大约有 30 家，分布在美国、德国、英国、中国、日本、韩国等地。Ibeo 公司于 2017 年推出了自己的全固态激光雷达样机，同年奥迪 A8 在车前脸安装了 Ibeo 的混合固态激光雷达——Scala，这使得 Ibeo 被称为全球第一个拥有车规级激光雷达的企业。Ibeo 既可以提供激光雷达硬件，也可以提供配套的软件算法，其现有业务已经从出售激光雷达软硬件产品，扩展到了传感器融合，乃至提供整套 ADAS 系统。Velodyne 公司于 2016 年将核心业务——激光雷达部门剥离，成立新公司 Velodyne LiDAR，其产品在俯仰方向均采用了电子扫描技术，在水平方向上采用机械 360°旋转扫描，其技术路线正在从机械式转向 MEMS。该公司的 16 线、32 线、64 线激光雷达产品占据全球车企约 80%的订单。速腾聚创于 2017 年 4 月在国内率先量产车载 16 线激光雷达，并正式发布基于激光雷达的自动驾驶环境感知 AI 算法，提供软硬件结合的激光雷达环境感知解决方案。2018 年 5 月，与菜鸟联合发布全球首款搭载 MEMS 固态激光雷达的无人物流车。速腾聚创以算法和 MEMS 核心器件研发能力为核心竞争力，已将 MEMS 的算法硬件化，并针对不同需求客户开发多种产品形态，是目前唯一一家 Velodyne 承认对其造成较大冲击的车载激光雷达企业。禾赛科技于 2017 年 4 月发布用于自动驾驶的 40 线混合固态激光雷达 Pandar40。目前 Pandar40 已经装在硅谷、底特律、匹兹堡及欧洲和中国各地的数十家顶尖自动驾驶公司的无人车上。2017 年年底，百度公司携手禾赛科技，推出名为 Pandora 的自动驾驶开发者套件，将激光雷达、环视摄像头模块、多传感器融合和感知识别算法融于一体。北科天绘早期产品主要用于激光测绘，2015 年进入自动驾驶领域，2016 年推出了 16 线导航避障型激光雷达——R-Fans-16，2017 年进一步推出了 32 线以及布局 64 线的导航避障型激光雷达 R-Fans-32 和 C-Fans-64，2018 年推出 128 线激光雷达 C-Fans-128。目前 R-Fans 系列产品已出口美国、法国、德国、意大利、新加坡等发达国家，用于智能汽车和机器人领域,客户涵盖国际主流 OEM 和 Tier1 供应商。激光雷达在自动驾驶汽车中均是多线数产品,主要包括 16 线、32 线、64 线和 128 线,越多的线数表示越大的点云密度,意味着最终获取目标的信息就越详细,关键技术为激光雷达的点云处理算法,优秀的算法有利于精准地建模,提高自动驾驶的安全系数。

参考文献

[1] 尹青,张华.激光雷达在气象和大气环境监测中的应用[C]//.第 26 届中国气象学会年会第三届气象综合探测技术研讨会分会场论文集.[出版者不详],2009:240-249.

[2] 党亚南,田照星,郭利强.车载激光雷达点云数据处理关键技术[J].计算机测量与控制,2022,30(1):234-238.

[3] 李泽安,王玉冰,秦莉,等.RLC 振荡的脉冲激光器驱动特性[J].发光学报,2021,42(4):510-517.

[4] 李辉.基于激光雷达的 2D-SLAM 的研究[D].杭州:浙江工业大学,2017.

[5] 戴集成.3D 激光 SLAM 点云后处理精度提高算法[D].武汉:武汉大学,2019.

[6] Hauke S, Montiel J M, Andrew Davison J. Visual SLAM: Why filter? [J]. Image and Vision Computing, 2012,30(2):65-77.

[7] Hunang S D, Dissanayake G. Convergence and consistency analysis for extended Kalman filter based SLAM[J]. IEEE Transactions on Robotics,2007,23(5):1036-1049.

[8] Thrun S, Burgard W, Fox D. Probabilistic robotics[M]. Cambridge, USA: MIT Press,2005.

[9] F Lu, E Milios. Globally Consistent Range Scan Alignment for Environment Mapping[J]. Autonomous Robots,1997,4(4):333-349.

[10] 王忠立,赵杰,蔡鹤皋.大规模环境下基于图优化 SLAM 的后端优化方法[J].哈尔滨工业大学学报,2015,47(7):20-25.

[11] 梁明杰,闵华清,罗荣华.基于图优化的同时定位与地图创建综述[J].机器人,2013,35(4):13.

[12] Koide K, Yokozukam, Oishi S, et al. Voxelized GICP for fast and accurate 3D point cloud registration: technical report[R]. EasyChair: Manchester,2020.

[13] Forster C, Carlone L, Dellaert F, et al. IMU Preintegration on Manifold for Efficient Visual-Inertial Maximum-a-Posteriori Estimation(supplementary material)[J]. Georgia Institute of Technology,2015(12).

[14] 王忠立,赵杰,蔡鹤皋.大规模环境下基于图优化 SLAM 的后端优化方法[J].哈尔滨工业大学学报,2015,47(7):6.

[15] 梁明杰,闵华清,罗荣华.基于图优化的同时定位与地图创建综述[J].机器人,2013,35(4):500-512.

[16] 徐雨航.基于激光 SLAM 的机器人室内导航技术研究[D].兰州:兰州交通大学,2021.

[17] 任祥华.激光雷达室内 SLAM 方法[D].哈尔滨:哈尔滨工程大学,2018.

[18] 姚庆良.双基地激光雷达系统原理研究[D].西安:西安电子科技大学,2008.

[19] 倪志康.基于三维激光的移动机器人 SLAM 算法研究[D].苏州:苏州大学,2020.

[20] 任工昌,刘朋,何舟.基于激光雷达提取特征的改进匹配算法[J].陕西科技大学学报,2021,39(3):138-144.

第5章

基于OBU/RSU的感知技术

5.1 车联网与车路协同

高水平及安全的自动驾驶离不开车联网。除车内要通过总线技术建立标准化整车网络外,还要解决车车协同、车路协同的问题。交通系统包含人、车、路和环境等要素,仅通过提升汽车本身智能化来应对道路和场景的复杂性,自动驾驶很难达到规模化应用的目的。借助路侧设施进行数字化、网络化、智能化的转型发展,通过实现"智慧的路",打破单车智能的限制,实现车路协同,是智能交通和智能网联汽车的共同要求。

车路协同是采用先进的无线通信和新一代互联网等技术,全方位实施车与车、车与路、车与人之间动态实时信息交互,并在全时空动态交通信息采集与融合的基础上开展车辆主动安全控制和道路协同管理,充分实现人车路的有效协同,保证交通安全,提高通行效率,从而形成安全、高效和环保的道路交通系统。车路协同系统是以路侧系统和车载系统为基础进行构建,通过无线通信设备实现车、路信息交互和共享的智能交通系统。

车联网 V2X 是车路协同网络构架的核心。车路协同的整体架构分为"车""路""网""云"和"用",如图 5.1 所示。单车侧、路侧设备及车路协同设备等前端设备通过传感器集成技术对周围环境进行感知同时上传至边缘层,网端的 V2X 平台完成各类信息的交互后,云端通过交通大脑的分析做出相应的决策传至车辆,智能汽车再结合自身的感知能力、决策能力、控制能力和数据信息的交互能力做出合理决策。"用"是指在智能汽车具体的终端应用以及系统运维、网信安全等支持活动。

我国已经初步确定车路协同的智能网联汽车发展路线,强调智能化与网联化相结合,这给智能交通市场带来了广阔的发展空间。部署在路侧的融合网关,可汇集道路智能感知设备、交通基础设施以及周边车辆的信息并上传至车路协同平台,以最优化路径,依托 5G 边缘计算,融合路口交通感知数据广播给车辆。而这也将是车路协同未来发展的趋势。

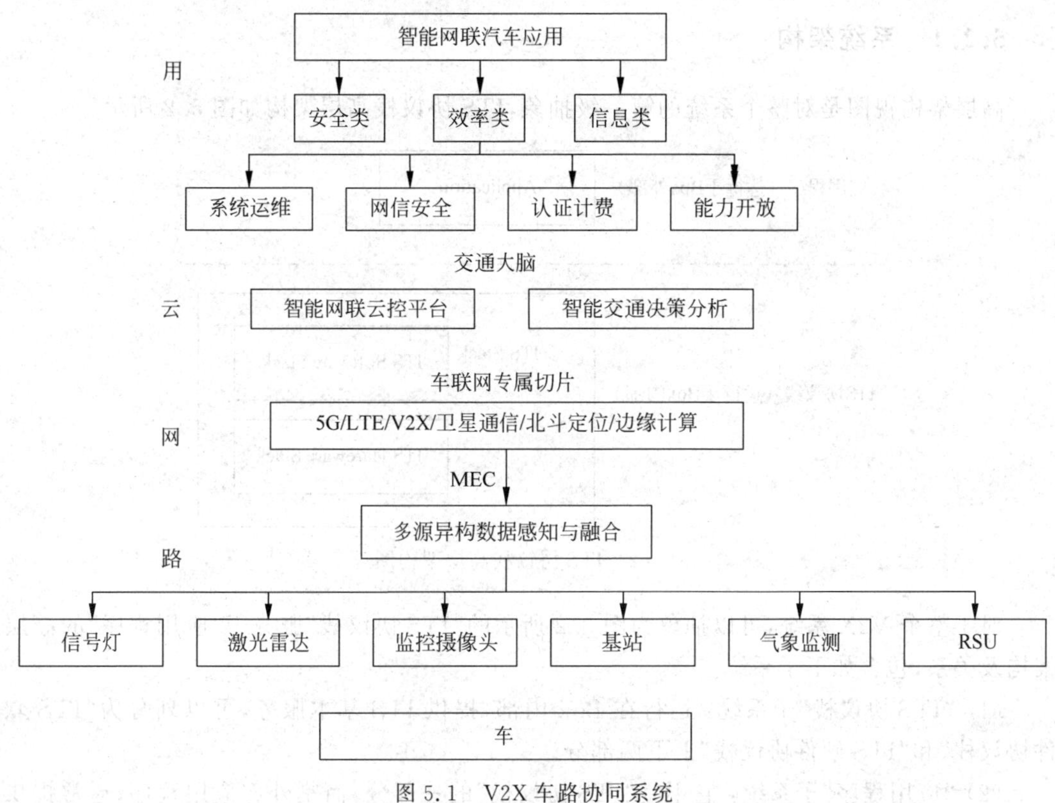

图 5.1　V2X 车路协同系统

5.2　基于 OBU/RSU 的系统组成

V2X 包括应用层、网络层和感知层。感知层由汽车厂提供服务，承载各种信息采集的任务。采集到的数据经过车联网的中间件提供的软硬件服务进行传输，传输到各大通信运营商提供服务的网络层，网络层对数据处理后，提供给应用层，满足用户的各种业务需求。其中，V2X 平台是信息交互的平台。

RSU(road side unit)为 V2X 技术的路边单元，是车路协同系统的重要组成部分，也是突破车路协同技术的关键所在，其主要功能是采集当前的道路状况、交通状况等信息，通过通信网络，将信息传递至指挥中心或路侧处理单元进行处理，并裁定相关信息通过网络传递到有相应信息请求的车载终端，避免或减少交通事故，提升交通通行效率。

OBU(on board unit)为 V2X 技术的车载单元，是指安装在车辆终端的起拓宽驾驶员视野、增加驾驶员对行车环境和车辆运行状态的感知、加强行车安全的单元。主要技术包括信息获取、信息交互、事故隐患提示等。从各类传感器和车载网络获取原始信息，并解算出典型车路协同应用需要的底层信息，通过信息交互传递至路侧单元。其功能包括车辆运动状态获取、行车环境信息感知、车辆定位信息获取、信息交互、信息处理及管理、安全报警与预警等。

5.2.1 系统架构

高层架构视图是对整个系统的第一级抽象，ITS 协议栈高层架构如图 5.2 所示。

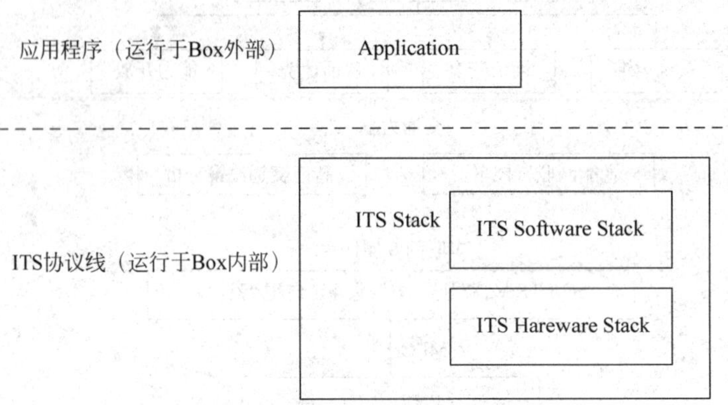

图 5.2 ITS 协议栈高层架构图

对于整个 V2X 系统，可以抽象为图 5.2 所示的“ITS 协议栈”服务于“应用程序”的高层架构及关系，包含如下子系统。

(1)“ITS 协议栈”子系统：运行在 Box 内部，提供 ITS 基本服务，可以划分为“ITS 软件协议栈”和“ITS 硬件协议栈”上下两部分。

(2)“应用程序”子系统：它不是“ITS 协议栈”的一部分，而是外部应用程序，通常提供人机交互界面、命令行交互界面以及界面逻辑。“应用程序”子系统通常不运行在 Box 内部。

系统层级架构视图如图 5.3 所示。

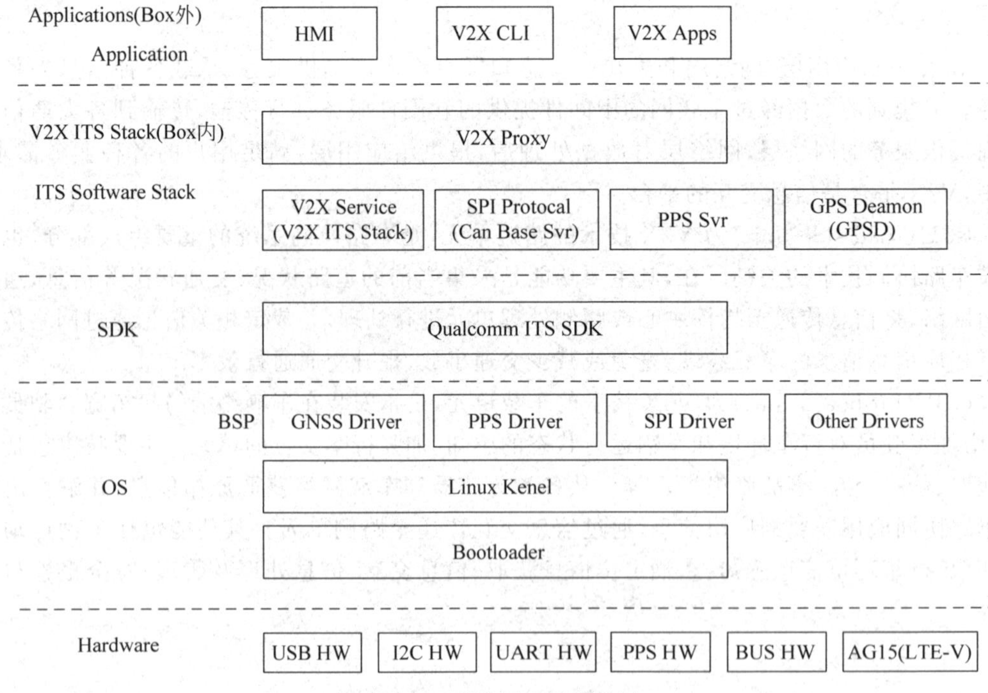

图 5.3 系统层级架构视图

5.2.2 协议栈与模块间通信

1. 基于 OSI 协议栈划分的架构视图

V2X ITS Stack 将整个系统划分为 V2X ITS Stack 工具层、V2X ITS Stack 网络层、V2X ITS Stack 接入层和 V2X ITS Stack 物理层，它们分别对应 OSI 网络模型的 7 层协议，外部应用程序不在协议栈范围内，如表 5.1 和图 5.4 所示。

表 5.1 ITS 协议栈和 OSI 7 层网络的对应关系

ITS 协议栈	OSI 7 层网络
ITS Stack 工具层	OSI 应用层、表示层、会话层
ITS Stack 网络层	OSI 网络层、传输层
ITS Stack 接入层	OSI 数据链路层
ITS Stack 物理层	OSI 物理层

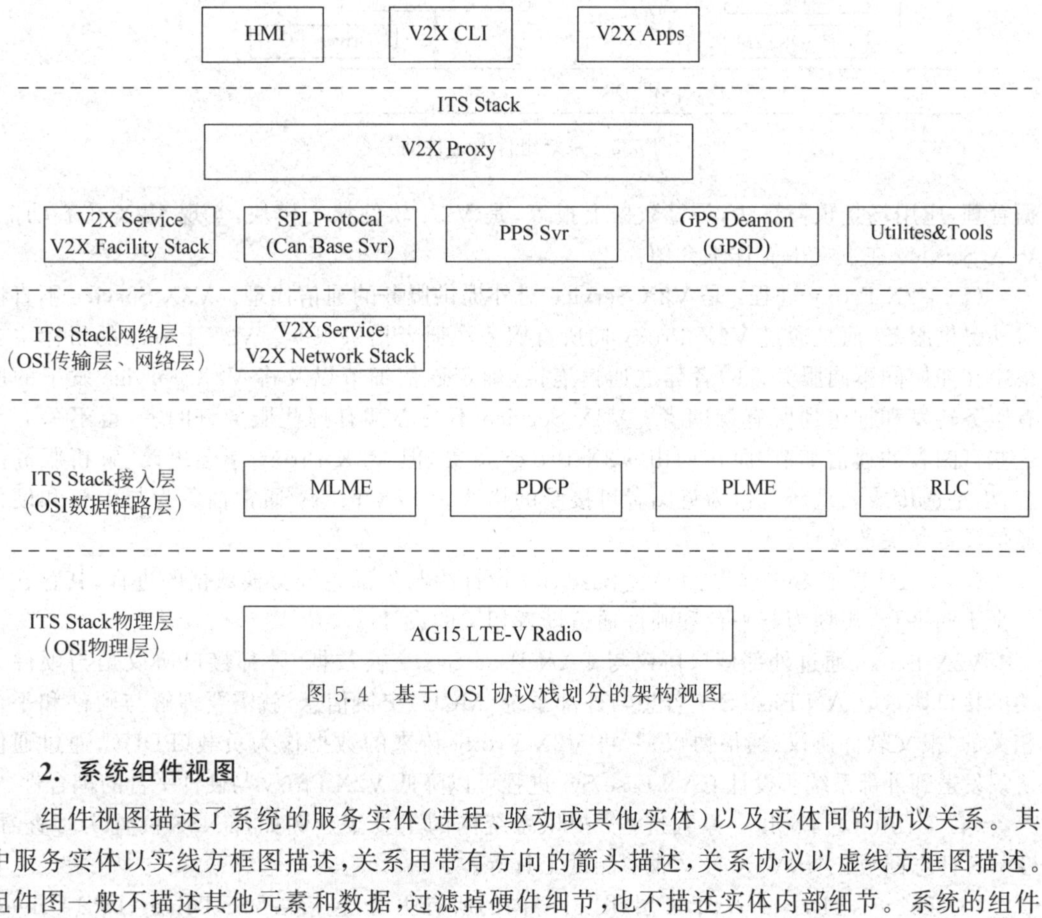

图 5.4 基于 OSI 协议栈划分的架构视图

2. 系统组件视图

组件视图描述了系统的服务实体（进程、驱动或其他实体）以及实体间的协议关系。其中服务实体以实线方框图描述，关系用带有方向的箭头描述，关系协议以虚线方框图描述。组件图一般不描述其他元素和数据，过滤掉硬件细节，也不描述实体内部细节。系统的组件及组件间关系如图 5.5 所示。

组件中重点为 V2X Service，其他为可替换的辅助实体。在 Box AP 操作系统内部署如下进程或实体。

(1) V2X Service 进程：包括消息集的编码、解码、解析、封装，消息集的接收、发送，数

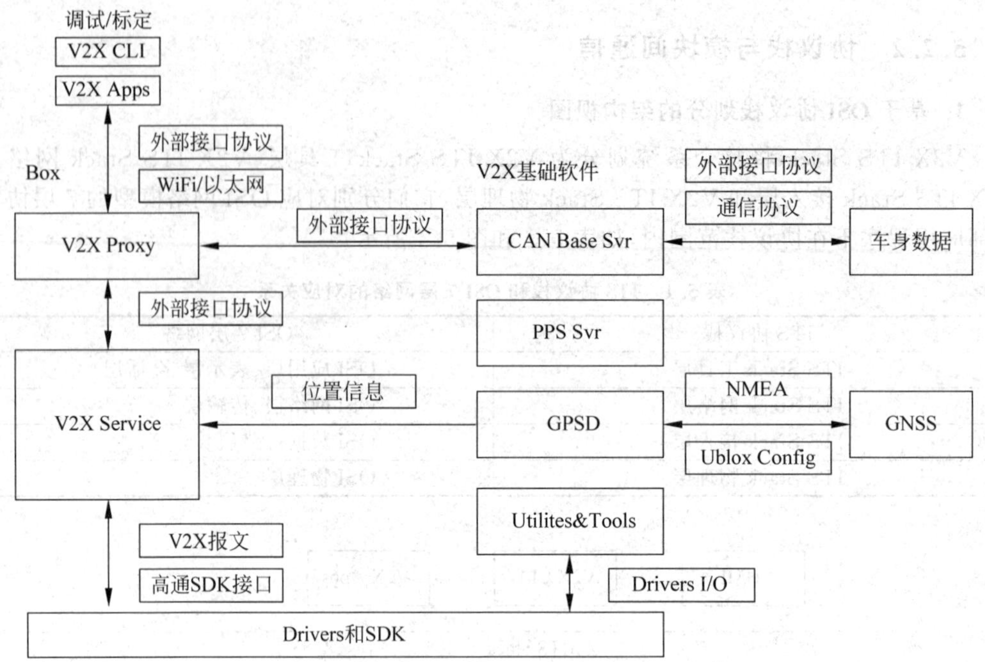

图 5.5 系统组件及组件间关系

据管理，应用场景预警算法，预警数据上报等，是 V2X 软件核心模块，实现 V2X 核心功能。V2X Service 在下文中有详细介绍。

(2) V2X Proxy 进程：是 V2X Service 对外提供服务的通信代理。V2X Service 不直接对外提供服务，而是通过 V2X Proxy 向所有服务注册者提供服务。V2X Proxy 的目标主要集中在如何同不同服务订阅者建立通信连接，确定通信细节以及将 V2X Service 发来的所有服务转发和推送到所有订阅者。V2X Service 不关心都有哪些服务订阅者，也不关心和这些订阅者的通信细节，而转而由 V2X Proxy 负责，但 V2X Proxy 不会更改、解析服务内容，而是透传或者重新打包为订阅者可接受的格式。V2X Proxy 通常抽象为与平台和硬件通信设备无关的设计。

(3) CAN Base Svr 进程：CAN Base Svr 设计为与外部系统交换数据的进程，其存在于各个不同平台，规划为与平台和硬件通信设备相关的设计。

V2X Proxy 通过外部接口协议与 CAN Base Svr 交换数据，外部接口协议是与硬件无关的接口协议，CAN Base Svr 若想与外部系统(MCU)交换信息，就需要理解与硬件和平台相关的“报文软件协议(通信协议)”，将 V2X Proxy 传来的数据作为负载(PDU)，通过通信协议发送到外部系统。设计 CAN Base Svr 进程可以降低 V2X Proxy 与硬件平台的耦合性。

(4) Utilites&Tools 一系列进程：提供系统内的工具集。例如，GNSS 位置实时查看，GNSS 日志回放工具，V2X 报文收发测试工具等。

(5) Drivers：Drivers&SDK 层(图 5.3)内的所有驱动，包括 GNSS Driver、PPS Driver、通信 Driver 等。

(6) 高通 SDK：Drivers&SDK 层(图 5.3)中高通 SDK 部分，提供 LTE-V2X 接收和发送服务以及 LTE-V2X 服务管理。

(7) 调试/标定工具：V2X_CLI 提供调试用控制台并实现在线标定。

V2X Service 进程和库部署如图 5.6 所示。

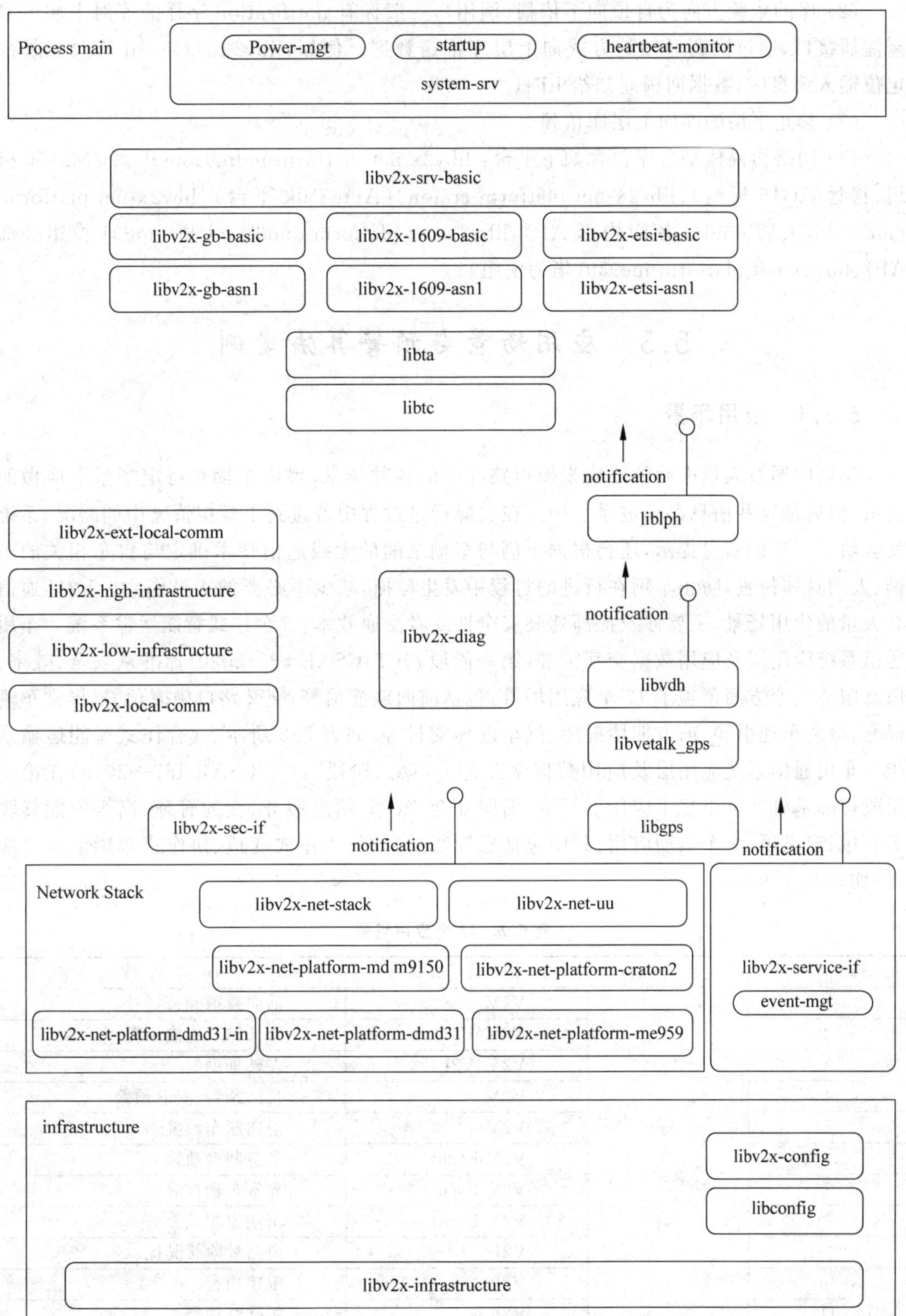

图 5.6 V2X Service 进程和库部署

(1) Process main 为主进程，其余全部为库。

(2) 库的依赖方向为自顶向下依赖(调用)，一般标有 notification 字样的库对上层库暴露注册接口，通过回调通知的方式向上层库推送数据。例如，libv2x-service-if 库收到外部定位输入消息时，数据回调通知给 LPH。

(3) 禁止下层的库向上层库依赖。

(4) 网络协议栈平台库包含如下平台：libv2x-net-platform-mdm9150(中兴 ZM8350 模组、移远 AG15 模组)、libv2x-net-platform-craton2(AutoTalk 平台)、libv2x-net-platform-dmd31-in(大唐 dmd31 模组内部 AP)、libv2x-net-platform-dmd31(大唐 dmd31 模组外部 AP)、libv2x-net-platform-me959(华为模组)。

5.3 应用场景与预警算法案例

5.3.1 应用场景

车联网通过大量准确的建模来模拟路况中的各种场景，得出车辆在特定场景下应做的决策，然后把这些信息存储进系统中。在实际行进过程中若碰到了模拟情况中的路况，系统就会给予一定的信息提示，还会根据车辆与车辆之间的无线通信技术确定与自车相关的车辆、人的具体位置，防止车辆在行进的过程中发生碰撞，减少不必要的人员伤亡。V2V 通信有大量的应用场景，主要涉及提高驾驶安全性或者交通效率。《合作式智能运输系统 车用通信系统应用层及应用数据交互标准(第一阶段)》(T/CSAE 53—2020)标准从安全、效率、信息服务三个方面覆盖了 17 个应用场景，包括前向碰撞预警、交叉路口碰撞预警、异常车辆提醒、绿波车速引导、前方拥堵提醒、汽车近场支付等，如表 5.2 所示。《合作式智能运输系统 车用通信系统应用层及应用数据交互标准(第二阶段)》(T/CSAE 157—2020)在第一阶段标准基础之上丰富了应用层场景，面向安全、效率、信息服务、交通管理、高级智能驾驶等领域，定义了 12 个典型应用，其中包括感知数据共享、协作式变道、协作式车辆汇入等应用，如表 5.3 所示。

表 5.2 17 个应用场景

序 号	类 别	主要通信方式	应用名称
1	安全	V2V	前向碰撞预警
2		V2V/V2I	交叉路口碰撞预警
3		V2V/V2I	左转辅助
4		V2V	盲区预警/变道预警
5		V2V	逆向超车预警
6		V2V-Event	紧急制动预警
7		V2V-Event	异常车辆提醒
8		V2V-Event	车辆失控预警
9		V2I	道路危险状况提示
10		V2I	限速预警
11		V2I	闯红灯预警
12		V2P/V2I	弱势交通参与者碰撞预警

续表

序 号	类 别	主要通信方式	应用名称
13	效率	V2I	绿波车速引导
14		V2I	车内标牌
15		V2I	前方拥堵提醒
16		V2V	紧急车辆提醒
17	信息服务	V2I	汽车近场支付

表 5.3 12 个应用场景

序号	应 用	通信模式	触发方式	场景分类	主要消息
1	感知数据共享	V2V/V2I	Event	安全	Msg_SSM
2	协作式变道	V2V/V2I	Event	安全	Msg_VIR
3	协作式车辆汇入	V2I	Event	安全/效率	Msg_RSC Msg_VIR
4	协作式交叉口通行	V2I	Event/Period	安全/效率	Msg_RSC
5	差分数据服务	V2I	Period	信息服务	Msg_RTCM
6	动态车道管理	V2I	Event/Period	效率/交通管理	Msg_RSC
7	协作式优先车辆通行	V2I	Event	效率	Msg_VIR Msg_RSC
8	场站路径引导服务	V2I	Event/Period	信息服务	Msg_PAM Msg_VIR
9	浮动车数据采集	V2I	Period/Event	交通管理	Msg_BSM Msg_VIR Msg_SSM
10	弱势交通参与者安全通行	P2X	Period	安全	Msg_PSM
11	协作式车辆编队管理	V2V	Event/Period	高级智能驾驶	Msg_CLPMM
12	道路收费服务	V2I	Event/Period	效率/信息服务	Msg_VPM

5.3.2 预警算法分析与设计

1. 前向碰撞预警 FCW 算法

前向碰撞预警指自车在车道上行驶，与正前方同一车道上的他车存在追尾碰撞危险，对自车驾驶员进行前向碰撞预警提示，适用于普通道路或者高速公路等车辆追尾碰撞危险的预警，如图 5.7 所示。

在实际的生活场景中，假设车辆之间都有 V2X 通信功能，场景具体要求如下。

(1) 当自车在道路上正常行驶，他车在同一车道的前方停止，这时要求自车能够触发前向碰撞预警，通过平板告知司机采取相关的躲避措施，而他车则不能触发前向碰撞报警信息。

(2) 当自车在道路上正常行驶，他车在相邻车道的前方停止时，这时要求不能触发该预警。

(3) 当自车在道路上正常行驶，他车在同一车道慢速或者减

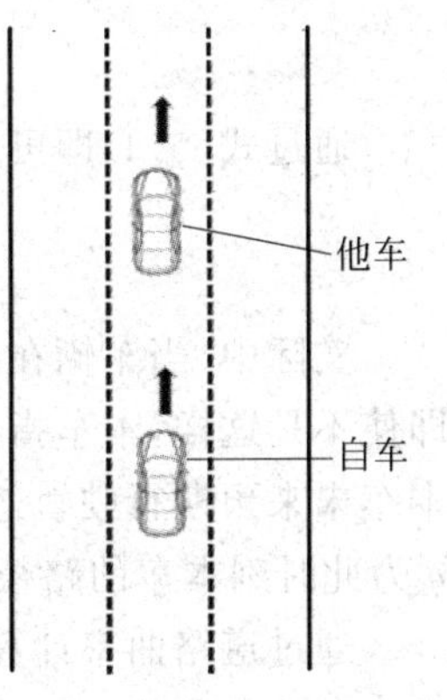

图 5.7 自车与他车示意图

速行驶，那么进行安全检测，如果存在碰撞的危险，则要求自车能够触发前向碰撞预警，通过平板界面告知司机采取相关的躲避措施，而他车则不能触发前向碰撞信息；如果不存在碰撞的风险，则不触发报警提示。

(4) 当自车在道路上正常行驶，但是视线受到阻碍，不能发现同车道上有车辆停止，这时需要对自车进行前向碰撞预警，他车不需要触发前向碰撞预警。

在设计前方碰撞预警算法时，一般只考虑距离本车 200m 以内的范围。而在较小范围内，弯道上短距离道路曲率变化是很平缓的。为了更加贴合实际，因此采用回旋曲线模型，可以表示为

$$c(x)=c_0+c_1x$$

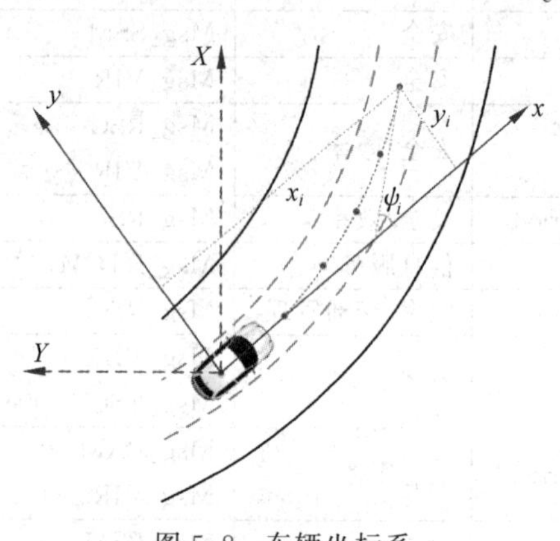

图 5.8 车辆坐标系

式中，c_0 表示本车当前位置弯道曲率；c_1 表示曲率系数，即曲率随目标到本车的纵向距离 x 的变化系数；x 表示目标到本车的纵向距离。

如图 5.8 所示，假设在距离本车纵向距离 x_i 处，道路的方向角为 ψ_i，此时的横向距离为 y_i。由于曲率足够小，因此可以近似得到

$$\psi_i=\int_0^{x_i}c(x)\mathrm{d}x=c_0x_i+\frac{1}{2}c_1x_i^2 \tag{5.1}$$

$$\begin{aligned}y_i&=\int_0^{x_i}\tan(\psi_i)\mathrm{d}x\approx\int_0^{x_i}\left(c_0x_i+\frac{1}{2}c_1x_i^2\right)\mathrm{d}x\\&=\frac{1}{2}c_0x_i^2+\frac{1}{6}c_1x_i^3\end{aligned} \tag{5.2}$$

对于弯道上前方有效目标的判别，其核心在于确定道路的曲率，进而确定本车未来的预期行驶轨迹并准确识别目标，本研究利用横摆角速度和车速的比值来估计道路的曲率。

根据本车的纵向速度 u_0 以及横摆角速度 w_0，可以得到当前时刻本车所在位置的道路曲率 c_0，即

$$c_0=\frac{w_0}{u_0} \tag{5.3}$$

假设距离本车纵向距离 x_i 处的目标车辆的纵向速度为 u_i，横摆角速度为 w_i，则在距离本车纵向距离 x_i 处的道路曲率为

$$c(x_i)=\frac{w_i}{u_i}=c_0+c_1x_i \tag{5.4}$$

通过式(5.4)即可以确定道路参数模型参数 c_1，即

$$c_1=\left(\frac{w_i}{u_i}-c_0\right)\Big/x_i \tag{5.5}$$

实际中，当车辆在弯道上行驶时，由于本车常常会在车道内发生偏摆，还有可能会换道，即使不是这样，本车指向与车道中心切线也并不一致，即存在非零的路径角。因此，在确定本车未来预期行驶轨迹时，需要进行适当的修正，将原来的预期行驶轨迹旋转 η 即可，其中 η 为此时刻本车的路径角。

通过道路曲率计算，已经确定道路曲率模型系数 c_0 和 c_1，则期望的道路方向角 ψ_i 在考虑本车路径角修正以后可以通过下式计算：

$$\psi_i = c_0 x_i + \frac{1}{2} c_1 x_i^2 - \eta \tag{5.6}$$

利用 V2V 通信只能获得本车的目标车辆的航向角，分别设为 θ_0 和 θ_i，则在 x_i 处的道路方向角可以表示为 $\psi_i = |\theta_0 - \theta_i|$。因此，本车路径角的计算公式为

$$\eta = c_0 x_i + \frac{1}{2} c_1 x_i^2 - |\theta_0 - \theta_i| \tag{5.7}$$

如图 5.9 所示，图中 i 表示目标车辆当前时刻所处位置，a 处于本车当前时刻车道中心线位置上，b 点处于本车指向方向线上，c 点处于本车道中心线的切线上。i、a、b、c 到本车的纵向距离相等，即 x_i。

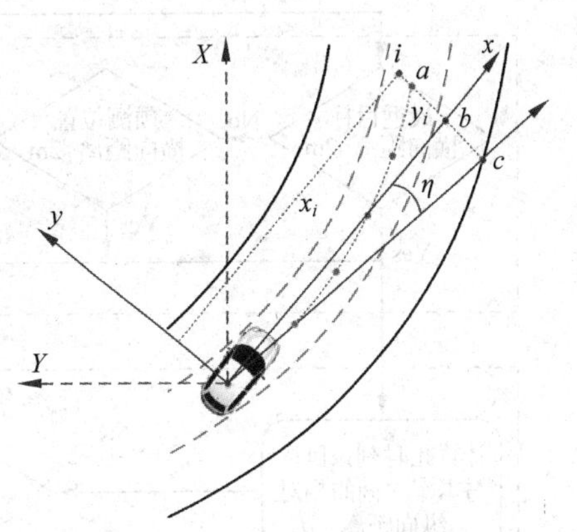

图 5.9　车辆道路模型

从图 5.9 可以看出，若不考虑路径角修正，目标车辆相对本车道中心线的横向偏移即为

$$ib = y_i \tag{5.8}$$

若考虑路径角的修正，则目标车辆相对本车道中心线的横线偏移为 ic，ib 旋转过路径角 η 以后，可以得到修正后的横向偏移 ic。计算公式为

$$ic = x_i \cdot \sin(-\eta) + y_i \cdot \cos(-\eta) \tag{5.9}$$

根据道路模型可知

$$ac = \frac{1}{2} c_0 x_i^2 + \frac{1}{6} c_1 x_i^3 \tag{5.10}$$

因此，目标 i 相对于本车道未来预期行驶轨迹中心线的横向偏移为

$$e = ia = ic - ac = x_i \cdot \sin(-\eta) + y_i \cdot \cos(-\eta) - \frac{1}{2} c_0 x_i^2 - \frac{1}{6} c_1 x_i^3 \tag{5.11}$$

计算出目标车辆相对于本车道的横向偏移后，可以以此为依据，判断各个目标车辆是处于本车道内还是处于相邻车道内。当目标车辆 i 相对本车预期行驶轨迹中心线的横向偏移 e 小于半个车道宽时，则判定该目标处于本车道内，即

$$e < \frac{1}{2} w_l \tag{5.12}$$

式中，e 表示目标车辆 i 相对于本车道中心线的横向距离；w_l 表示车道宽。

在 FCW 系统车辆的决策算法中，引入两级制动安全距离公式。强制动安全距离 S_{bs} 或称临界制动安全距离，是在当前工况下驾驶员以最快速度全力制动才能刚好与前方目标车辆不发生碰撞的临界制动距离。弱制动安全距离 S_{bj} 是驾驶员常规情况柔和制动的制动安全距离。决策算法从比较有效目标与本车间相对距离的变化趋势入手，通过对比预瞄时间后车间相对距离 S_p 与强制动安全距离 S_{bs}、弱制动安全距离 S_{bj} 的大小关系，实时决策当前时刻车辆行驶安全性，给出车辆行驶状态安全不需要预警、行驶状态存在碰撞风险需生成轻度预警信息或重度预警信息的判断。FCW 系统决策算法的具体算法流程如图 5.10 所示。

2. 交叉路口预警 ICW 算法

1）交叉路口车辆碰撞场景

选择城市中常见交叉路口处车辆会车场景，对具有交通灯控制的十字路口处车辆碰撞

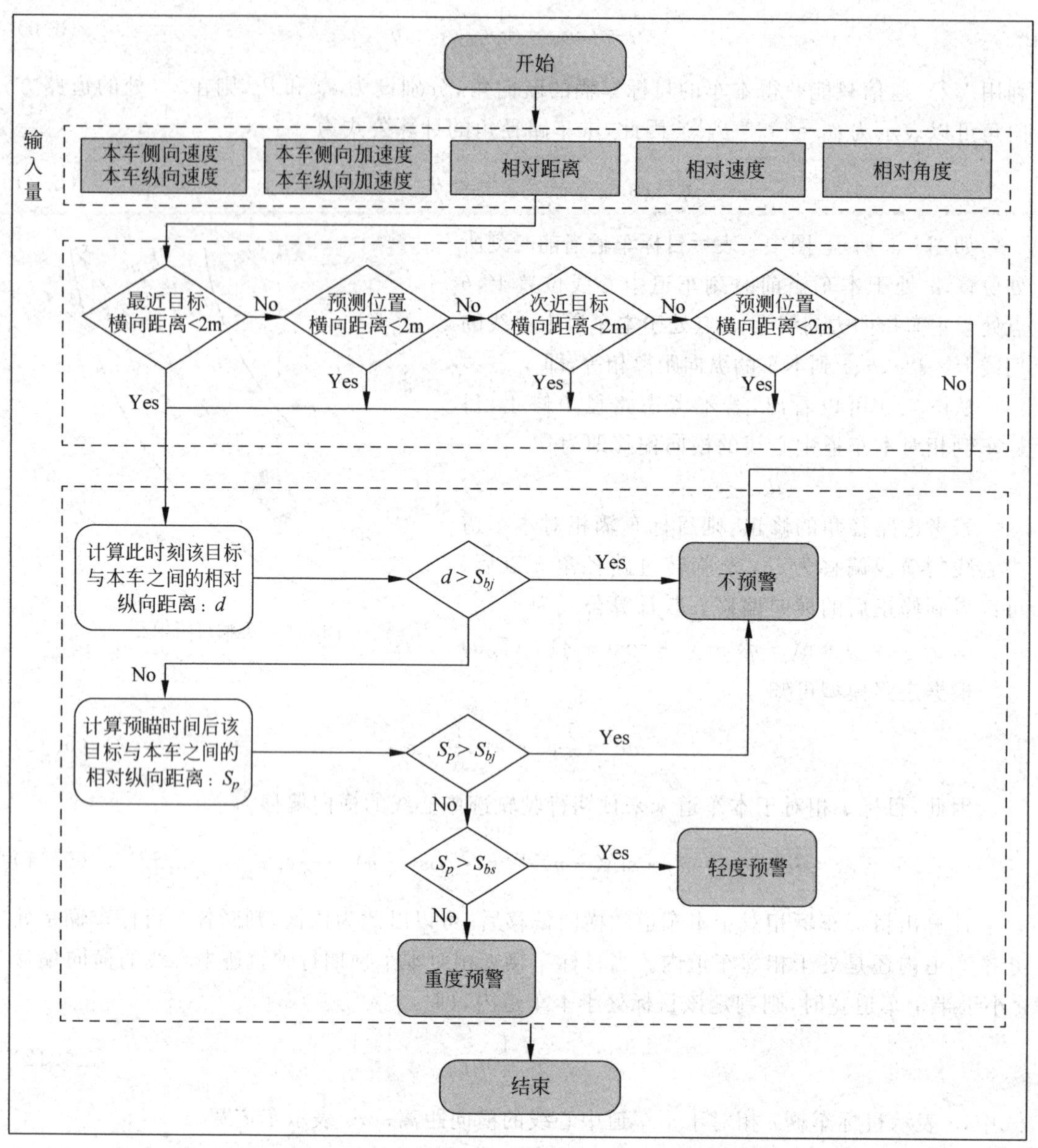

图 5.10　前向碰撞预警系统决策算法流程图

场景进行建模。设置南北方向交通灯为绿灯，东西方向交通灯为红灯，此时总计三种车辆碰撞场景。

场景一：主车(host vehicle，HV)由南向西左转行驶，远车(remote vehicle，RV)由北至南直行行驶，两车行驶轨迹如图 5.11(a)所示，两车在交叉口内存在碰撞危险。场景二：主车由南向北直行行驶，远车由东至北右转行驶，两车行驶轨迹如图 5.11(b)所示，两车汇入同一车道时存在碰撞危险。场景三：主车由南向东右转行驶，远车由北至东左转行驶，两车行驶轨迹如图 5.11(c)所示，两车汇入同一车道时存在碰撞危险。

SWPPA(spatiotemporal position prediction warning algorithm，交叉路口车辆避撞预警算法)首先将车辆所在的大地坐标系转换为平面坐标系，为了方便计算，再将转换后的平

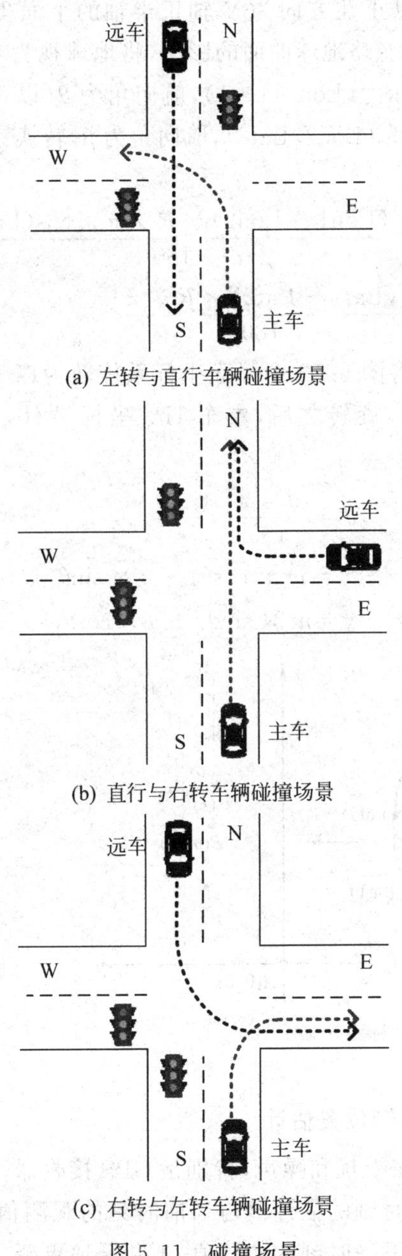

(a) 左转与直行车辆碰撞场景

(b) 直行与右转车辆碰撞场景

(c) 右转与左转车辆碰撞场景

图 5.11 碰撞场景

面坐标系进行旋转，旋转成以主车航向角为 Y 轴正半轴的新平面坐标系。再将得到的数据进行预处理，通过卡尔曼滤波减少因 OBU 设备采集数据带来的噪声。通过两车转向灯状态和航向角角度排除两车不会发生碰撞的情况，减少计算资源。在碰撞检测中考虑到了车辆尺寸的影响，对车辆视为矩形进行建模。通过车辆新坐标与航向角实时计算出两车到达碰撞点的时间，在主车到达碰撞点的时间段中均匀地取 10 个时间节点，分别计算在每个时间节点时两车的位置坐标，以此来判断是否会发生车辆碰撞危险。

2）坐标系转换与坐标系旋转

由于从 OBU 设备中得到的 GPS 坐标信息是基于大地坐标系的经纬度信息，为了简化计算，将大地坐标系转换为以正北方向为 Y 轴正半轴的平面坐标系。OBU 设备的通信距离远小于地球尺寸，因此可以忽略地球曲面的影响，将地球视为半径为 R 的球体。如图 5.12 所示，设主车 HV 经纬度坐标为(Lon1，Lat1)，航向角为 θ(以正北方向为 0，顺时针方向为正向)，远车 RV 经纬度坐标为(Lon2，Lat2)，航向角为 β，转换完后 HV 坐标为 $A(0,0)$，RV 坐标为(m,n)，则

$$m=\frac{(\text{Lon1}-\text{Lon2})\times R\times\pi\times\cos(\text{Lat1})}{180} \tag{5.13}$$

$$n=\frac{(\text{Lat1}-\text{Lat2})\times R\times\pi}{180} \tag{5.14}$$

为了进一步简化运算，将图 5.12 中平面坐标系旋转为以 HV 航向角为 Y 轴正半轴的平面坐标系，如图 5.13 所示，旋转之后，主车 HV 坐标 $A(0,0)$为原点，远车 RV 坐标为 $B(x,y)$。计算方法如下。

$$\theta_1=\frac{\theta\times\pi}{180} \tag{5.15}$$

$$x=m\times\cos\theta_1-n\times\sin\theta_1 \tag{5.16}$$

$$\mathrm{y}=m\times\sin\theta_1+n\times\cos\theta_1 \tag{5.17}$$

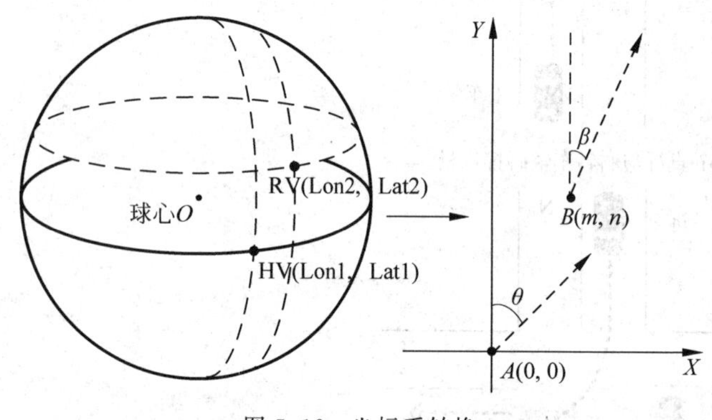

图 5.12　坐标系转换

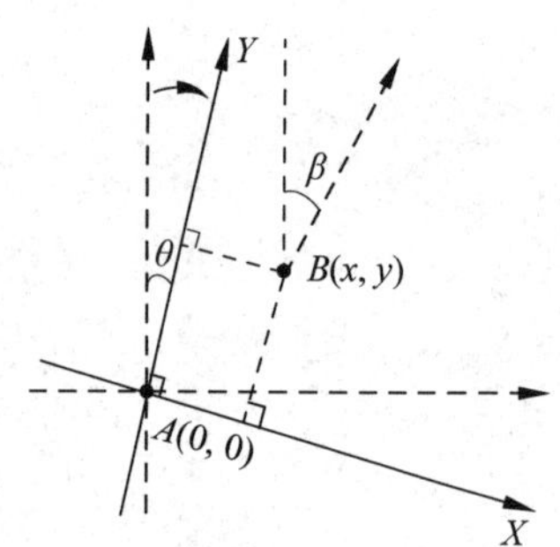

图 5.13　坐标系旋转

3. 基于卡尔曼滤波的车辆位置估计

由于 OBU 设备自身存在干扰和噪声，特别是 GPS 接收器，因此会存在数据误差。卡尔曼滤波基本思想是通过上一时刻的估计值与当前时刻的观测值得到当前时刻的估计值，再通过下一时刻的观测值得到下一时刻的估计值，不断循环更新。为简化模型，本文只考虑汽车在匀速状态下的线性系统。系统状态方程和观测方程如下：

$$\begin{cases}X(k)=A(k-1)X(k-1)+B(k-1)u(k-1)+w(k-1)\\ Z(k)=C(k)X(k)+v(k)\end{cases} \tag{5.18}$$

式中，$Z(k)$表示当前观测系统矩阵；$A(k-1)$表示前一时刻的状态变换矩阵；$B(k-1)$表示输入量控制矩阵；$u(k-1)$表示输入量；$w(k-1)$表示过程噪声；$C(k)$表示观测矩阵；$v(k)$表示观测噪声；$X(k)$表示当前的状态矩阵，其定义如下：

$$X(k)=(x\quad y\quad vh\quad vr\quad hr\quad hh)^{\mathrm{T}} \tag{5.19}$$

式中，x 表示远车的 x 坐标；y 表示远车的 y 坐标；vh 表示主车的速度；vr 表示远车的速

度；hr 表示主车的航向角；hh 表示远车的航向角。

卡尔曼滤波的递推公式如下：

$$\begin{cases}\hat{X}(k \mid k-1)=A(k-1)X(k-1 \mid k-1)+B(k-1)u(k-1) \\ P(k \mid k-1)=A(k-1)P(k-1 \mid k-1)A^{\mathrm{T}}(k-1)+Q(k-1) \\ K(k)=P(k \mid k-1)C^{\mathrm{T}}(k)[C(k)P(k \mid k-1)C^{\mathrm{T}}(k)+R(k)]^{-1} \\ \hat{X}(k \mid k)=\hat{X}(k \mid k-1)+K(k)[Z(k)-C(k)\hat{X}(k \mid k-1)] \\ P(k \mid k)=[I-K(k)C(k)]P(k \mid k-1)\end{cases} \tag{5.20}$$

式中，$\hat{X}(k|k-1)$表示根据上一时刻的状态对当前时刻 $X(k)$的预测结果；$P(k|k-1)$表示根据上一时刻的误差协方差对当前时刻 $P(k)$的计算结果；$Q(k-1)$表示系统的随机干扰向量协方差；$K(k)$表示卡尔曼增益矩阵；$R(k)$表示系统观测误差的协方差。

4. 车辆数据信息过滤

假设所有车辆将要转向时，皆会遵守交通规则使用转向灯。使用三个数值表示转向灯状态，其中 1 表示车辆即将左转行驶，−1 表示车辆即将右转行驶，0 表示车辆即将直行行驶。车辆即将发生碰撞危险时，每种场景中 HV 与 RV 的转向灯状态各不相同，因此可以通过两车转向灯的状态以及两车航向角角度判断未来是否会发生碰撞，判断原则如表 5.4 所示，设置航向角误差范围为±5°，通过表中原则可以排除掉两车一定不会发生碰撞的情况，从而减少了计算资源，提高避撞算法的运行效率。

表 5.4 车辆数据信息过滤原则

场　景	HV 航向角	RV 航向角	HV 转向灯	RV 转向灯
场景一	$0<\theta<5$ 或 $265<\theta<360$	$175<\theta<185$	1	0
场景二	$0<\theta<5$ 或 $355<\theta<360$	$0<\theta<5$ 或 $265<\theta<360$	0	−1
场景三	$0<\theta<95$ 或 $355<\theta<360$	$85<\theta<185$	−1	1

5. 两车到达碰撞点时间

如图 5.14 所示，主车 HV 质点位于原点 $A(0,0)$，航向为 Y 轴正方向，远车 RV 质点位于点 $B(x,y)$，航向角为$(360°-\alpha)$，两车航向的交点为 C 点，则 HV 到碰撞点 C 的距离为AC，RV 到碰撞点 C 的距离为BC，两车之间的距离 $\mathrm{dis}=\sqrt{x^2+y^2}$，且存在关系 $AC=\dfrac{NA}{\sin\alpha}$，$BC=\dfrac{MB}{\sin\alpha}=\dfrac{x}{\sin\alpha}$，且 BC 的直线方程为

$$Y-y=-\cot\alpha(X-x) \tag{5.21}$$

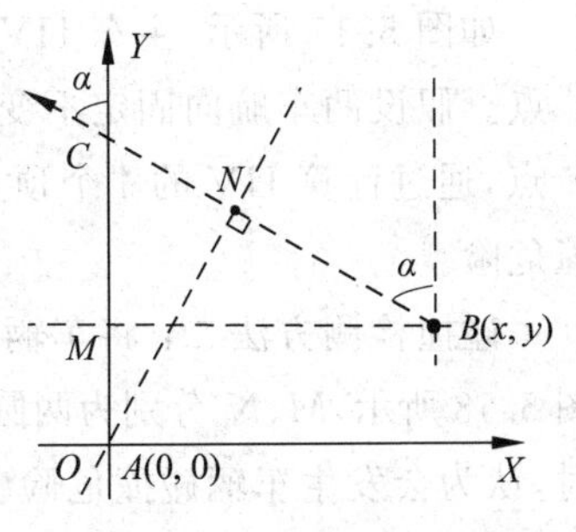

图 5.14 碰撞点时间计算

则 NA 的长度为点 A 到直线 BC 的距离：

$$NA = \frac{|-x\cot\alpha - y|}{\sqrt{1+\cot^2\alpha}} \tag{5.22}$$

$$AC = \frac{|-x\cot\alpha - y|}{\sin\alpha\sqrt{1+\cot^2\alpha}} \tag{5.23}$$

设 v_hv 为 HV 的车速，v_rv 为 RV 的车速，主车 HV 到达碰撞点时间为 t_hv，远车 RV 到达碰撞点时间为 t_rv，则有

$$t\_hv = \frac{AC}{v\_hv} \tag{5.24}$$

$$t\_rv = \frac{BC}{v\_rv} \tag{5.25}$$

6. 车辆碰撞检测

碰撞检测方法一：将车辆视为以自身边界为边长的矩形，当一个矩形的顶点在另一个矩形内部中，则认为发生了车辆碰撞，如图 5.15 所示，HV 的顶点 H2 在远车 RV 形成的矩形 $R_1R_2R_3R_4$ 中，RV 的顶点 R_1 在主车 HV 形成的矩形 $H_1H_2H_3H_4$ 中。

通过向量叉乘的方向性，可判断一点是否在一矩形中，如图 5.16 所示，判断点 E 在矩阵 $ABCD$ 内部中的公式为

$$\begin{cases}(AB \times AE)\cdot(CD \times CE) > 0 \\ (DA \times DE)\cdot(BC \times BE) > 0\end{cases} \tag{5.26}$$

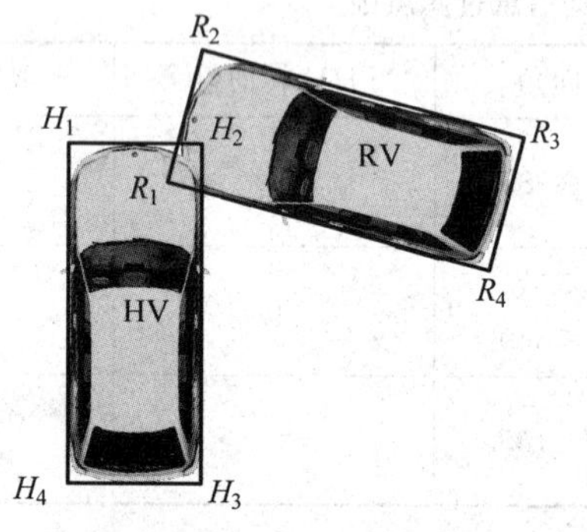

图 5.15 车辆碰撞检测

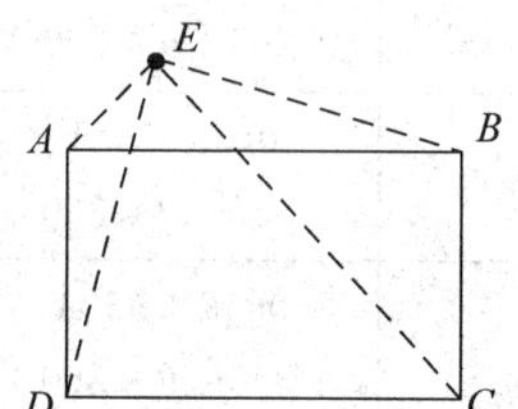

图 5.16 点位置的判断

如图 5.17 所示，主车 HV 质点位于 A 点，远车 RV 质点位于 B 点，两车航向交点位于 C 点。假设两车航向固定不变，经过任意时刻 t 后，HV 质点位于 D 点，此时 RV 质点位于 E 点，通过计算 HV 的 4 个顶点是否位于 RV 所在的矩阵中，判断在 t 时刻两车是否存在碰撞危险。

碰撞检测方法二：将车辆视为以 OBU 设备所在位置为圆心，以 1.25m 为半径的圆，如图 5.18 所示，M、N 分别为两圆的圆心，当两圆存在交点时，即两车之间距离 MN 小于 2.5m 时，认为会发生车辆碰撞危险。设车辆通过路口的车速为 5m/s，即 $|t_hv - t_rv| < 0.5$s 时，两车面临发生碰撞的危险。

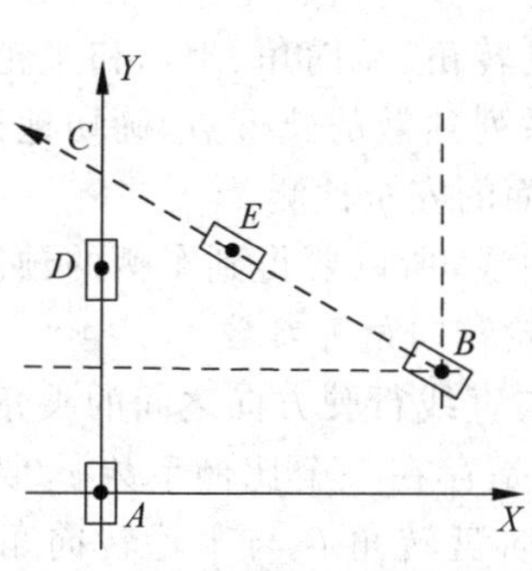

图 5.17　车辆时空位置预测

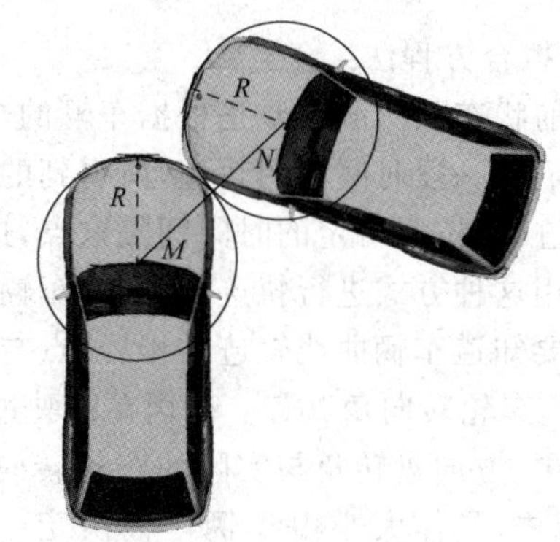

图 5.18　车辆碰撞检测

7. 车辆轨迹预测

车辆轨迹预测是进行安全监测的前提，在这里采用两种方案进行：①根据历史轨迹进行拟合，得出轨迹方程，用来预测轨迹；②利用当前车辆状态进行轨迹预测。在实际运行过程中，根据历史轨迹点的拟合程度，来决定采用哪一种方案。在直线行驶过程中，利用历史轨迹来进行预测相对来说比较准确，因为车辆的数据存在一定的抖动范围，即车辆保持状态不变时，读出来的数据也会在一定范围内变动，利用历史轨迹进行拟合，可以在一定程度上消除这种误差；但在曲线或者弯道上行驶时，直线拟合会引起很大的误差，这时采用当前车辆状态进行轨迹预测，相对来说准确度要高出很多。

1）拟合方程法

拟合方程法就是对历史轨迹的离散点进行线性拟合，在这里可以分为三大部分：历史轨迹点的转化、最小二乘法拟合、拟合度判断。

历史轨迹点转化是指将历史轨迹点的经纬度坐标转换成以自车为中心的直角坐标系坐标。前面已经介绍过相关的转化的过程，不同的是需要设置一个循环进行多次转化。

最小二乘法拟合是指通过最小化误差的平方和寻求数据的最佳匹配函数。在拟合过程中，历史轨迹点 N 个，(x_i, y_i) 为第 i 个点，首先设方程为 $y=k\times x+b$，可以得到误差的表达式如下。

$$e=\sum(y_i-k\times x_i-b)^2 \tag{5.27}$$

分别对 k 和 b 求一阶导数，得

$$\frac{\mathrm{d}e}{\mathrm{d}k}=\sum(x_i\times y_i-k\times x_i^2-x_i\times b) \tag{5.28}$$

$$\frac{\mathrm{d}e}{\mathrm{d}b}=\sum(y_i-k\times x_i-b) \tag{5.29}$$

令两个一阶导数都为零，然后求解，求得 k 和 b 的表达式分别如下：

$$k=\frac{\sum x_i\times\sum y_i-N\times\sum(x_i\times y_i)}{\sum x_i\times\sum y_i-N\times\sum(x_i\times y_i)} \tag{5.30}$$

$$b=\frac{\sum y_i-k\times\sum k_i}{N} \tag{5.31}$$

这里需要考虑斜率 k 不存在，即 k 为无穷大，可以假设当 $k>1\,000$ 时，$k=1\,000$；或者当 $k<-1\,000$ 时，$k=-1\,000$。

2）拟合方程法

当前状态预测法主要是根据车辆的当前速度、方向盘转角、航向角、坐标和车轮轴距来预估车辆在一段时间内的轨迹，所得到的预测轨迹为一系列离散的轨迹点，确切地说，是从连续轨迹中，按照一定的时间间隔取点，这样做有利于后面的安全检测。

采用这种方式进行轨迹预测时，车辆的行驶轨迹为曲线，所以要得到车辆的预测轨迹，就必须要知道车辆曲线轨迹的半径、点与点间隔时间、车轮转向角等参数。

（1）车轮转向角 $\beta(°)$：车辆在行驶过程中车辆前轮与直线行驶方向之间的夹角。在实际生活中，方向盘转角与实际的车轮转向角并不相等，而是存在一个比例系数 ε，取值一般为 20 以内，具体大小由车辆厂商决定。所以实际的方向盘转角 θ 与车轮转向角 β 可由式(5.32)求得。

$$\beta=\frac{\theta}{\varepsilon} \tag{5.32}$$

（2）车辆轨迹半径 $r(\mathrm{m})$：车辆在行驶过程中，如果保持方向盘转角不变，那么车辆的行驶轨迹将是一个圆，如图 5.19 所示。设车轮轴距为 l，车轮转向角为 β，那么车辆的转弯半径可以近似为

$$r=\left|\frac{l}{2\times\tan(0.5\times\beta)}\right| \tag{5.33}$$

（3）点与点之间的间隔时间 $\Delta t(\mathrm{s})$：曲线预测轨迹点是在连续轨迹按照一定的时间间隔取得的，必须要避免发生漏判的情况，所以时间间隔不能太长。这里假设车辆的最大速度为 50m/s，车辆的长度为 $h(\mathrm{m})$，那么所允许的最大间隔时间如下。

$$\Delta t<0.02\times h \tag{5.34}$$

在确定了车辆的车轮转向角 β、轨迹半径 r 以及间隔时间 Δt 之后，就可以开始预测轨迹了。这里预测的轨迹都是假设车辆保持当前的速度 v 和车轮转向角 β 不变进行预测的，同时为了便于求解和编程，采用递推的方式，即找到前后两个点之间的关系，然后通过前一个点来求解下一个点的坐标，如图 5.20 所示，假设当前点的坐标为 $p_i(x_i,y_i)$，航向角为 α_i（弧度），下一个坐标点为 $p_j(x_j,y_j)$，具体的求解过程如下。

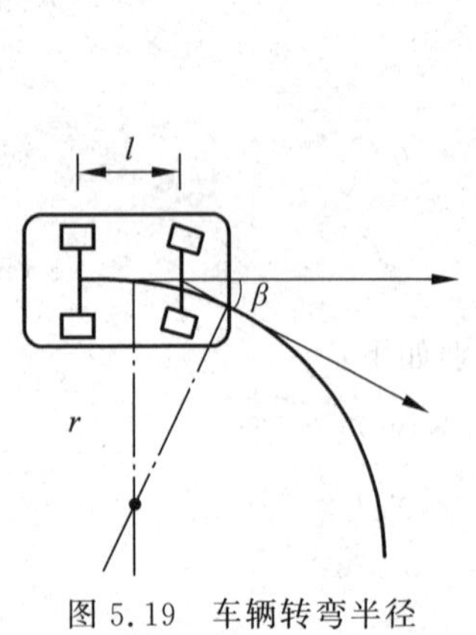

图 5.19　车辆转弯半径

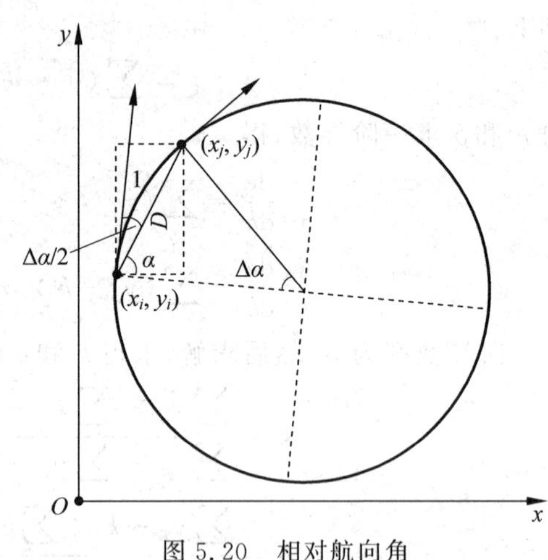

图 5.20　相对航向角

首先，根据式(5.35)求得在相邻两个点之间的弧长 L，如果车速过慢，为防止预测轨迹太短，不利于某些特定场合的场景判断，设定 Δt 的值为 0.1s。

$$L = v \times \Delta t \tag{5.35}$$

其次，需要求解两个点之间航向角的相对变化量 $\Delta\alpha$、弦长 D、下一个点的航向角 α_j（弧度）、弦长在相对坐标系中的角度 a（弧度），如式(5.36)～式(5.38)所示。

$$\Delta\alpha = \frac{L}{r} \tag{5.36}$$

$$D = 2 \times r \times \sin(\Delta\alpha/2) \tag{5.37}$$

$$\alpha_j = \alpha_i - \Delta\alpha \tag{5.38}$$

最后，根据式(5.39)～式(5.41)求出下一个点的坐标：

$$a = \alpha_i - \Delta\alpha/2 \tag{5.39}$$

$$x_j = x_i + D \times \cos a \tag{5.40}$$

$$y_j = y_i + D \times \sin a \tag{5.41}$$

8. SPPWA 算法

SPPWA 算法步骤如图 5.21 所示。

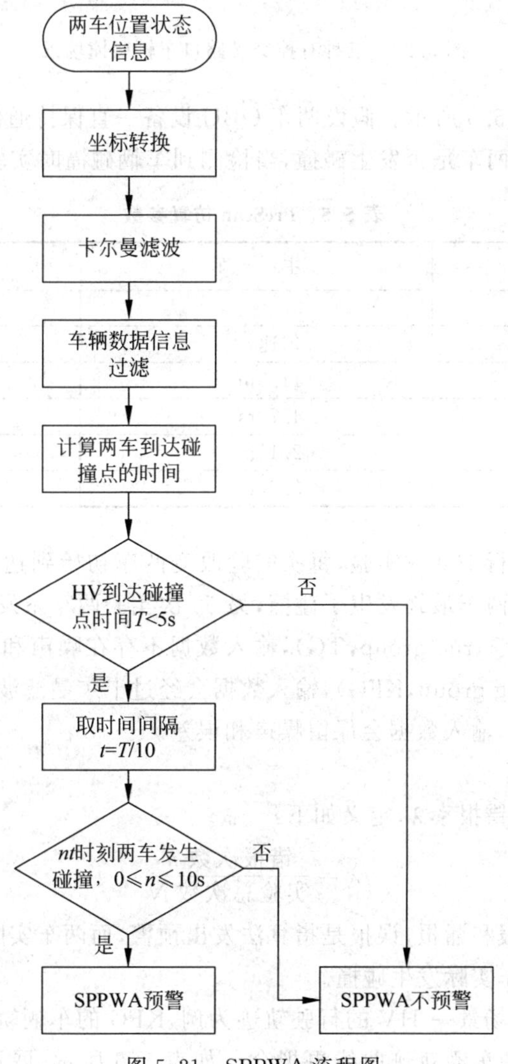

图 5.21　SPPWA 流程图

9. 算法仿真验证

1) PreScan 联合 MATLAB/Simulink 仿真

本例选择在 PreScan 软件中构建车辆碰撞场景，设置车辆行驶轨迹、速度以及道路信息，在 MATLAB/Simulink 中实现交叉路口碰撞预警算法，如图 5.22 所示，分别实现了三种有控交叉路口车辆碰撞场景。

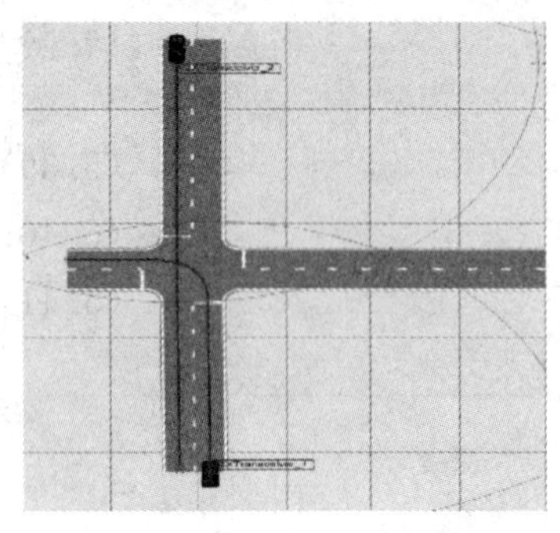
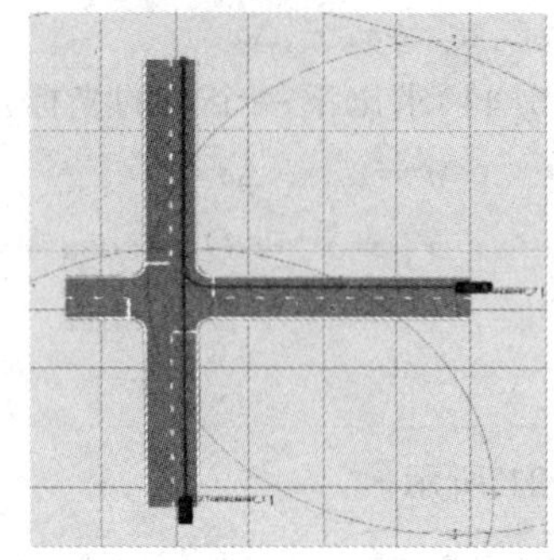
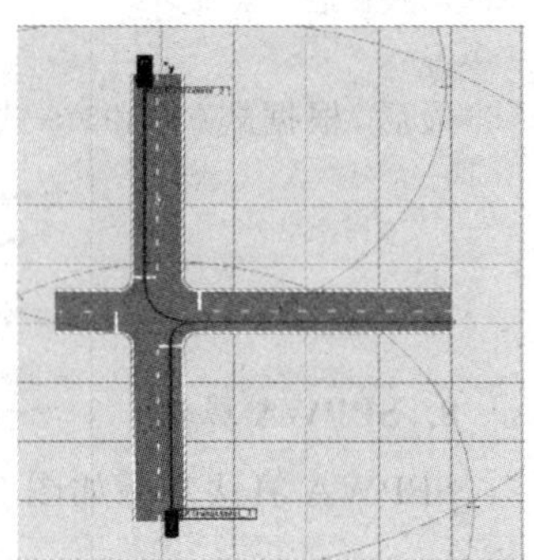

图 5.22 三种有控交叉路口车辆碰撞场景

实验参数设置如表 5.5 所示。假设两车 OBU 设备一直保持通信，通过 PreScan 软件的车辆碰撞检测功能判断两车是否发生碰撞，当检测到车辆碰撞时实验结束。

表 5.5 PreScan 仿真参数

参　数	主　车	远　车
车辆初始速度	5m/s	5m/s
变加速	匀速	匀速
交叉口宽度	11.5m	11.5m
车辆长度	4.79m	5.21m
车辆宽度	2.17m	2.03m
车道宽度	3.5m	3.5m

三种碰撞场景各进行 100 次实验，每次实验改变两车初始到达停止线的距离和车辆行驶轨迹，其中 50 次实验两车最终发生了碰撞，另 50 次实验两车未发生碰撞。且每次实验分为三组，第一组为真值组(true group，TG)，输入数据不存在噪声和误差。第二组为卡尔曼滤波组(Kalman filtering group，KFG)，输入数据会经过卡尔曼滤波预处理。第三组为原始组(original group，OG)，输入数据会保留噪声和误差。

2) 实验结果与分析

定义算法评价指标错报率 λ，定义如下：

$$\lambda=\frac{\text{错报次数 } n}{\text{实验总次数 } N} \tag{5.42}$$

其中，错报分为误报和漏报，误报是指算法发出预警，而两车实际未发生碰撞，漏报是指算法未发出预警，而两车实际发生碰撞。

如图 5.23 所示，以场景一 HV 的行驶轨迹为例，KFG 的车辆轨迹曲线相比较于 OG 的车辆轨迹曲线，与 TG 的车辆轨迹曲线更拟合。如表 5.6 所示，展示了 KFG 和 OG 较 TG

的平均车辆坐标误差 τ，其公式为

$$\tau = \frac{\sum_{i=1}^{n} \sqrt{(x_1 - x_2)^2 + (y_1 - y_2)^2}}{n} \tag{5.43}$$

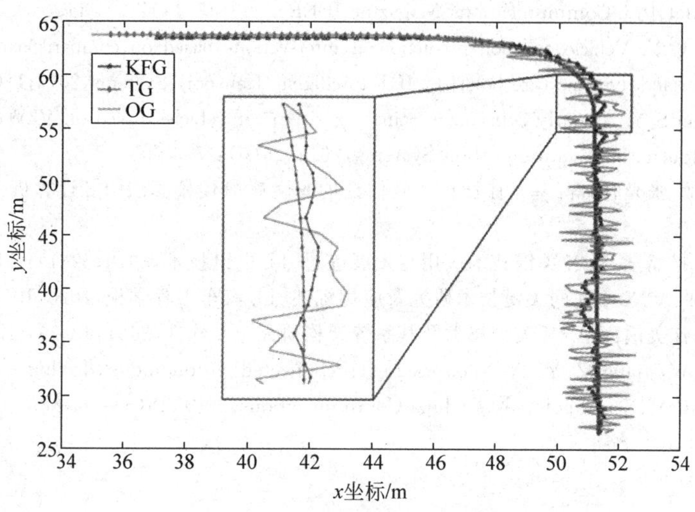

图 5.23 车辆轨迹曲线图

表 5.6 车辆坐标平均误差

场景	KFG_HV	KFG_RV	OG_HV	OG_RV
场景一	0.346m	0.113m	0.453m	0.143m
场景二	0.009m	0.229m	0.126m	0.414m
场景三	0.305m	0.442m	0.463m	0.569m

由表 5.6 数据可得，数据通过卡尔曼滤波后，KFG 车辆坐标平均误差较小，可以获得相对准确的车辆坐标。其中 KFG_HV 表示 KFG 中 HV 的车辆坐标平均误差，KFG_RV 表示 KFG 中 RV 的车辆坐标平均误差，OG_HV 表示 OG 中 HV 的车辆坐标平均误差，OG_RV 表示 OG 中 RV 的车辆坐标平均误差。

算法最后的预警效果如表 5.7 所示，在三种车辆碰撞场景下，分别统计了具有卡尔曼滤波组 SPPWA_K 和不具有卡尔曼滤波组 SPPWA_O 的预警错报次数，在三种场景下 SPPWA_K 比 SPPWA_O 分别降低了 4%、3%和 6%的误报率，且与表 5.6 数据对比可知，通过卡尔曼滤波减少车辆坐标平均误差可以有效降低算法的误报率，表明了 SPPWA 算法的有效性，可以保证车辆在通过有控交叉路口的安全性。

表 5.7 预警实验结果

场景	SPPWA_K 错报次数	SPPWA_O 错报次数
场景一	8	12
场景二	6	9
场景三	10	16

参考文献

[1] Le L, Festag A, Baldessari R, et al. Vehicular wireless short-range communication for improving intersection safety[J]. Communications Magazine IEEE,2009,47(11):104-110.

[2] Wang P, Chan C Y. Vehicle collision prediction at intersections based on comparison of minimal distance between vehicles and dynamic thresholds[J]. IET Intelligent Transport Systems,2017,11(10):676-684.

[3] Huang C M, Lin S Y. An early collision warning algorithm for vehicles based on V2V communication[J]. International Journal of Communication Systems,2012,25(6):779-795.

[4] 张爱平,李德敏,张光林,等.基于碰撞点时间估计的车辆碰撞预警算法[J].计算机工程,2019,45(2):53-57,63.

[5] 刘宗巍,匡旭,赵福全.V2X关键技术应用与发展综述[J].电讯技术,2019,59(1):117-124.

[6] 缪立新,王发平.V2X车联网关键技术研究及应用综述[J].汽车工程学报,2020,10(1):1-12.

[7] 张强,赵翊辰,江美霞.C-V2X关键技术及其系统架构研究[J].软件,2021,42(7):12-15+48.

[8] Fu S, Zhang W, Jiang Z Y. A Network-Level connected autonomous driving evaluation platform implementing C-V2X technology[J]. China Communications,2021,18(6):77-88.

第6章

多传感器融合

6.1 多传感器数据融合概念和原理

1. 多传感器数据融合概念

数据融合又称为信息融合或多传感器数据融合。对数据融合还很难给出一个统一、全面的定义。随着数据融合和计算机应用技术的发展,根据国内外研究成果,多传感器数据融合比较确切的定义可概括为:充分利用不同时间与空间的多传感器数据资源,采用计算机技术对按时间序列获得的多传感器观测数据,在一定准则下进行分析、综合、支配和使用,获得对被测对象的一致性解释与描述,进而实现相应的决策和估计,使系统获得比它的各组成部分更充分的信息。

多传感器数据融合是一种针对单一传感器或多传感器数据或信息的处理技术,通过数据关联、相关和组合等方式,获得对被测环境或对象的更加精确的定位、身份识别以及对当前态势和威胁的全面而及时的评估。

2. 多传感器数据融合原理

多传感器数据融合技术的基本原理就像人脑综合处理信息一样,充分利用多个传感器资源,通过对多传感器及其观测信息的合理支配和使用,把多传感器在空间或时间上冗余或互补信息依据某种准则来进行组合,以获得被测对象的一致性解释或描述。具体地说,多传感器数据融合原理如下。

(1) N 个不同类型的传感器(有源或无源的)收集观测目标的数据。

(2) 对传感器的输出数据(离散的或连续的时间函数数据、输出矢量、成像数据或一个直接的属性说明)进行特征提取的变换,提取代表观测数据的特征矢量 Yi。

(3) 对特征矢量 Yi 进行模式识别处理(如聚类算法、自适应神经网络或其他能将特征矢量 Yi 变换成目标属性判决的统计模式识别法等),完成各传感器关于目标的说明。

(4) 将各传感器关于目标的说明数据按同一目标进行分组，即关联。

(5) 利用融合算法技术将每一目标各传感器数据进行合成，得到该目标的一致性解释与描述。

6.2 多传感器融合技术分类

6.2.1 多传感器融合技术基本原理

多传感器融合技术的基本原理是将各种传感器进行多层次、多空间的信息互补和优化组合处理，最终产生对观测环境的一致性解释。在这个过程中要充分利用多源数据进行合理支配与使用，而信息融合的最终目标则是基于各传感器获得的分离观测信息，通过对信息多级别、多方面组合导出更多有用信息。这样不仅利用了多个传感器相互协同操作的优势，而且综合处理了其他信息源的数据来提高整个传感器系统的智能化。

6.2.2 常见的传感器类型

根据数据来源，通过传感器在车载上应用比较广泛，车载传感器通常可分为外部传感器和内部传感器。内部传感器用于采集智能汽车自身的数据，如车速、车轮转角、加速度等；外部传感器用于对智能汽车所处的外部环境进行数据采集，如车载相机、毫米波雷达、激光雷达等。智能汽车的环境感知技术离不开外部传感器，神经网络算法更是需要车载外部传感器采集的数据进行训练，传感器的性能直接影响智能汽车最终的决策。在不同的驾驶环境下，各种传感器的检测性能和鲁棒性不同。多传感器融合可以提高智能汽车的感知能力。表 6.1 总结了常见的几种车载传感器的优缺点、用途和成本。

表 6.1 不同传感器之间对比

传感器	优势	劣势	用途	成本
相机	分辨率高 语义性强 数据处理简单	雨雾天气效果差 受光照条件影响 容易产生虚警	障碍物检测 交通信号灯检测 交通标志检测 车道线、人行横道检测	低
毫米波雷达	不受天气和光照影响 测量范围较大	不适用于动态物体的检测 易产生误检	障碍物检测、测距、测速	中
激光雷达	检测范围大 检测精度高	成本高 雨雾天气效果差	障碍物检测、测距 长短时记忆网络(LSTM)技术	高

车载相机主要包括单目相机、双目相机、深度相机和全景相机。车载相机成本低，是智能汽车感知系统的基础传感器，也是目前工业界和学术界的主要选择。车载相机主要用于多目标检测、跟踪、语义分割、车道线检测等任务。其能捕捉周围环境中目标的颜色、纹理、形状等信息，可以在非极端环境下识别不同的目标，相较于毫米波雷达和激光雷达具有数据稠密、分辨率高等优点。但其缺点也显而易见：易受天气影响，在雨雾天、夜晚环境下感知性能大幅下降；对光线突变的场景也非常敏感，如智能汽车驶入和驶出隧道，对面车辆突然打开远光灯等。此外单目相机无法提供环境建模所需要的深度和距离原始信息。双目相机

和深度相机相较于雷达和激光雷达结构复杂，在检测范围和测距精度、分辨率方面，与毫米波雷达和激光雷达仍然存在较大差距。

随着3D数据采集技术的飞速发展，雷达等传感器的硬件成本和软件技术也形成了一定的规模，在无人驾驶感知领域逐渐得到应用。雷达相较于相机能够提供物体的3D信息和距离信息等，数据形式更加丰富，这使得智能汽车能更容易理解周围环境。雷达主要包括激光雷达、毫米波雷达和超声波雷达。超声波雷达主要用于感知近距离如自动泊车等任务，对于检测任务作用较小。下面主要介绍毫米波雷达和激光雷达。

(1) 毫米波雷达。毫米波雷达发射无线电波后，通过接收天线采集目标散射波，进行一系列信号处理，获取目标信息。根据检测范围的大小可分为远程、中程、短程毫米波雷达。毫米波雷达不仅可以获得多目标的精确距离，还可以利用多普勒频移效应测量相对速度，广泛应用于障碍物检测、行人识别和车辆识别。与车载相机相比，毫米波雷达受天气影响小，具有较好的防阻隔和抗污染能力。毫米波雷达在视角比较窄的情况下检测效果较为理想，但不适用于动态物体的检测，易产生误检。与激光雷达相比，毫米波雷达具有更长的波长，可以应对雨雪雾天气和黑暗环境。脉冲雷达在接收回波信号时，要求发射信号严格隔离，而大功率信号在短暂的连续周期内发射，因此对硬件要求高，结构复杂。雷达生成的点云数据包括 X、Y 坐标、雷达反射面积(radar cross section，RCS)和速度。与激光雷达的点云数据相比更加稀疏，需要对原始的毫米波点云进行处理。

(2) 激光雷达。按有无机械旋转部件，激光雷达可分为固态、机械和混合固态激光雷达。激光雷达的工作原理与毫米波雷达相似，但它发射的是光波而不是无线电波。激光雷达可用于定位、障碍物检测和环境重建任务。固态激光雷达只能获得一定角度的点云数据，而机械激光雷达和混合固态激光雷达则能获得智能汽车周围360°的点云数据，包括点的 X、Y、Z 坐标和反射强度等。不同的材质反射强度不同，因此点云能区分不同材质的物体。激光雷达在测距方面优势明显，且由于激光雷达是通过发射可见光波长外的光波获得点云数据，故不受光照等条件的限制，能在黑夜工作。其与相机具有相同的缺点，受天气影响大，雨雾天气工作效果差。激光雷达在检测远距离物体时，点云数据会变得稀疏，这会导致检测效果变差。激光雷达是智能汽车必需的传感器之一，目前随着成本的不断降低，有望大规模部署应用。

采用多传感器组合使用的方式可以互补各个传感器之间的不足，克服单个传感器的局限性，在检测精度方面能够提高冗余性，避免某个传感器误检甚至是停止工作而引起的检测失效，以此提高感知系统的检测精度和鲁棒性。

6.2.3 主流的传感器融合方式

不同的传感器组合能互补各自的缺点，扩大智能汽车的使用场景，增加智能汽车的鲁棒性，面对不同的检测任务使用不同的传感器组合方式能充分利用计算资源，完成要求的感知任务。下面从不同的传感器组合方式角度来概述不同传感器融合之间的优劣。

1. 图像+激光点云

相机和激光雷达融合是目前无人驾驶多目标检测的热门多传感器融合模式，相机能够提供高分辨率的图像信息，激光雷达提供稠密的点云信息，融合算法也相对简单，检测精度高。但是,相机和激光雷达在恶劣工况下检测性能差,成本相对较高,实时性较差。基于深度学习的图像和激光点云的融合方式可大致分为基于视锥体(frustum)的融合方式、基于点的融合方式、基于多视角的融合方式、基于体素的融合方式。基于视锥体的融合方式是先进行图像检测生成 2D 感兴趣区域,然后将 2D 的感兴趣区域投影到 3D 空间,生成视锥体。进而融合视锥体内的点进行车辆、行人等识别。基于点的融合方式是将图像的高语义特征和对应的点云进行逐点融合,然后将融合后的点云送入 3D 物体检测网络进行检测。基于多视角的融合方式是在鸟瞰图(bird's eye view,BEV)上先生成 3D 感兴趣区域,然后利用生成的感兴趣区域回归 3D 检测框。基于体素的融合方式是将 3D 空间先分成一个个的体素(voxel),然后用图像和体素中的点云进行融合。

F-PointNet 是典型的基于视锥体的融合检测网络,该网络结构主要分为 3 部分:生成候选视锥体部分(frustum proposal)、3D 实例分割部分(3D instance segmentation)和物体 3D 边界框回归部分(amodal 3D box estimation)。首先使用基于图像的神经网络生成视锥体,后续的定位和分类只需要在视锥体内进行,这极大地减少了需要后续处理的数据量。由于相机中心坐标和视锥体中心坐标并不重合,故需要做一次坐标轴的旋转,使融合网络具有更好的平移不变性。接下来在生成的视锥体内使用 PointNet 进行实例分割。由于视锥体的中心点和物体的中心点不重合,需要进行一次平移,使网络具有更好的平移不变性。最后利用 T-Net 结构细化物体的边界框,通过 3D 边界框估计模块生成之后的检测结果。F-PointNet 首先根据图像生成的检测结果再做后续的操作,故检测性能受图像检测性能的限制;其次,F-PointNet 并没有充分利用到多传感器融合的冗余性优势。F-PointNet 网络结构如图 6.1 所示。

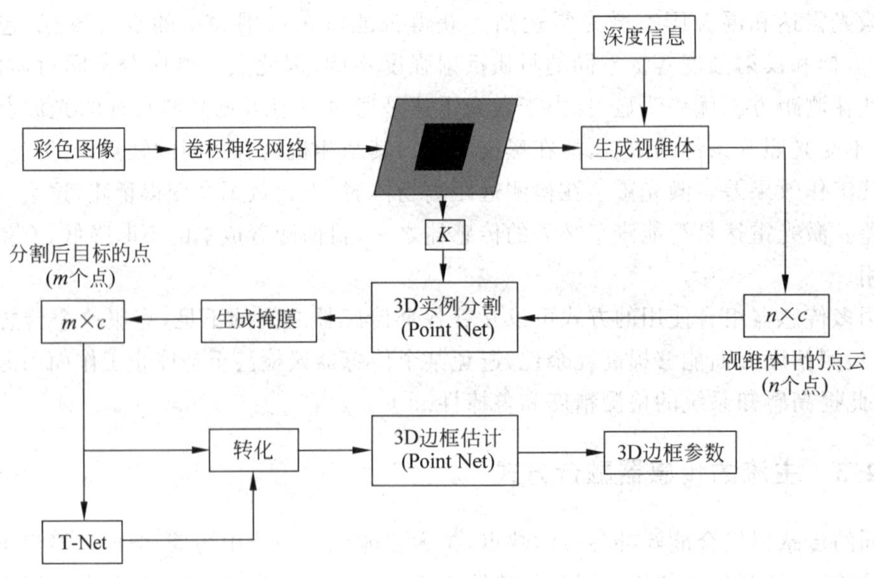

图 6.1 F-PointNet 网络结构

Point Painting 并不是端到端的检测网络,其检测流程主要分为两个阶段。第 1 个阶段是对图像信息进行语义分割,分割出需要检测的目标;第 2 个阶段是 Point Painting,即将第 1 阶段生成的语义信息和点云相融合,然后将融合后的信息输入到经典的 3D 点云检测网络,得到最终的检测结果。将语义信息和点云数据融合是 Point Painting 最主要的创新点,首先将图像和点云通过传感器的参数确定位置关系,然后将生成的语义信息和点云数据进行拼接(concatenate)。Point Painting 理论上可以应用在任何基于点云检测的网络之前,来提高检测性能,通过将语义信息和点云融合解决了图像信息和深度信息不匹配的问题,但是原始的点云信息没有进行预处理,这需要消耗更多的计算资源。第 1 阶段的语义分割模型和第 2 阶段的 3D 点云检测模型需要高度的耦合性,这会限制该网络结构的适用范围。Point Painting 网络结构如图 6.2 所示。

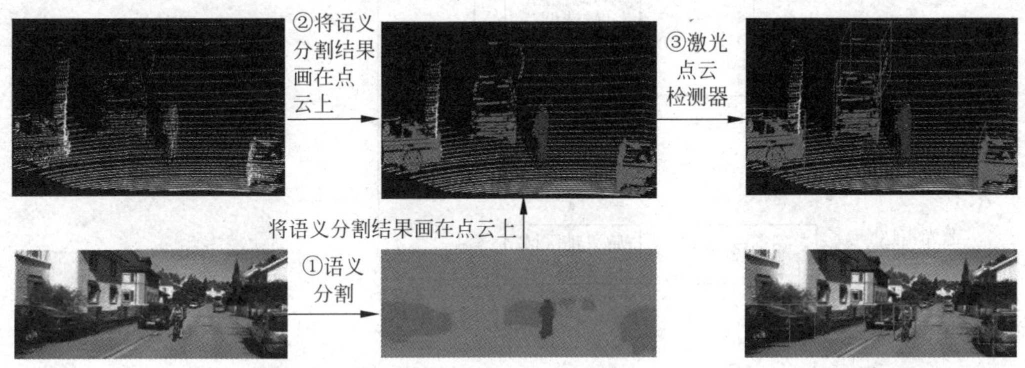

图 6.2 Point Painting 网络结构

MV3D 采用了不同传感器下的多视角的融合方案,其输入是 RGB 图像和原始激光点云处理后形成的鸟瞰图和前视图,输出的是目标在三维空间中的中心位置坐标,以及目标的长、宽、高和前进方向。该网络的处理过程可以概括为,首先从点云的鸟瞰图形式中使用一个 3D 区域建议网络产生 3D 候选区域,然后将这些候选区域根据坐标变换分别投影到前视图和 RGB 图像上,从而产生 3 种形式的候选区域;接着借助由 3 组全连接层构建的深度特征融合网络,融合来自 3 种形式的数据特征,从而回归出目标的所有待求参数。MV3D 在特征融合阶段进行了创新,采用了深度融合方法(deep fusion)。该方法是将多视图的特征图进行分层融合,相较于前面提到的融合方式,其检测精度更高。MV3D 的检测效果虽然优于同期提出的算法,但是其存在一些弊端。例如,针对小目标,在点云鸟瞰图中经过下采样之后占据像素少,容易产生漏检。MV3D 网络结构如图 6.3 所示。

MVX-Net 是基于体素进行融合的算法,该网络首先使用 Faster-RCNN 对图像进行特征提取,将点云通过校正矩阵投影到图像上,然后和 Fatster-RCNN 生成的最后一层特征图进行特征的匹配,将匹配后的特征进行进一步的特征图提取,同时将点云进行体素化处理和上一步的特征进行逐点拼接(pointwise concatenate),再通过几个 VFE 模块生成 3D 候选区域,其中 VFE 模块是在 VoxelNet 中提出的特征提取结构,最后进行 3D 检测。基于体素的融合方式可以和标准的 3D 卷积操作结合,这拓宽了体素融合方式的适用范围,但是在体素化过程中,点云数据会丢失几何信息,体素越小检测精度越好,但是消耗的计算资源更大,MVX-Net 网络结构如图 6.4 所示。

2. 图像+毫米波点云

相机和毫米波雷达已发展多年,两者硬件技术储备充足,生产成本也较低,但是用于无人驾驶的图像+毫米波点云的公开数据集很少。图像与毫米波点云融合算法起步较晚,相

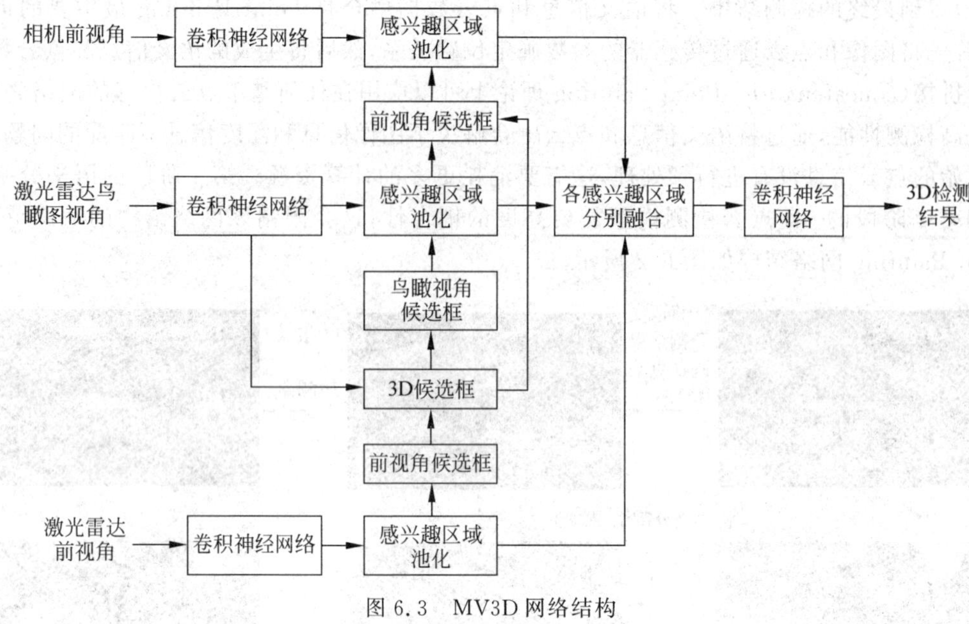

图 6.3 MV3D 网络结构

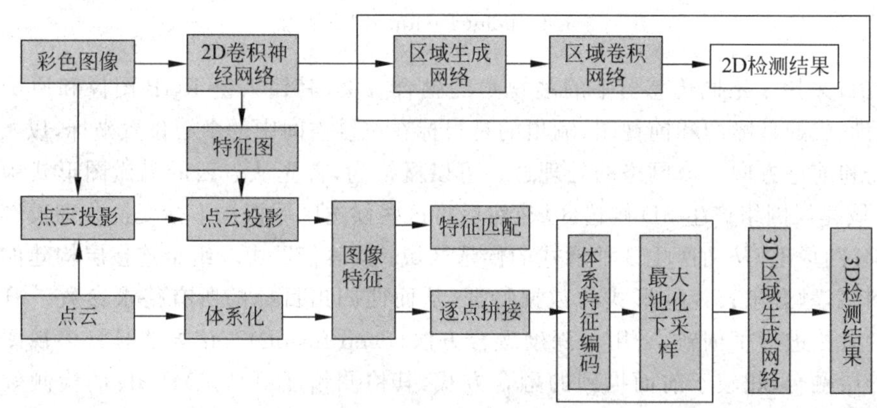

图 6.4 MVX-Net 网络结构

较于激光点云+毫米波雷达，生成的点云较稀疏，捕获的信息较少，近几年这方面的研究才起步。

Jiang Qiuyu 等提出了一种基于毫米波雷达和相机融合的车辆周围感知算法，该算法以毫米波雷达为主，以相机为辅。相机模块首先进行视觉检测（基于改进的 Faster-RCNN），并将检测结果发送给毫米波雷达，根据马氏距离（Mahalanobis distance）的思想，对检测结果进行融合，该框架属于决策级融合，硬件设备主要有美国德尔福公司生产的德尔福 ESR 毫米波雷达和德国联合视觉公司的 Mako G-192B 单目相机。该框架的主要创新点如下。

对 Faster-RCNN 进行改进，为区域建议网络和分类回归网络（classification regression network）分别提供单独的特征，以提高视觉检测的性能，在候选区域生成网络添加一个候选区域优化网络，目的是过滤掉质量差的候选区域，以减少计算并提高检测速度。

在融合部分,根据马氏距离的思想,利用两个传感器输出目标序列对观测值进行匹配,利用联合概率数据关联方法(joint probabilistic data association,JPDA)进行融合,建立系统匹配模型和状态模型,其网络结构图如图 6.5 所示。

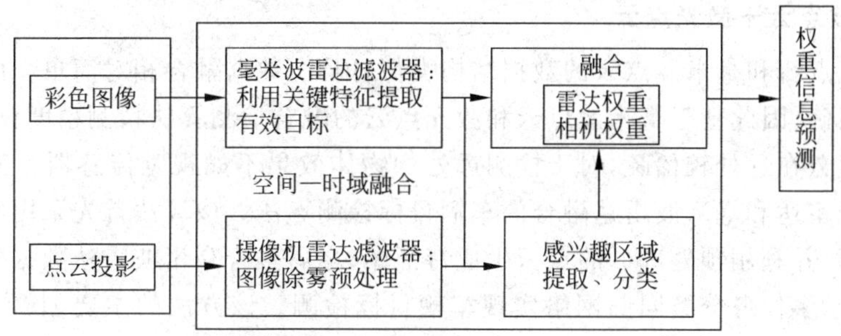

图 6.5 Jiang Qiuyu 等人提出的融合检测算法

S. Chadwick 等设计了一种特征级融合结构,该网络首先使用 ResNet 网络分别对图像和毫米波雷达的反射面积和速度信息进行特征提取,然后将图像特征和雷达点云特征进行拼接操作,对拼接后的特征继续使用 ResNet 进行特征提取,生成 3 个分辨率不同的特征图,用于不同感知任务,其网络结构如图 6.6 所示。

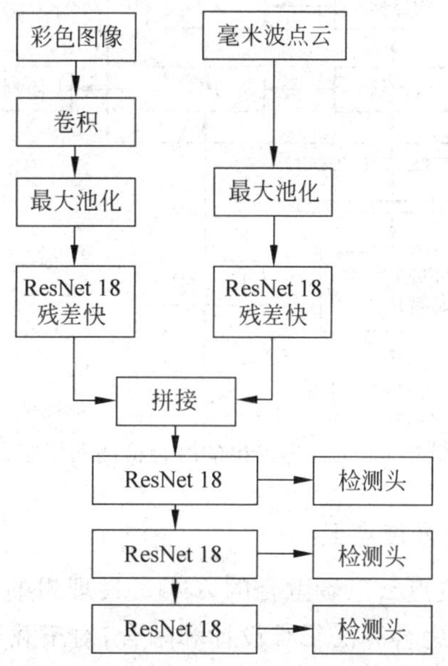

图 6.6 S. Chadwick 等提出的融合检测网络结构

V. John 等的融合检测网络也提出了类似的检测算法,不同的是,在处理融合后的特征时,使用的是一阶段的图像检测算法 YOLO。这两种检测算法结构相对简单,没有使用雷达点云的全部数据,检测速度会更快,但是物体定位不是很准确。Wang Xiao 等使用单目相机和毫米波雷达进行融合,提出了一种协同的融合方法,以实现车辆检测精度和计算效率之间的优化平衡。整体的检测流程如下:①毫米波雷达检测车辆以生成感兴趣区域(region of interest,ROI);②将感兴趣区域送入视觉处理模块来生成边界框,采用主动轮廓法检测边界框内的车辆,如果主动轮廓方法失败,则是毫米波雷达的虚警,视觉处理模块应消除这种检测。Wang Jiangang 等提出了一种雨天车辆检测融合系统，首先对雷达和相机进行地面标定，然后将雷达检测结果投影到相机图像上进行目标尺寸估计，利用雷达提供的精确的纵向距离和方位角，减小由图像模糊引起的车辆宽度误差。

3. 毫米波点云＋激光点云

由于激光点云和毫米波点云的数据结构类似，因此，数据融合相对简单。由于点云数据提供的数据精确，因此基于毫米波点云和激光点云的融合检测算法精测精度较高，但是整体成本较高。点云在远处较稀疏，对于检测远处的物体效果不如视觉传感器。王海等提出了一种基于激光雷达和毫米波雷达融合的车辆目标检测算法。该算法首先采用归一化方法对点云做预处理，并利用预处理后的点云生成特征图，之后融合毫米波雷达数据生成感兴趣区域，最后设计了多任务分类回归网络实现车辆目标检测。该方法的主要创新点有：①设计了基于点云鸟瞰图(BEV)视角的目标检测算法；②加入毫米波雷达数据设计算法预瞄框，相对于单一点云检测算法，检测精度有所提高。其网络结构如图 6.7 所示。

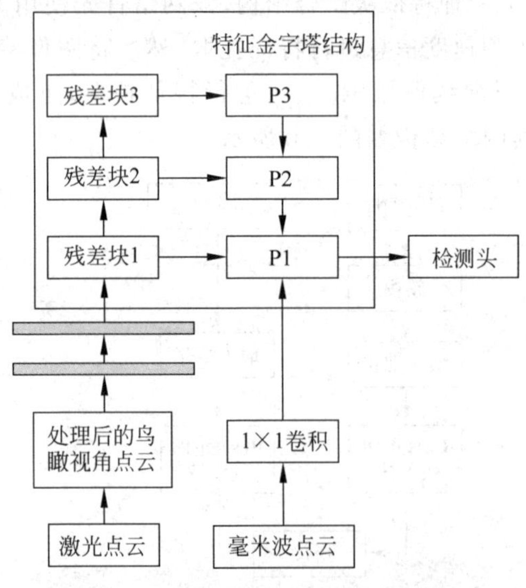

图 6.7　王海等提出的融合检测网络结构

4. 图像＋激光点云＋毫米波点云

图像、激光点云和毫米波点云三者融合的方式是最理想的，检测的鲁棒性最高，检测精度也最好。但是基于三者的融合算法很难设计和融合，对车载算力要求也非常高，是多传感器融合方向上的一大难题。

蔡英凤等提出了一种基于相机、毫米波雷达和激光雷达融合用于检测、跟踪、分类的检测模块(FOP 模块)，激光雷达和相机分别提供原始的点云和图像数据，而雷达提供检测目标的高语义数据。融合方法基于 DS 理论，其将所有传感器提供的物体的单独列表作为证据来源。对于每个对象，其完整状态包括其位置、形状、大小和速度的信息以及单个对象的分类。利用 DS 理论，可以表示来自不同传感器探测器的关于这些目标特征的证据，并将它们的分类似然化为一个共同的表示。融合过程主要依赖于两个部分：①瞬时融合，即单个传感器和单个目标在同一时刻提供的证据相结合；②动态融合，即将以往的证据与瞬时融合结果相结合。具体网络结构如图 6.8 所示。

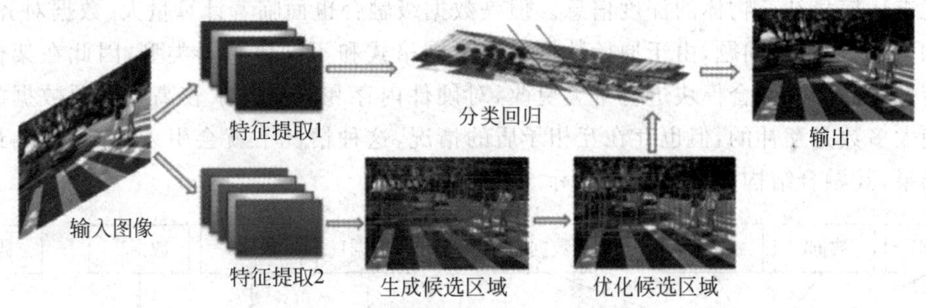

图 6.8　蔡英凤等提出的融合检测网络结构

智能汽车对周围环境的感知能力决定了后续的规划决策和整车控制，是智能汽车安全行驶的前提条件，单传感器本身具有不同的感知缺陷，多传感器融合成为无人驾驶检测技术的重点研究方向。

6.3　多传感器信息融合算法

多传感器信息融合(multi-sensor information fusion，MSIF)，就是利用计算机技术将来自多传感器或多源的信息和数据，在一定的准则下加以自动分析和综合，以完成所需要的决策和估计而进行的信息处理过程。

6.3.1　多传感器融合结构

根据融合网络输入数据的不同可以把基于神经网络的融合算法分为数据级融合、特征级融合和决策级融合。Cui Yaodong 等也将这 3 种融合算法称为低级数据融合、中级数据融合、高级数据融合。根据融合网络输入输出的不同将融合网络分为以下几种类型。

(1) 输入数据输出数据型(data in，data out)。输入的数据是各个传感器采集的数据，输出则是经过预处理的数据，如数据增强、数据对齐等。

(2) 输入数据输出特征型(data in，feature out)。输入的数据是各个传感器采集的数据，输出是从原始数据中提取的特征向量。

(3) 输入特征输出特征型(feature in，feature out)。输入和输出的是特征向量，这类通常也被称为特征融合、符号融合或信息融合。

(4) 输入特征输出决策型(feature in，decision out)。输入的是特征向量，输出的是决策。

(5) 输入决策输出决策型(decision in，decision out)。输入和输出的都是决策，通常被称为决策融合网络。

1. 数据融合方式

数据级融合方式是底层的融合方式，其首先将来自相同传感器或不同传感器采集的原始数据进行数据对齐、数据关联等融合操作，然后将融合后的数据进行数据预处理并送入特征提取算法进行特征提取，最后根据提取的特征得到最后的检测结果。数据级融合的优势是尽可能保留原始数据中物体的信息，避免信息的丢失，来自多源的数据也会相互补偿，丰富数据信息，捕捉到单一传感器捕捉不到的信息，例如，相机和激光雷达的数据融合就能通过激光雷达信息补充物体的深度信息。但是数据级融合也面临着计算量大、数据对齐(时间对齐和空间对齐)等问题，由于原始数据采用不同格式和不同传感器类型，因此在架构中添加新传感器需要对融合模块进行重大更改，对硬件内存和算力要求较高。多源数据的数据信息绝大多数是互补的，但也存在互相矛盾的情况，这种情况下就会引入噪声，影响最终的感知结果，其融合结构如图 6.9(a)所示。

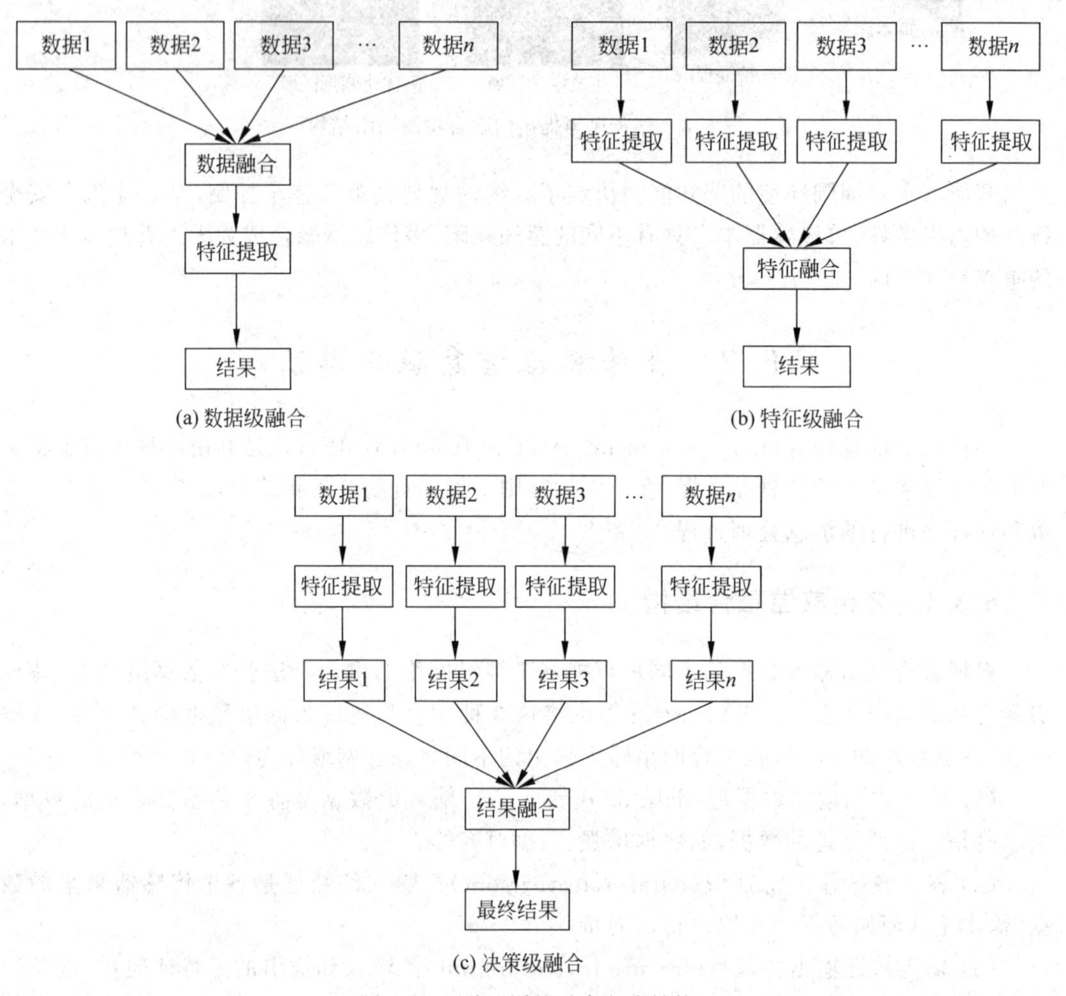

图 6.9　3 种不同的融合方式结构

2. 特征融合方式

特征级融合方式首先将各个传感器采集的数据分别送入对应的特征提取算法，对数据进行特征提取，然后将提取后的特征进行融合，最后得到融合后的检测结果。根据数据的不同，提取的特征也不相同，基于图像数据提取的特征会包含检测物体的边界、尺寸大小、类别等，基于激光雷达数据提取的特征包含物体的 3D 尺寸数据、物体表面材料、物体距离信息等。

大多数基于深度学习的方法利用神经网络提取特征，对不同传感器提出的特征之间做级联或者加权，如 RoarNet、AVOD、MV3D、F-PointNet 等。特征级融合的主要优点是能够减少传感器数据到融合模块的带宽，特征级融合保留了低级融合的分类和预处理能力，能够将相关数据有效地集成到跟踪算法中，并且可以通过提升特征的互补性来提升检测精度。相较于数据级融合方式，由于对各个传感器的原始数据首先进行了特征的提炼，使得传入检测网络的数据量大大减少，故特征级融合方式检测速度快、实时性好，但也会丢失部分细节，检测精度往往不如数据级融合方式高，融合结构如图 6.9(b)所示。

3. 决策融合方式

决策级融合是对各个传感器采集的信息分别进行特征提取并做出决策，然后对所有的决策信息进行融合，进行相关的处理并做出最终的决策。决策级融合具有两个优势：一是其模块化和传感器特定细节的封装，当某个传感器出现故障不能做出决策时，不影响其他的传感器工作，继而提高了感知系统的鲁棒性，保证了智能汽车感知系统的正常工作；二是决策级融合方式的数据流在中间没有融合，没有中间的复杂融合过程，因此，速度会更快，融合结构如图 6.9(c)所示。

6.3.2　融合算法分类

随着传感器的生产成本不断降低，多传感器融合的硬件水平已经满足基本的工业要求，多传感融合算法成为研究的热点。多传感器数据融合的常用方法基本上可概括为经典方法和现代方法两大类。经典方法有加权平均法、卡尔曼滤波法、最小二乘法、贝叶斯估计法、Dempster-Shafer(D-S)证据推理等；现代方法则有模糊逻辑理论、神经网络、粗集理论、专家系统等。可以预见，神经网络和人工智能等新概念、新技术在多传感器数据融合中将起到越来越重要的作用。如图 6.10 所示为常见的数据融合方法。

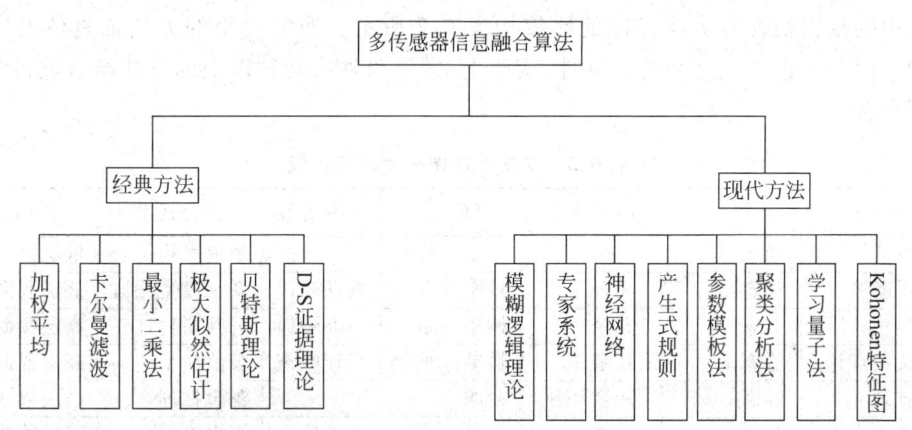

图 6.10　常用的数据融合方法

(1) 卡尔曼滤波法。卡尔曼滤波法主要用于融合低层次实时动态多传感器冗余数据。该方法用测量模型的统计特性递推，决定统计意义下的最优融合和数据估计。如果系统具有线性动力学模型，且系统与传感器的误差符合高斯白噪声模型，则卡尔曼滤波将为融合数据提供唯一统计意义下的最优估计。卡尔曼滤波的递推特性使系统处理不需要大量的数据存储和计算。但是，采用单一的卡尔曼滤波器对多传感器组合系统进行数据统计时，存在很多严重的问题,例如:①在组合信息大量冗余的情况下,计算量将以滤波器维数的三次方剧增,实时性不能满足;②传感器子系统的增加使故障随之增加,在某一系统出现故障而没有来得及被检测出时,故障会污染整个系统,使可靠性降低。

(2) 加权平均法。相较于其他算法,理解起来较简单。该方法将一组传感器提供的冗余信息进行加权平均,结果作为融合值,该方法是一种直接对数据源进行操作的方法。

(3) 人工神经网络法。神经网络具有很强的容错性以及自学习、自组织及自适应能力,能够模拟复杂的非线性映射。神经网络的这些特性和强大的非线性处理能力,恰好满足了多传感器数据融合技术处理的要求。在多传感器系统中,各信息源所提供的环境信息都具有一定程度的不确定性,对这些不确定信息的融合过程实际上是一个不确定性推理过程。神经网络根据当前系统所接受的样本相似性确定分类标准,这种确定方法主要表现在网络的权值分布上。同时,可以采用神经网络特定的学习算法来获取知识,得到不确定性推理机制。利用神经网络的信号处理能力和自动推理功能,即实现了多传感器数据融合。

(4) 模糊逻辑理论法。基于多值逻辑但又与传统的二值逻辑不同,其对人的不确定性概念判断和推理思维方式进行模仿。模糊逻辑推理相较于其他的算法,大大提高了融合的精度,但主观性较大,融合的精度受人为因素影响大。

(5) 贝叶斯估计法。基于先验概率,将新的数据信息和先验信息进行融合得到新的概率,以此循环进行多传感器融合感知任务。基于贝叶斯估计法的多传感器融合算法缺点明显,即可能需要耗费大量的时间和精力,原因是贝叶斯估计法基于先验概率,在没有提供先验概率的情况下,需要大量的数据统计来充当先验概率,这需要大量的时间和精力。

(6) D-S 证据推理。它是基于贝叶斯估计发展而来的,克服了贝叶斯估计需要先验概率的缺陷,提出了置信区间和不确定区间的新概念。D-S 证据推理实质就是将多个传感器获得的信息按一定的规则进行选择组合,最终对检测目标进行分类和定位。

常用的数据融合方法及特性的比较如表 6.2 所示。通常使用的方法依具体的应用而定,并且,由于各种方法之间的互补性,实际上,常将两种或两种以上的方法组合进行多传感器数据融合。

表 6.2 常用的数据融合方法比较

融合方法	运行环境	信息类型	信息表示	不确定性	融合技术	适用范围
加权平均	动态	冗余	原始读数值		加权平均	低层数据融合
卡尔曼滤波	动态	冗余	概率分布	高斯噪声	系统模型滤波	低层数据融合
贝叶斯估计	静态	冗余	概率分布	高斯噪声	贝叶斯估计	高层数据融合
统计决策理论	静态	冗余	概率分布	高斯噪声	极值决策	高层数据融合
证据推理	静态	冗余互补	命题		逻辑推理	高层数据融合
模糊推理	静态	冗余互补	命题	隶属度	逻辑推理	高层数据融合
神经元网络	动态/静态	冗余互补	神经元输入	学习误差	神经元网络	低/高层
产生式规则	动态/静态	冗余互补	命题	置信因子	逻辑推理	高层数据融合

根据最新的研究进展以及上述分析所面临的挑战,多任务融合模块能充分利用各个传感器捕获的数据,在完成多任务的同时而不增加系统的复杂程度。由于传感器本身检测的距离有限、角度有限、捕捉的物体的属性有限,随着车载传感器在智能汽车上部署得越来越多,相应的算法也越来越复杂,参数也随之增加,加入车载通信技术(vehicle-to-everything,

V2X)是一个不错的选择。如果智能汽车与周边其他交通参与者建立了联系,则感知范围将更大、更精确,同时遮挡问题、跟踪问题将迎刃而解。数据的共享将大大减小对车载感知系统的依赖,随之对计算资源占用也会降低。训练出优秀的融合算法需要优秀的数据集,但是目前的无人驾驶数据集都存在或多或少的缺陷,针对极端场景的数据尤其缺乏。因此,基于无监督的融合算法将成为新的研究方向,这会大大降低对数据集的需求,降低训练的成本。车载计算单元的算力有限,但是需要完成的计算任务却很多。在感知方面,智能汽车往往需要同时进行多目标检测、跟踪、语义分割、定位等任务,若每项任务都单独部署一个感知算法,则车载计算单元算力明显不够,若能设计出一种检测算法同时能满足多种感知需求,算力不足问题将会迎刃而解。在 2D 目标检测方向,CenterNet 设计出了可用于 3D 检测、2D 检测和人体关键点检测的神经网络;基于图像和激光点云融合算法 MMF 也实现了同时完成地图绘制、3D 检测、2D 检测和深度估计(depth completion)任务。之前的研究基本是基于单一融合方式,即数据级融合、特征级融合和决策级融合中的一种,MV3D 证明了不只有 3 种主流的融合方式,不同融合方式的组合使用可能会带来更好的检测效果。

6.4　自动驾驶中多传感器融合案例分析

2020 年云栖大会上,阿里自动驾驶研发业务归并入达摩院自动驾驶实验室后推出一款无人配送小车——"小蛮驴"。如图 6.11 所示,"小蛮驴"两侧采用电动双开推拉门,车厢的格口的数量和大小规格支持定制,在满载时,一台"小蛮驴"可装下 50 件常规尺寸包裹。作为一款集成 L4 级自动驾驶技术的机器人,"小蛮驴"的车顶一前一后配备了 2 枚激光雷达,车上还有多枚摄像头组成环视系统以及毫米波雷达以及惯性导航等配置。

图 6.11　阿里"小蛮驴"

达摩院自研的感知算法让机器人能够识别厘米级障碍物,高精定位算法让机器人能在无 GPS 环境下实现厘米级定位,意图预测算法则赋予了机器人超强意图识别能力,只用 0.01s 就能判别 100 个以上行人和车辆的行动意图。机器人还拥有大脑决策、小脑冗余、异常检测刹车等五重安全设计,以确保其安全。

作为环境感知的重要手段,激光雷达与摄像头、毫米波雷达一起构成高度自动驾驶的"感知之眼"。传统的摄像头通常使用多个光学摄像头构成类似人眼的双目结构,通过三角测距等算法测出深度信息,其测距精度和最大距离较低,受外界光线等环境影响严重,不适用于强光及夜间环境,无法独立运作,目前凭借较高的空间分辨率(小于 0.1°)进行场景辅助判别。毫米波雷达是目前应用的主要车载传感器,与传统雷达的原理相似,通过发射波束并接受反射来探测物体,探测距离超过 200m,可全天候工作,但其空间分辨率有限,无法对远距离场景进行准确判断。激光雷达能够独立三维建模,其探测距离长,可以快速获取位置深度信息,其水平分辨率能够达到 1°以内、垂直分辨率达到 2°以内,已经足以满足各类场景、物体的判断条件,但其穿透能力较弱,不适用于雨雾天气。激光雷达是这三种环境感知传感器中综合性能最好的一种,但是其在天气适应性方面存在明显的短板,因此与其他传感器融合应用是自动驾驶的必然之路。

参考文献

[1] Hall D L,Llinas J. An introduction to multi sensor data fusion[J]. ProcIEEE,2004,85(1): 6-23.

[2] 周浩敏,钱政. 智能传感技术与系统[M]. 北京: 北京航空航天大学出版社,2008.

[3] Waltz E,Lilnas J. Multi sensor data fusion[M]. Boston: Artech House,2000: 9-17.

[4] Sasiadek J Z. Sensor fusion[J]. Annual Reviews in Control,2002,26(26): 203-228.

[5] Maurer M,Gerdes J C,Lenz B,et al.. Autonomous vehicles and autonomous driving in freight transport [M]//Autonomous Driving. Springer,Berlin,Heidelberg,2016: 365-385.

[6] Zoltán P,Iván E,Levente H. Accurate calibration of multi LiDAR-multi-camera systems[J]. Sensors, 2018,18(7): 2139-2161.

[7] Pan Wei,Lucas C,Tasmia R,et al.. LiDAR and camera detection fusion in a real time industrial multi-sensor collision avoidance system[J]. Electronics,2018,7(6): 84-84.

[8] 薛良金. 毫米波工程基础[M]. 哈尔滨: 哈尔滨工业大学出版社,2004: 23-24.

[9] Alencar F,Rosero L,Filho C M,et al.. Fast metric tracking by detection system: Radar blob and camera fusion[C]//Proceed 2015 12th Latin American Robotics Symp 2015 3rd Brazilian Symp Robotics(LARS-SBR),Recife,Brazil,2016.

[10] Lee S,Yoon Y J,Lee J E,et al.. Human-vehicle classifification using feature-based SVM in 77-GHz automotive FMCW radar[J]. IET Radar Sonar Navigation,2017,11(10): 89-96.

[11] Etinger A,Balal N,Litvak B,et al.. Non-imaging MM Wave FMCW sensor for pedestrian detection [J]. IEEE Sensors J,2014,14(4): 1232-1237.

[12] Scharstein D,Szeliski R. A taxonomy and evaluation of dense two-frame stereo correspondence algorithms[J]. Int'l J Comput Vision,2002,47(1): 7-42.

[13] Sungdae S,Juil S,Kiho K. Indirect correspondence based robust extrinsic calibration of LiDAR and camera[J]. Sensors,2016,16(6): 933.

[14] Cho H,Seo Y W,Kumar B,et al.. A multi-sensor fusion system for moving object detection and tracking in urban driving environments[C]//Proceed IEEE Int'l Conf Robot Auto,Hong Kong, China,2014.

[15] Ji Rongrong,Duan Lingyu,Chen Jie,et al.. Mining compact bag-of-patterns for low bit rate mobile visual search[J]. Image Processing,2014,23(7): 3099-3113.

[16] Zhao Sicheng,Chen Lujin,Yao Hongxun,et al.. Strategy for dynamic 3D depth data matching towards robust action retrieval[J]. Neurocomputing,2015,151(2): 533-543.

[17] Guan Dayan,Cao Yanpeng,Yang Jiangxin,et al.. Fusion of multispectral data through illumination-aware deep neural networks for pedestrian detection[J]. Info Fusion,2018(50): 1097-1105.

[18] Qi C R,Liu Wei,Wu Chenxia,et al.. Frustum pointnets for 3d object detection from rgb-d data[C]// Proceed IEEE Conf Comput Vision Pattern Recog. Salt Lake City,Utah,2018: 918-927.

[19] Vora S,Lang A H,Helou B,et al.. Pointpainting: Sequential fusion for 3d object detection[C]// Proceed IEEE/CVF Conf Comput Vision Pattern Recog. Seattle, WA, United States, 2020: 4604-4612.

[20] Jiang Qiuyu,Zhang Lijun,Meng Dejian. Target Detection algorithm based on MMW radar and camera fusion[C]//Proceed 2019 IEEE Intel Transport Syst Conf-ITSC,Auckland,New Zealand,2019.

[21] Chadwick S,Maddern W,Newman P. Distant vehicle detection using radar and vision[C]//2019 Int'l Conf Robot Autom(ICRA). IEEE,Montreal,Canada,2019: 8311-8317.

[22] He Kaiming,Zhang Xiangyu,Ren Shaoqing,et al.. Deep residual learning for image recognition[C]// 2016 IEEE Conf Comput Vision Pattern Recog(CVPR),Las Vegas,USA,2016.

[23] John V,Mita S. RVNet: Deep sensor fusion of monocular camera and radar for image-based obstacle detection in challenging environments[C]//Proceed Pacific-Rim Symp Image and Video Tech, Sydney,NSW,Australia,2019.

[24] Wang Xiao,Xu Linhai,Sun Hongbin,et al.. On-road vehicle detection and tracking using MMW radar and Monovision fusion[J]. IEEE Trans Intel Transport Syst,2016,17(7): 2075-2084.

[25] Wang Jiangang,Chen Simonjian,Zhou Lubing,et al.. Vehicle detection and width estimation in rain by fusing radar and vision[C]//Proceed 2018 15th Int'l Conf Contr, Autom, Robot Vision(ICARCV), Salt Lake City,Utah,2018.

[26] 王海,刘明亮,蔡英凤,等. 基于激光雷达与毫米波雷达融合的车辆目标检测算法[J]. 江苏大学学报(自然科学版),2021,42(4): 6.

[27] Liu Ze,Cai Yingfeng,Wang Hai,et al.. Robust target recognition and tracking of self-driving cars with radar and camera information fusion under severe weather conditions[J]. IEEE Trans Intel Transport Syst,2021(99): 1-14.

[28] Cui Yaodong, Chen Ren, Chu Wenbo, et al.. Deep learning for image and point cloud fusion in autonomous driving: A review[J]. IEEE Trans Intel Transport Syst,2020: 1-18.

[29] Liang Ming, Yang Bin, Wang Shenlong, et al.. Deep continuous fusion for multi-sensor 3D object detection[C]//Proceed Europ Conf Comput Vision(ECCV). Munich Germany,2018: 641-656.

[30] Meyer G P, Charland J, Hegde D, et al.. Sensor fusion for joint 3d object detection and semantic segmentation[C]//Proceed IEEE/CVF Conf Comput Vision Pattern Recog Workshops. Long Beach, CA,USA,2019.

[31] Gao J B, Harris C J. Some remarks on Kalman filters for the multi sensor fusion[J]. Information Fusion,2002,3(3): 191-201.

[32] Waltz E,Lilnas J. Multi sensor data fusion[M]. Boston: Artech House,2000: 9-17.

[33] Hald L. Mathematical technique in multi-sensor data fusion[M]. London: Artech House, 2000: 15-21.

第7章

自动驾驶规划与决策系统

7.1 自动驾驶规划与决策系统简介

无人车是如何自动行驶到达预设的目的地的？无人车的“大脑”——自动驾驶规划与决策系统，是如何制定行驶路线的？它需要哪些信息，该系统内部又是怎么分工的？本章将简要地解答这些问题。

7.1.1 自动驾驶系统软件架构

面对“自动驾驶的规划与决策”这类复杂问题，我们可采用“分而治之”的处事原则，对问题采用分模块、分层的方式加以分解，逐一击破。

如图 7.1 所示，自动驾驶系统类似机器人系统，可按感知、规划与控制的模式运行。其中路径规划与决策主要涉及任务规划、行为决策、运动规划与轨迹追踪四层。特别地，本章中的路径(path)是指从给定的起点到终点，由一系列路径点(waypoint)连接而成的曲线，而轨迹(trajectory)在各路径点上还给出了速度、加速度等时间相关的信息。

任务规划(mission planning)层负责全局路由寻径，依据地图、静态障碍物和历史路况等信息，搜索一条从起点到终点的“全局路径”。

行为决策(behavior decision)层依据感知的环境、车流量等信息，实时验证全局路径的可行性。可行时，产生遵循全局路径行驶的行为；不可行时，产生避障、超车、跟车、加速等行为，并调用动作规划层进行重规划(replanning)，以回归到全局路径上。

运动规划(motion planning)层在车辆运动中，按行为决策层指示，参考全局路径，动态生成可行的轨迹(trajectory)，指导轨迹追踪层实施控制。鉴于车况、路况的高速变化，地图信息的不完整及车辆的有限算力，该轨迹通常对应全局路径的一部分。运动规划可细分为路径规划和速度规划两部分，可先后或统一进行。如图 7.2 所示，路径规划生成一条路径点

(waypoint)连成的曲线；考虑到车辆的非完整性(nonholonomic)，路径需作平滑(path smoothing)处理。速度规划在满足时间、动力学限制、其他控制条件和行为决策要求的前提下，对各路径点填充速度、加速度等信息，也称轨迹生成(trajectory generation)或轨迹规划(trajectory planning)。

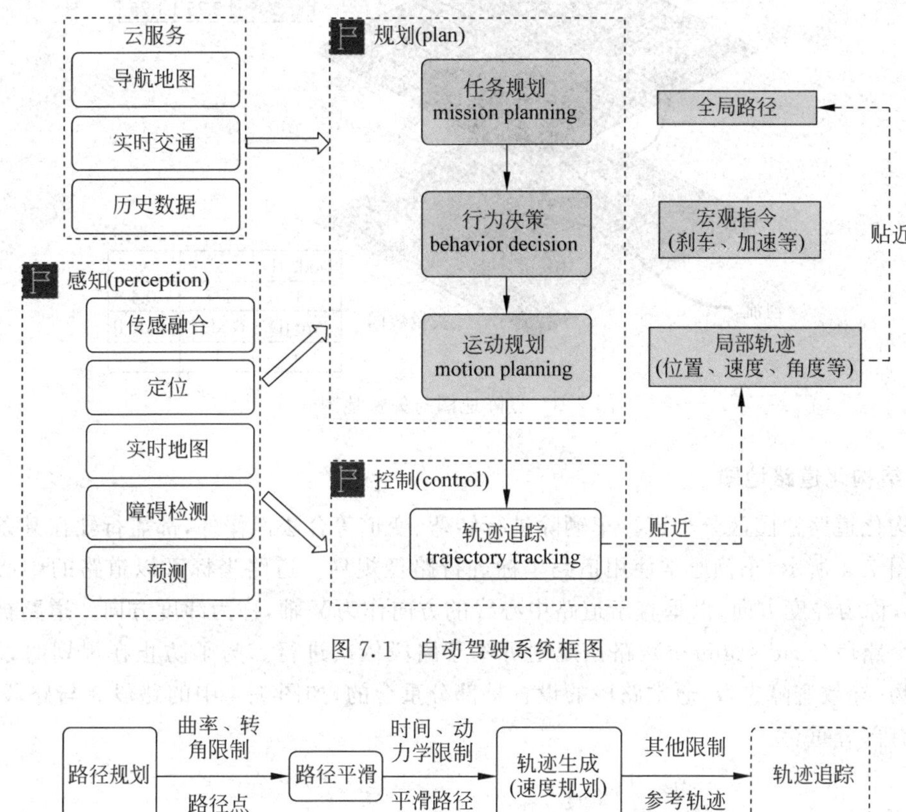

图 7.1 自动驾驶系统框图

图 7.2 运动规划详解

轨迹追踪(trajectory tracking)层以适当的控制信号驱动车辆，使车辆的运动尽可能贴合运动规划层所产生的参考轨迹。

路径规划可看作是一种“宏观”的粗粒度规划，而轨迹生成则负责产生“微观”的路径，两者是相辅相成的。宏观路径的设想是粗略的，类似于人对自己未来的初步规划，受限于现实情况，我们需要与时俱进地根据实际情况进行调整，从而有了轨迹生成这些步骤。由于生成的参考轨迹对控制器而言仍然是理想的目标，所以还需要用轨迹追踪的方式保证不偏离航向。

7.1.2 地图抽象

任务规划算法与部分运动规划算法依赖于地图的构建。按表示方式(见图 7.3)，地图可分为点阵地图和矢量地图；按车辆是否行驶在车道上，地图可分为结构化道路地图和自由空间地图。

地图能为我们指示周围环境与道路的情况，避开不必要的危险，指明前进的方向，具体采用的地图应与实际情况相符合。面对相同的地理环境可能有不同的抽象方式,需要选取最合适的。

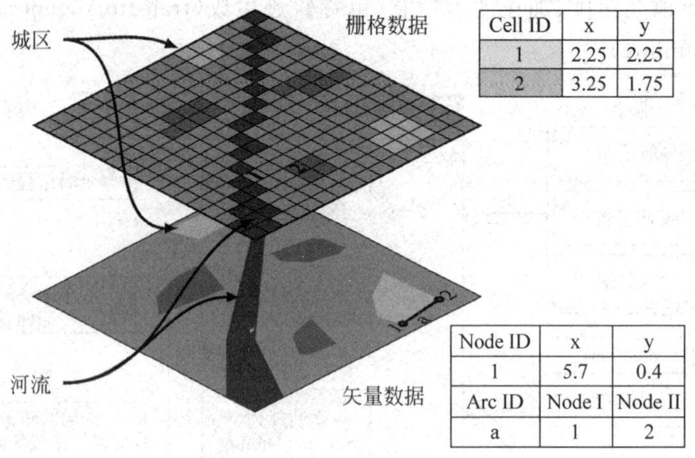

Cell ID	x	y
1	2.25	2.25
2	3.25	1.75

Node ID	x	y
1	5.7	0.4
Arc ID	Node I	Node II
a	1	2

图 7.3 点阵地图与矢量地图

1. 结构化道路地图

结构化道路地图区分车道。车辆除进行转弯、变道等合法操作外,都需行驶在某条车道上。如图 7.4 所示,车辆通常使用道路坐标进行路径规划。道路坐标系以道路的中心线作为 X 轴,称为经度方向,以垂直于道路中心线的方向作为 Y 轴,称为纬度方向。道路被划分为若干个路段(road segment),路径规划可基于路段依次进行。为了防止在规划时过分接近障碍物,导致避障失败,通常路段的设置是部分重合的,如图 7.4 中的路段 3 与路段 1、路段 2 皆有部分重合。

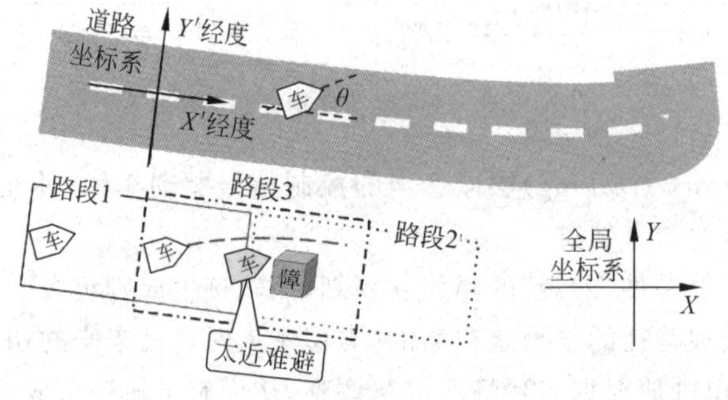

图 7.4 坐标系与逐路段规划

图 7.5 展示了含 4 个路口的双车道结构化道路地图。相邻路段的衔接处可创建一个节点,在路口附近则可添加直行过路口、左转、右转等三种虚拟路段。根据车辆控制的代价,可对各路段设置权值,可假设左转代价最高,右转次之,直行过路口再次之,非路口直行代价最低。当然也可根据路面平滑度、坡度等其他情况对权值作相应调整。图 7.5 可转换为图 7.6 所示的有向图。假设道路内直行的代价为 5,左转代价为 8,右转代价为 7,直行过路口代价为 6,同时节点对$\{n_8,n_9\}$、$\{n_{10},n_{11}\}$、$\{n_{12},n_{13}\}$不作区分,可设一个虚拟权值 0。

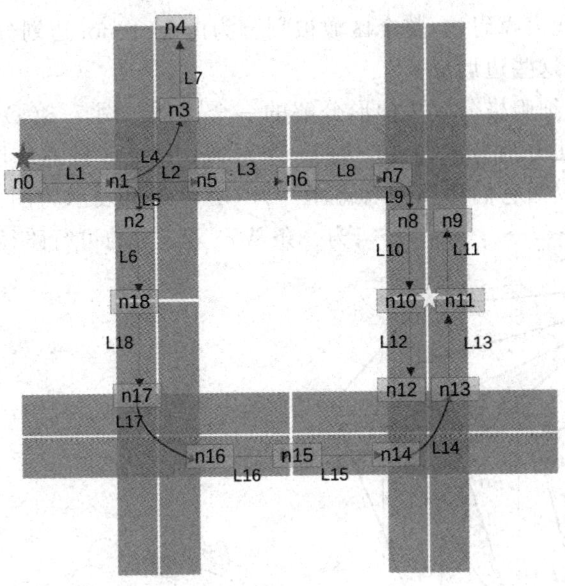

图 7.5 结构化道路地图

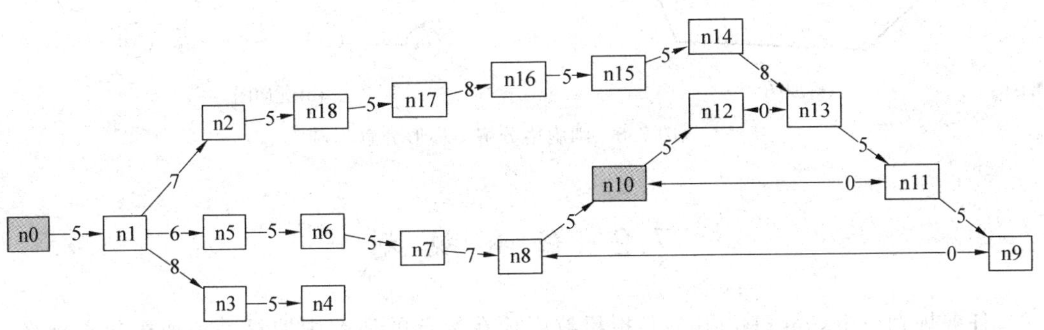

图 7.6 结构化道路有向图

2. 自由空间地图

自由空间地图不划分车道，车辆可行驶在给定空间内的任意位置上。常采用路标图(road map)和细胞格分解(cell decomposition)的相关算法产生近似的地图，以供搜索。

图 7.7(a)展示了一个可视图，其中黑色部分为障碍物，图中的边则根据可视性生成。从起点 start 到终点 goal 的可行路径必须由可视边连接而成。图 7.7(b)展示了 Voronoi

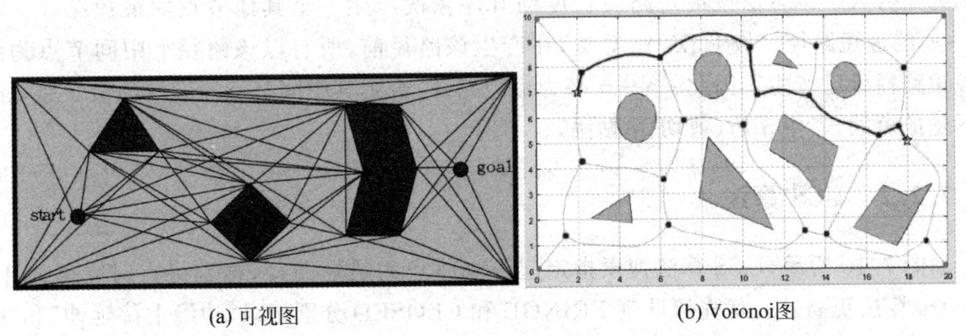

(a) 可视图 (b) Voronoi图

图 7.7 路标图

图，图中的阴影部分代表障碍物，整个区域被划分为由 Voronoi 边划分的子区域。起点至终点的路径也必须通过这些边形成。

图 7.8 则展示了细胞格分解—梯形分解的一个实例。图 7.8(a)中的阴影部分代表障碍物，其余部分被算法分割为 c_1 至 c_{15} 的 15 个区域；每个区域对应图 7.8(b)中的一个顶点，顶点间有边当且仅当它们相邻。因此，图 7.8(a)可等价表示为图 7.8(b)中展示的无向图，其中 $c_1 \to c_2 \to c_4 \to c_5 \to c_7 \to c_{14} \to c_{15}$ 为一条从 c_1 至 c_{15} 的可行路径。

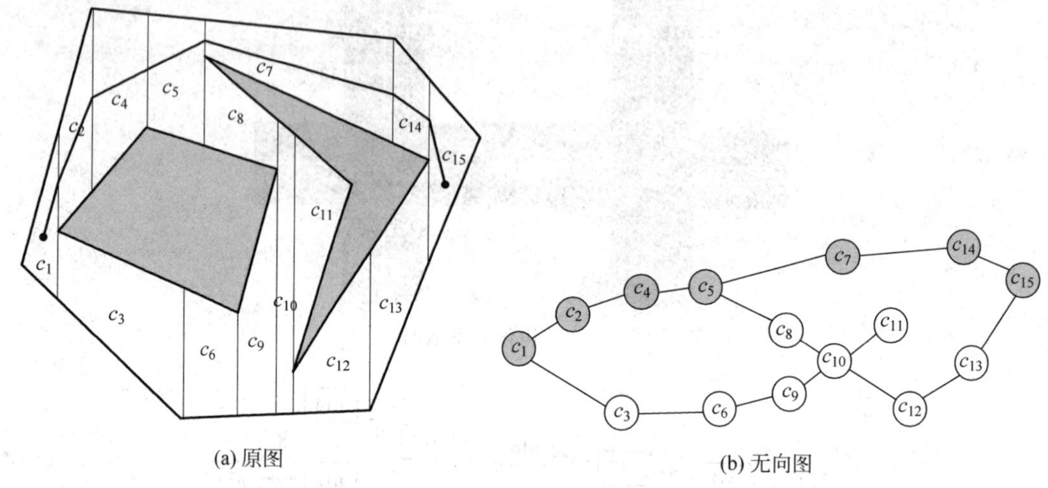

图 7.8 细胞格分解—梯形分解

7.2 任务规划

任务规划(mission planning)是指粗粒度地在给定的地图中搜寻一条连接起点到终点的路径。任务规划通常不考虑动态障碍物(如车和行人)对行车路径的影响。常见的算法包括 Dijkstra 算法、uniform cost search(ucs)算法与 A^* 算法。

7.2.1 Dijkstra 算法

Dijkstra 算法可产生从起点到所有其他节点的最短路径。图 7.9 展示了 Dijkstra 算法的基本思路。dist 数组记录了每个节点的代价。起点 s 的代价初始为 0，其余节点的代价初始化为无穷大。该算法按最短路径长度的升序依次产生 s 至其他节点的最短路径。考虑 $s \rightsquigarrow v$ 的最短路径。按 Dijkstra 算法，在产生该路径前，所有以该路径上中间节点为终点的最短路径皆已产生。因此 $s \rightsquigarrow v$ 必为最短路径，否则其中间节点所涉及的最短路径必有些不是最短的，产生矛盾(剪切-粘贴法)。

7.2.2 UCS 算法

如图 7.10 所示，UCS 算法搜索指定起点到终点的最短路径，搜到终点时立即停止，较 Dijkstra 算法更高效。优先级队列 FRINGE 和 CLOSED 分别记录“边缘上待延伸”和“已找到最短路径”的节点集，其余节点尚未被遍历。先将起点 s 加入 FRINGE。当 FRINGE 非空时,到起点代价最小者 u 被取出,将其加入 CLOSED。尝试更新 u 的不在 CLOSED 中的邻居 v 的代价：若 v 未被遍历,修改其代价为 u 的代价与边 (u,v) 的权值和,将其加入 FRINGE；若 v 在 FRINGE 中且通过 u 可减少 v 的代价,更新 v 的代价。

```
Input: 图 G = (V, E), 起点 v
Result: 起点 v 出发的所有最短路径
begin
    ∀x ≠ v, dist[x] ← +∞
    dist[v] ← 0
    节点集 S ← ∅, U ← V // U 是以 dist 值为键的优先级队列

    // 若 x 为最短路径的终点, 其前驱记入 path[x]
    foreach x ∈ V do
        if 边 (v, x) 存在 then
            // (v, x) 就是一条候选路径
            path[x] ← v
        else
            path[x] ← −1

    while U ≠ ∅ do
        u ← extract_min(U) // 取离起点最近者 u
        S ← S ∪ {u} // u 退出 U, 加入 S
        foreach 节点 j ∈ Adj(u) do
            if dist[j] > dist[u] + w(u, j) then
                dist[j] ← dist[u] + w(u, j)// 缓释, 并调整 U
                path[j] ← u// j 在最短路径上的前驱改为 u
                // v ⇝ j 的最短路径更新为 v ⇝ u → j
```

图 7.9　Dijkstra 算法

```
Input: 图 G = (V, E), 起点 s, 终点 t
Result: 起点 s 到终点 t 的最短路径
begin
    g(s) ← 0, π(s) ← NULL
    优先级队列 FRINGE← ∅
    节点集 CLOSED← ∅
    将 s 以键值 g(s) 加入 FRINGE
    while FRINGE ≠ ∅ do
        u ← extract_min(FRINGE)
        CLOSED ← CLOSED ∪ {u}
        if u 为终点 t then break;
        foreach v ∈ Adj(u) do
            if v ∉ FRINGE 且 v ∉ CLOSED then
                g(v) ← g(u) + w(u, v)
                π(v) ← u
                将 v 以键值 g(v) 加入 FRINGE
            else if v ∈ FRINGE 且 g(u) + w(u, v) < g(v) then
                g(v) ← g(u) + w(u, v)
                π(v) ← u
                将 v 在 FRINGE 中的优先级改为 g(v)
```

图 7.10　UCS 算法

算法从源点开始探索,逐步遍历图中的相关部分；因队列是逐渐填充的,其空间复杂度较低。

7.2.3　A* 算法

图 7.11 展示的 A* 算法对 UCS 算法做了改进。节点 x 的代价 $f(x)$ 被定义为从起点到当前节点的代价 $g(x)$ 与估算的从 x 到终点的代价 $h(x)$。若 v 未被遍历,仍然按 UCS 的思路更新 $g(v)$,同时更新代价 $f(v)$；若 v 在 FRINGE 中,且通过 u 可降低 $f(v)$,则先更

新 $g(v)$后更新 $f(v)$。当函数 $h(x)$可保证不高估到终点的代价时(admissible),A* 算法一定能找到最短路径。

```
Input: 图 G = (V, E), 起点 s, 终点 t
Result: 起点 s 到终点 t 的最短路径
begin
    g(s) ← 0, f(s) = g(s) + h(s), π(s) ← NULL
    优先级队列 FRINGE← ∅
    节点集 CLOSED← ∅
    将 s 以键值 f(s) 加入 FRINGE
    while FRINGE ≠ ∅ do
        u ← extract_min (FRINGE)
        CLOSED ← CLOSED ∪ {u}
        if u 为终点 t then break;
        foreach v ∈ Adj (u) do
            if v ∉ FRINGE and v ∉ CLOSED then
                g(v) ← g(u) + w(u, v)
                f(v) ← g(v) + h(v)
                π(v) ← u
                将 v 以键值 f(v) 加入 FRINGE
            else if v ∈ FRINGE and g(u) + w(u, v) + h(v) < f(v) then
                g(v) ← g(u) + w(u, v)
                f(v) ← g(v) + h(v)
                π(v) ← u
                将 v 在 FRINGE 中的优先级改为 f(v)
```

图 7.11 A* 算法

7.3 行为决策

行为决策(behavior decision)是指依据全局路径和动态的路况信息,作出跟车、加速、变道等决策,以修正全局路径。行为预测则预测主车、他车、行人等的未来行为。

7.3.1 基于场景和规则

类似于人类驾驶员可根据路况、行车意图和交规,采用确定性的行为进行驾驶,这里介绍一种"基于场景和规则"的行为决策方法。

单纯基于规则的行为决策比较简单,例如,图 7.12 给出了地面车辆的有限状态机模型。车辆只须根据所处的状态和发生的事件,实施预定的行为并转入新的状态即可。例如,当车辆处于"加速启动"状态时,若达到一定速度发生了 E3 事件,则自动转入"高速控制"状态。

基于场景和规则的行为决策则先要进行场景的划分。在自动驾驶过程中,主车及其周边环境可按层次划分为一些相对独立的部分,称为"场景"。例如,主车按其所处的状态和意图形成第 0 层的"主车场景";主车的左、右、前、后车辆,交通灯,人行横道等情况形成第 1 层场景;第 2 层的场景可用于描述路口情况,如四向交叉路口、丁字路口、道路分叉、道路合并等。

据此,主车在实际驾驶过程中遇到的复杂情况,包括如 China SAE 定义的车联典型应用(user case),可视为各类场景的叠加。主车可根据各类场景先依据规则与业务逻辑做出在该场景下的个体决策,然后综合各个体决策进行场景复合,产生安全的全局行为决策。当个体决策间发生冲突时,须先确保行车的安全性。

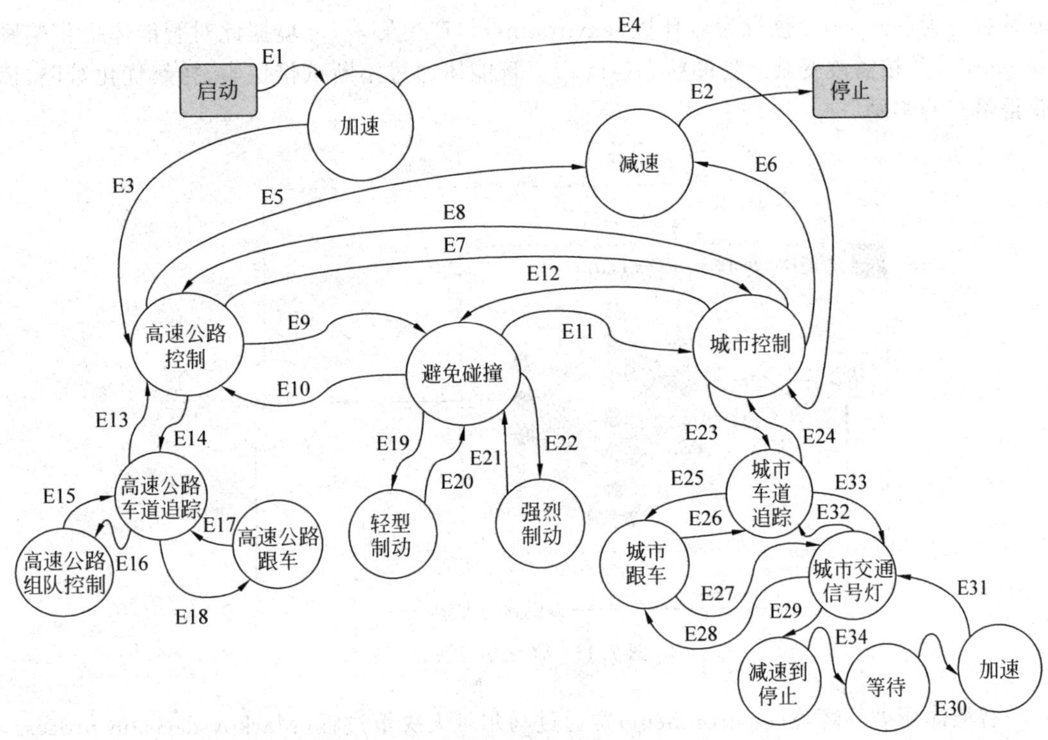

图 7.12 地面车辆 FSM

例如,主车希望加速直行。由于有前车阻碍,主车在前车场景下做出了跟车或超车的决策。同时,左、右车无法让道,在左、右车场景下主车又做出了不能超车的决策。综合各个场景,最终产生了跟车的全局决策。

图 7.13 展示了 5GAA 定义的遮挡辅助应用,可视为一系列场景的复合。主车 HV 需左转或右转,构成场景 0;丁字路口构成场景 4;人行道有行人待穿越构成场景 1,两辆远车 RV 相向而行构成场景 2 和场景 3。主车 HV 在场景 0 下做出的左转或右转行为,受限于场景 4—丁字路口。远车场景 2 和场景 3 又对主车的行为作了进一步限制,应加以避让。综合所有场景,主车方能做出合适的全局决策。

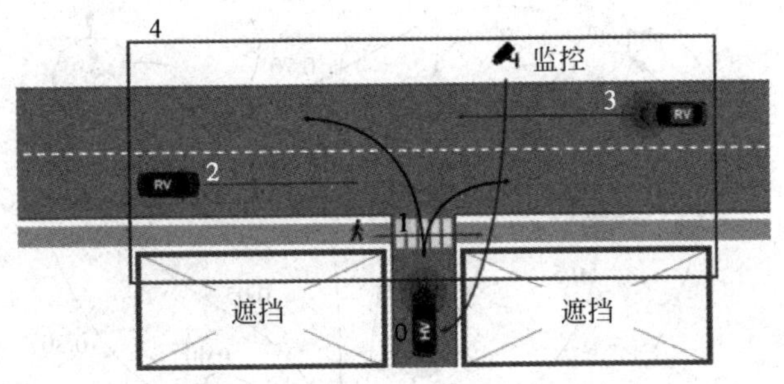

图 7.13 5GAA 遮挡辅助应用

7.3.2 基于强化学习

如图 7.14 所示,强化学习的思想大致如下:智能体(agent)根据当前策略(policy),采取某种行为(action)。该行为对环境(environment)产生影响,环境据此对智能体提供奖励(reward),并按需改变其所处的状态(state)。智能体通过不断试错探索,持续优化策略,以获得最多的奖励。

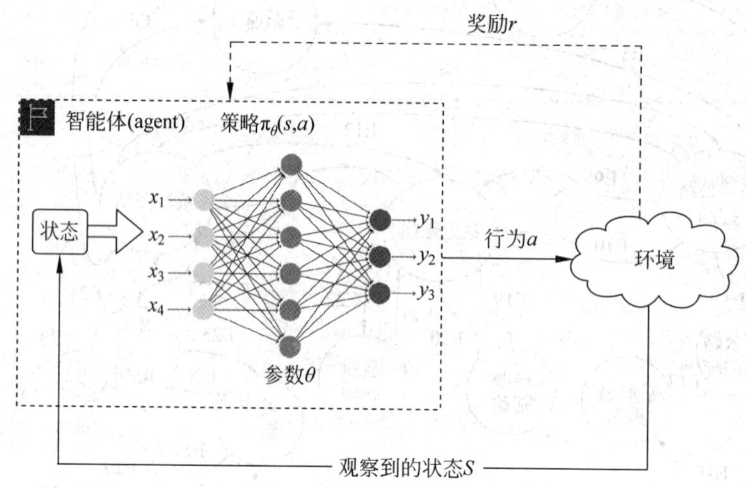

图 7.14 强化学习简介

智能体所处的环境(environment)常通过马尔可夫决策过程(Markov decision process, MDP)来近似表示。在一个 MDP 下,当前状态仅由上一刻的状态决定(Markov 性质)。一个 MDP 由$<S,A,P,R,r>$来表示。S 代表状态的有限集合;A 代表行为的有限集合;P 为状态迁移概率矩阵,其中,$P_{ss'}^{a}=P_r[S_{t+1}=s'|S_t=s,A_t=a]$代表采用行为 a 后,在下一时刻 $t+1$ 从状态 s 迁移到s'的概率;R 为奖励函数,$R_s^a=E[R_{t+1}|S_t=s,A_t=a]$代表在状态 s 下采用行为a,在下一时刻 $t+1$ 所期望获得的奖励;$r\in[0,1]$为折扣率。

图 7.15 展示了一个拥有三个状态 S_0、S_1 和 S_2 与两种行为 a_0、a_1 的 MDP。当状态 S_1 采取行为 a_0 后,它将以 0.7 的概率迁移至 S_0 并获得+5 的奖励,或以 0.2 的概率迁移至 S_2,或以 0.1 的概率回到自身,均无奖励。

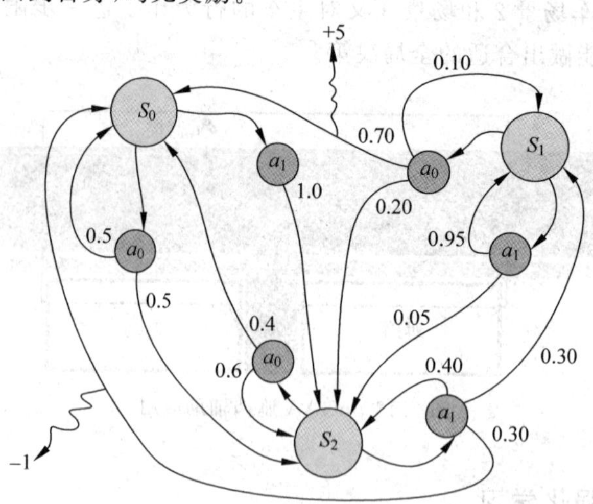

图 7.15 马尔可夫决策过程 MDP

价值函数(value function)$V(s)$用于评估智能体(agent)处于状态 s 下期望获得的奖励。各状态的价值(value)由行为策略(policy)而定。策略实际上定义了从状态到各行为的概率分布。策略函数 $\pi(s,a)$记录了在 s 下可获得最大期望奖励的行为 a。

价值函数 $V(s)$和策略函数 $\pi(s,a)$所含的共有信息可用质量函数 $Q(s,a)$表示。令 $Q(s,a)=E(R(s,s',a)+rV(s'))$,即在 s 下采用行为 a 期望获得的奖励,则 $\pi(s,a)=\text{argmax}_a Q(s,a)$,而 $V(s)=\max_a Q(s,a)$。

对于有模型(model-based)的强化学习,MDP 是已知的。可使用值迭代(value iteration)或策略迭代(policy iteration)求解。每次迭代需向前展望一步,即通过 MDP 给出的模型,根据当前状态 s 和采用的行为 a 预测下一状态 s'。

对于无模型(model-free)的强化学习,不存在对环境的模型,即 MDP 是未知的,这时可直接学习 $Q(s,a)$函数或值函数。

深度强化学习,有无模型均可。其思想是通过神经网络将相关函数参数化。例如,Q 函数可参数化为 $Q(s,a,\theta)$,其中 θ 代表神经网络中的一系列参数。

针对自动驾驶,状态集 S 可代表无人车所处的状态(由位置与所处场景共同决定);A 代表车辆行为的决策空间,如跟车、换道、左右转、让车、超车、停车等。奖励 R 可根据是否达到预期位置、安全性、舒适性等规则综合设定。模拟器可模拟环境,更新车辆所处状态,并提供奖励。

7.3.3 行为克隆

行为克隆(behaviour cloning)属于模仿学习(imitation learning)的一种。通过录制驾驶行为和相关场景所产生的日志,被导入学习算法的输入端,训练后的学习算法则产生一系列规则模仿用户驾驶的行为。如图 7.16 所示,在 NVIDA 的端到端驾驶论文中,研究者构建了一个 CNN 来预测车辆的方向盘转角,其输入为采集的左、中、右 3 个摄像头的图片(标注了相关方向盘转角、速度、刹车、油门信息)。此外,研究者在原有数据集基础上,通过旋转、平移的手段对数据进行了增强。

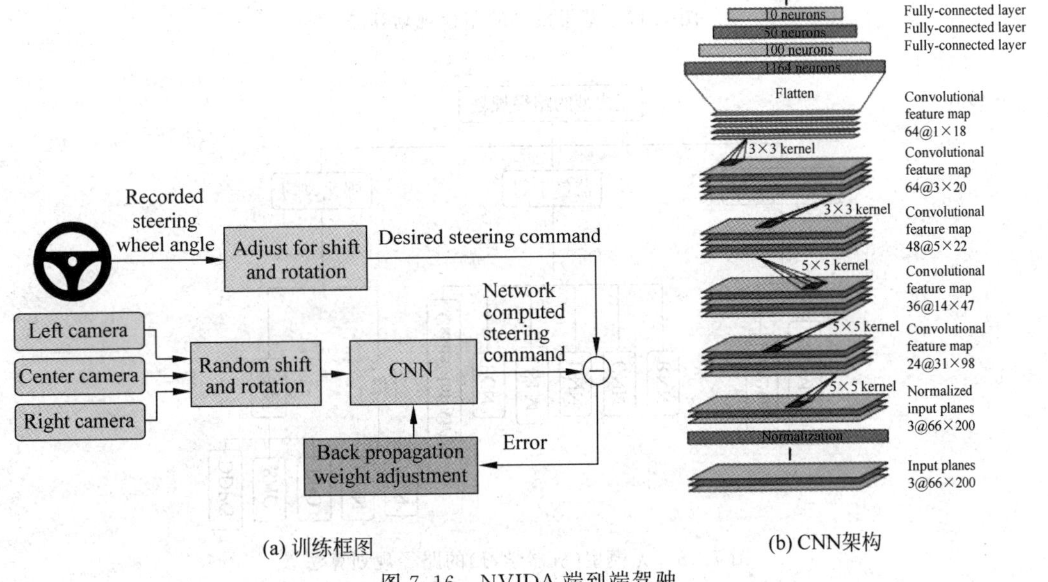

(a) 训练框图 (b) CNN架构

图 7.16 NVIDA 端到端驾驶

7.4 运动规划

运动规划(motion planning)是指依据行为决策产生相应的轨迹。也有的算法直接将行为决策与动作规划作联合处理。运动规划分为路径规划与速度规划两方面。路径规划时受限于车辆的非完整性,还需对路径进行平滑处理。

7.4.1 路径规划

1. 算法分类

路径规划算法可分为基于模型(model-based)和无模型(model-free)两大类。如图 7.17 所示,基于模型的算法可细分为组合与精确(exact)算法(调用图搜索算法)、采样类算法、动力学算法、势能类算法、优化算法等。无模型的算法指基于机器学习(如监督学习、增强学习)的算法,如图 7.18 所示。

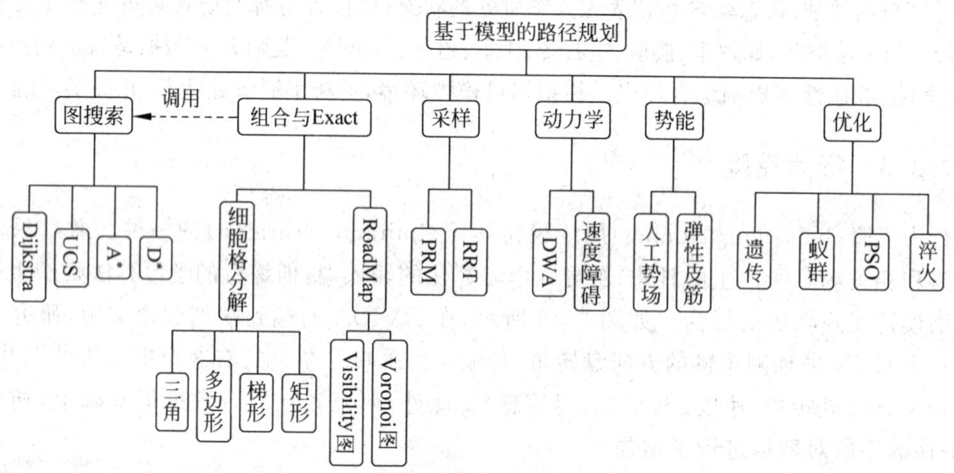

图 7.17 基于模型的路径规划算法

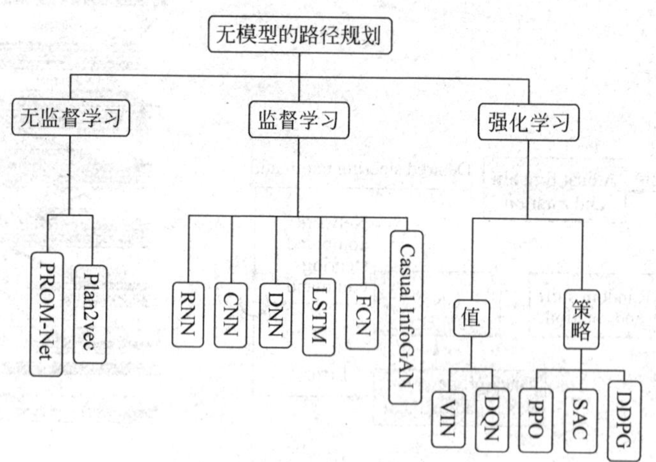

图 7.18 无模型(机器学习)的路径规划算法

2. 采样类算法

图7.19展示了RRT(rapidly exploring random tree)算法的运行思路。RRT树 T 初始只包含起点bg,该算法最多迭代itmax次。每次迭代先随机产生一个无冲突的样本点 q。无冲突是指和障碍物区域无交集。然后在树 T 中找一个离 q 最近的节点 p,试着从 p 出发向 q 方向延伸 δ 距离,得到节点 s。若 s 无冲突且边 (p,s) 不和障碍区域相交,将节点 s 和边 (p,s) 加入树 T。若 s 与终点ed十分接近,可认为已到达终点。可从 T 的根节点搜索到 s 的路径,并返回之。由于车辆受到非完整性约束的限制,还需对路径做平滑处理。

```
   Input: 起点 bg, 终点 ed, 步长 δ, 迭代数 itmax
   Result: bg 到 ed 的路径
1  begin
2      树 T 以 bg 为根
3      for i = 0; i < itmax; i++ do
4          随机产生一个无冲突的样本点 q
5          p ← 树上离 q 最近的节点
6          s ← p 向 q 方向延伸 δ 距离所得的节点
7          if T 中无离 s 很近的点, s 不冲突, 且边 (p,s) 不冲突 then
8              将节点 s 及边 (p,s) 加入 T 中
9              if s 离 ed 很近 then
10                 从 T 中搜索 bg 到 s 的路径并返回之
                   /* 需对车辆做路径平滑处理                          */
11     return 空路径
```

图7.19 RRT算法

图7.20展示了RRT寻径的几种情况,假设随机样本点 q_1 被选中,T 中离 q_1 最近的节点为 p_1,将 p_1 向 q_1 延伸 δ_1 距离后得到节点 s_1。注意到 s_1 未落在障碍区域,边 (p_1,s_1) 也不与障碍物相交,故将 s_1 和边 (p_1,s_1) 加入到树中。考虑另一个样本点 q_2,其对应的树上节点为 p_2,由于步长 δ_2 较大,s_2 落入障碍区域,因此该次尝试失败。

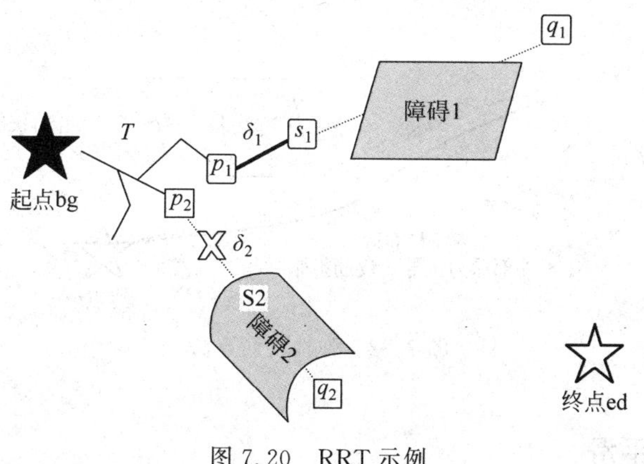

图7.20 RRT示例

RRT-link算法将图7.19的第6行进行了修改。p 以步长 δ 不断向 q 延伸,直至发生冲突。s 为最后不冲突的节点。这样可加快搜索速度。RRT* 算法在搜到路径后并不停止,而是继续扩展,当发现更短路径时,将旧路径上的多余节点去除,保留新路径上的节点,从而找到最优路径。双向RRT从起点和终点同时扩展两棵树,当两树前锋节点相逢时算法结束,可加快搜索速度。

3. 势能类算法

人工势场(artificial potential field)算法思路如图7.21所示，起点s和障碍物带负电，终点t带正电。障碍物的势能最高，终点t的势能最低。起点s的势能低于障碍物的势能，而高于其他自由空间点的势能。利用同性相斥、异性相吸的原理，物体与障碍物相排斥，而被终点所吸引。类似水往低处流，物体也趋向于从高势能位置走到低势能位置。

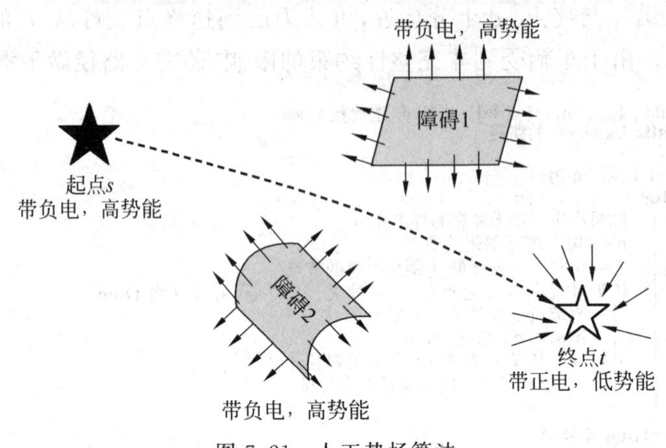

图7.21　人工势场算法

弹性皮筋(elastic strip)算法常用于重规划，其大致思路如下。路径可视为起点和终点固定的弹性皮筋，受外部斥力和内部拉力的双重影响。外部斥力使路径与障碍物远离，内部拉力保证路径尽可能短。如图7.22所示，假设已有一条从s到t的路径，当障碍2靠近路径时，外力将起主导作用，使路径向北调整(见黑色虚线)。当障碍1远离路径时，由于斥力变小，这时内部拉力起主导作用，路径进一步调整到灰色点线标注的路径。

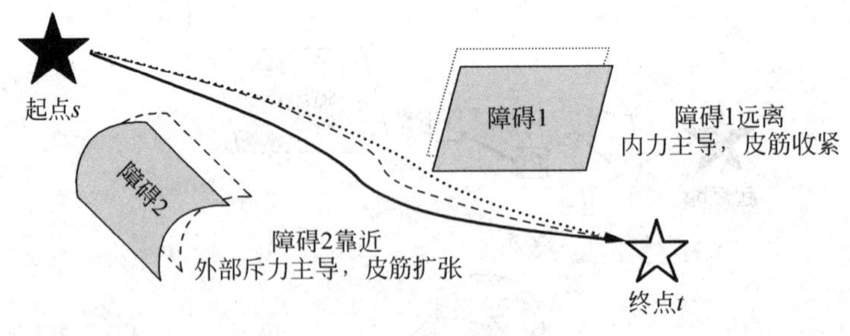

图7.22　弹性皮筋算法

7.4.2　路径平滑

路径的平滑性通常以连续性来表示。几何连续性G^i指相邻路径段在端点处相互衔接，且两者在端点上的切线向量方向一致。参数连续性C^i除满足G^i外，要求相邻路径段端点上的切线向量大小也相等。当两条曲线在p上的i阶导数相等时，它们在端点p是C^i连续的。高阶的连续性蕴涵了较低阶的连续性。C^1连续保持了速度而C^2连续保持了加速度。

如图 7.23 所示，路径平滑方法可分为基于插值、基于特殊曲线和作为优化问题求解(优化速度、加速度、翻滚、jerk 等)三类。

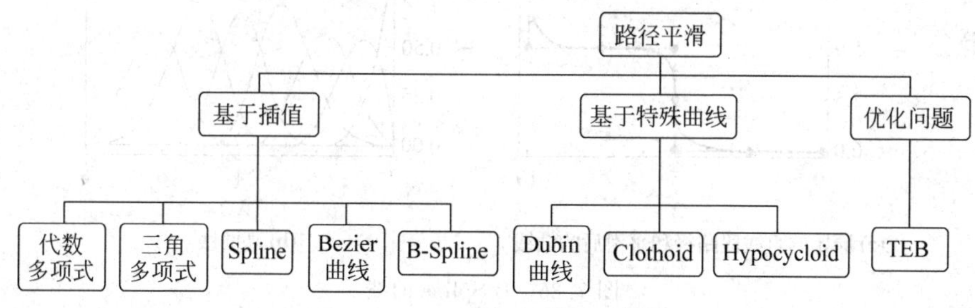

图 7.23 路径平滑方法

得到平滑路径后，可以用机器人学中的轨迹规划(trajectory planning)算法计算具体的速度和加速度。假设物体在某时间段内从 A 点运动到 B 点，则曲线段的长度可用曲线积分求得；端点上的速度、加速度可通过将曲线段函数对时间求一阶与二阶导数得到。

1. Bezier 曲线

n 个控制点 $P_0, P_1, \cdots, P_n$ 定义了一个 n 阶的 Bezier 曲线：$C(t) = \sum_{i=0}^{n} P_i B_{i,n}(t)$，其中，$B_{i,n}(t) = \binom{n}{i} t^i (1-t)^{n-i}$。如图 7.24 所示，5 个控制点定义了一条 P_0 至 P_4 的平滑路径。Bezier 曲线的计算代价较低，计算代价随阶数增长且高阶的曲线较难调整。

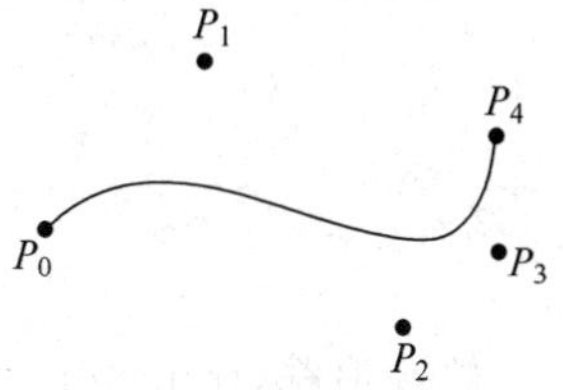

图 7.24 Bezier 曲线

2. B-Spline

B-Spline 是 Bezier 曲线的推广。设 $x_0, x_1, \cdots, x_{m-1}$ 为 m 个实数，称为结(knot)。n 阶的 B-Spline 曲线可由一系列 n 阶的 B-Spline 基曲线的线性组合得到。

曲线 $S(x) = \sum_{i=0}^{m-n-2} P_i B_{i,n}(x) (x \in [x_n, x_{m-n-1}])$ 中，P_i 为控制点，且 $m-n-1$ 个控制点形成一个凸包(convex hull)。基曲线为 $B_{j,n}(x) = \frac{x - x_j}{x_{j+n} - x_j} \times B_{j,n-1}(x) + \frac{x_{j+n+1} - x}{x_{j+n+1} - x_{j+1}} \times B_{j+1,n-1}(x)$ $(j \in \{0, 1, \cdots, m-2\})$。图 7.25(a) 展示了原始的直线段路径和平滑后的曲线，图 7.25(b) 展示了相应的基曲线。特别地，当控制点个数恰比阶数多 1，且 $x \in [0,1]$ 时，B-Spline 退化为 Bezier 曲线。

3. Dubin's 曲线

如图 7.26 所示，Dubin's 曲线是利用圆弧与直线段拼接而成的平滑路径。其具有计算简单且保证得到最短路径的优点，但不具备曲率连续性。

Bezier 曲线、B-Spline 等在计算机图形学中也有广泛应用。B-Spline 中的基样条的想法又类似于 Fourier 分析中的谐波分解。要善于利用已学的知识，通过联想应用到新的领域。

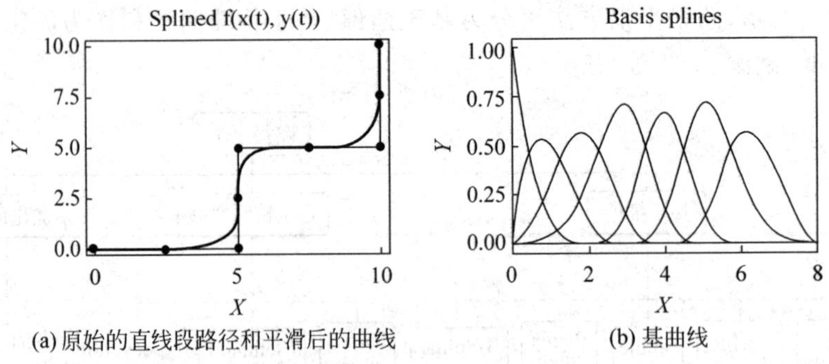

图 7.25 B-Spline 曲线

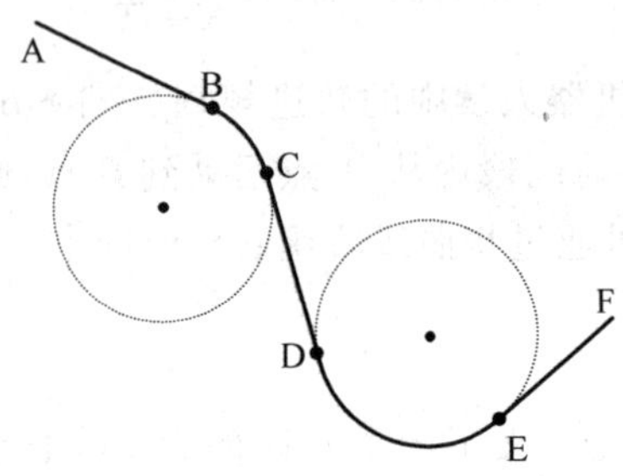

图 7.26 Dubin's 曲线

7.5 轨迹追踪

轨迹追踪(trajectory tracking)常使用 PID、MPC、模糊逻辑、强化学习等方法。

7.5.1 PID 反馈控制

在 PID 控制器中,如图 7.27 所示,比例部分 P 面向现在,根据当前误差放大或缩小输入信号;积分部分 I 面向过去,关注累积误差,增强纠错功能;差分部分 D 面向未来,预测目标将如何变化,以更快速地应对变化。图 7.28 展示了如何利用 PID 实施巡航。PID 控制器根据驾驶员预设的巡航车速和传感器当前感知到的车速,计算输出控制变量,作为反馈调整控制信号。

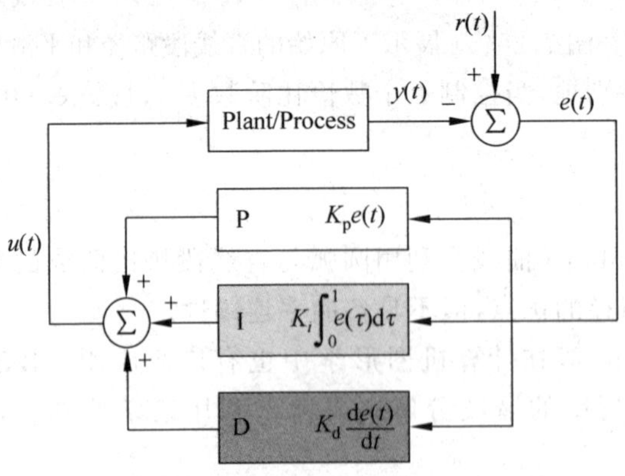

图 7.27 PID 示例

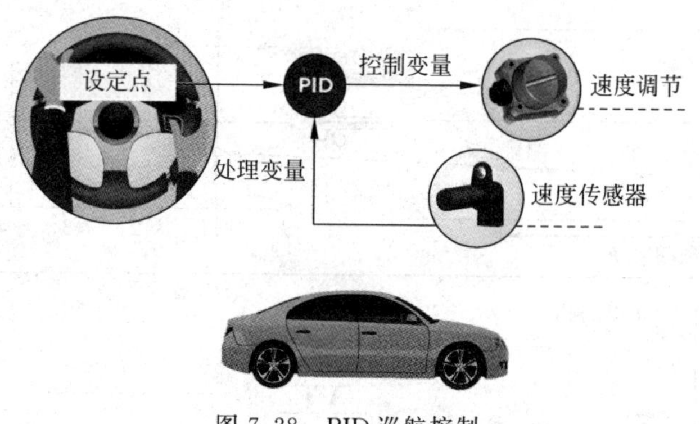

图 7.28 PID 巡航控制

7.5.2 MPC 简介

MPC(model predictive control)控制算法是一种迭代式优化算法。MPC 使用当前系统状态和外部输入来计算未来的最优控制步(control step)序列。该序列随时间变化,称为控制层(control horizon)。这些控制步在理想情况下将以最小的代价将系统送入期望的(控制)轨迹。如图 7.29 所示,在任意控制时刻 k,当前理想序列 $\{u_0 \cdots u_{M-1}\}$ 的第一个控制步 u_0 将被应用。在 $k+1$ 时刻更新时,理想序列将依据实际的内部状态和外部情况被重算,并取其首个控制步应用到系统,以此类推。图 7.30 给出了利用 MPC 控制车辆转角的方案。时刻 k 时计算了一系列转向控制,但仅选取第一个转向操作对系统实施控制。车辆可能受大风、路面打滑等影响,在时刻 $k+1$,车的实际位置与预测的并不相同,所以在 $k+1$ 时刻需要根据当前情况重算。

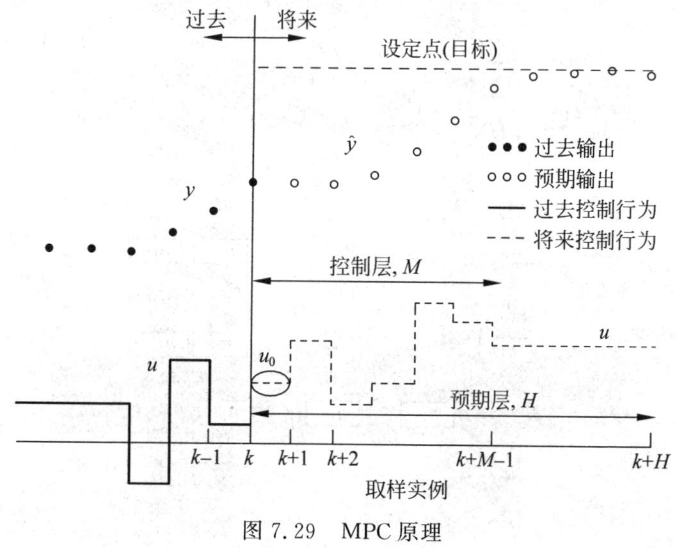

图 7.29 MPC 原理

PID、MPC 等控制方法都利用了反馈,即通过输出的反馈信息对输入端的控制进行调整。

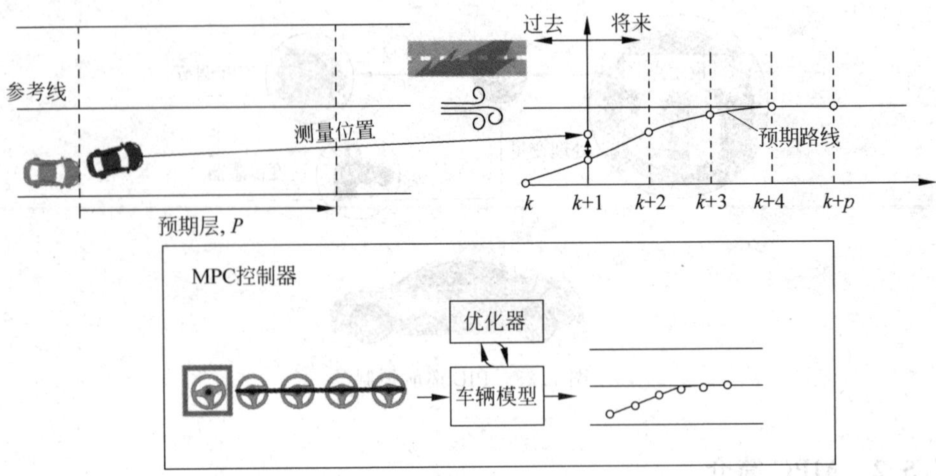

图 7.30　MPC 车辆转向控制

7.6　案例分析

为了便于理解整体的自动驾驶规划过程，以图 7.5 所示的结构化道路为例，给出具体的决策与规划过程。首先将图 7.5 所示的结构化道路转化为图 7.6 所示的有向图。假设起点为 n_0，终点为 n_{10}。如图 7.31 所示，采用 Dijkstra 算法得到的最优全局路径为 $n_0 \to n_1 \to n_5 \to n_6 \to n_7 \to n_8$。

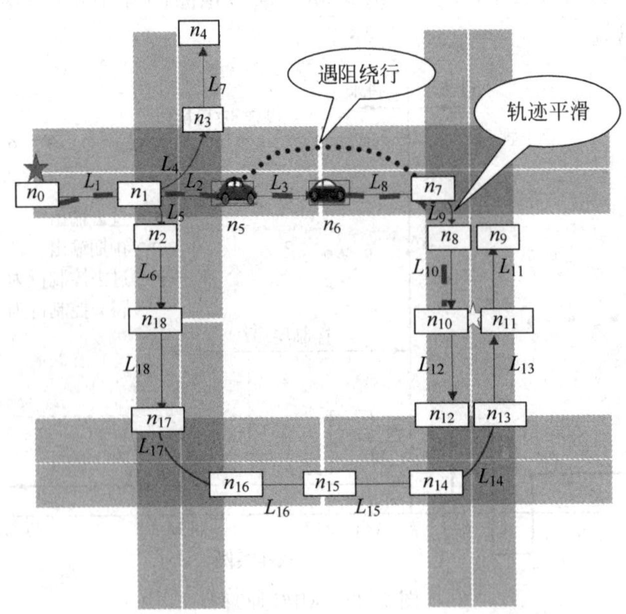

图 7.31　结构化道路规划案例

在实际行驶过程中，系统将根据具体的局部路况，基于规则或强化学习模型做出行为决策。例如，在 $n_7 \to n_8$ 路段，系统做出右转决策后，局部规划算法将会规划出平滑的转弯轨迹,并通过控制算法实施轨迹追踪。又如路段 $n_5 \rightarrow n_6 \rightarrow n_7$,默认应采用直行方式。当前方有车辆时,会采取跟车或超车的决策,局部规划算法负责调整车速,产生具体的跟车或超车轨迹,也由控制算法追踪轨迹。

参考文献

[1] 刘少山,唐洁,吴双,等.第一本无人驾驶技术书[M].北京:电子工业出版社,2017.

[2] Sciarretta A,Vahidi A,et al.. Energy-efficient driving of road vehicles[M]. Berlin: Springer,2020.

[3] Felner A. Position paper: Dijkstra's algorithm versus uniform cost search or a case against Dijkstra's algorithm[C]//Fourth annual symposium on combinatorial search,2011.

[4] Hejase M, Kurt A, Aldemir T, et al.. Identification of risk significant automotive scenarios under hardware failures[J/OL]. Electronic Proceedings in Theoretical Computer Science,2018(269): 59-73.

[5] Brunton S L,Kutz J N. Data-driven science and engineering: Machine learning,dynamical systems,and control[M]. London: Cambridge University Press,2019.

[6] Mahulea C,Kloetzer M,González R. Path planning of cooperative mobile robots using discrete event models[M]. New York: John Wiley & Sons,2020.

[7] Gyenes Z,Szadeczky-Kardoss E G. Novel motion planning method for mobile robots using velocity obstacle[J]. Acta Polytechnica Hungarica,2020,17(9).

[8] Patle B,Pandey A,Parhi D,et al.. A review: On path planning strategies for navigation of mobile robot [J]. Defence Technology,2019,15(4): 582-606.

[9] 余伶俐,周开军,陈白帆.智能驾驶技术:路径规划与导航控制[M].北京:机械工业出版社,2020.

[10] Ravankar A, Ravankar A A, Kobayashi Y, et al.. Path smoothing techniques in robot navigation: State-of-the-art,current and future challenges[J]. Sensors,2018,18(9): 3170.

[11] Ji J, Wang H, Ren Y. Path planning and tracking for vehicle collision avoidance in lateral and longitudinal motion directions[J]. Synthesis Lectures on Advances in Automotive Technology,2020, 4(4): 1-152.

[12] Frank S A. Control theory tutorial: Basic concepts illustrated by software examples[J]. SpringerBriefs in Applied Sciences and Technology,2018(9).

第8章

自动泊车技术

8.1 自动泊车技术简介

自动泊车系统(automated parking system,APS)可以通过车辆周身搭载的传感器测量车身与周围环境之间的距离和角度,收集传感器数据,计算出操作流程,同时调整方向盘的转动,实现停车入位。

自动泊车技术是指汽车不需要人工干预,通过车身周围搭载的传感器测量车身与周围环境的距离和角度,来自动识别停车位,并利用传感器数据通过车载处理器进行分析、计算,规划出泊车路径,通过控制车辆的转向、制动、加速,自动地完成停车入位的动作。大体可分为4个等级。

第1级,APA自动泊车:驾驶员在车内,随时准备制动,有雷达感知和雷达、视觉感知两种方式。

第2级,RPA远程泊车:驾驶员在车外,通过手机App的方式控制泊车。

第3级,HPP记忆泊车:泊车之前先通过SLAM对场景建模,记忆常用的路线。泊车时,从固定的起点出发,车辆自行泊入记忆的停车位。

第4级,AVP自主泊车:泊车之前先通过SLAM对场景建模,记忆常用的路线。泊车的起点不再固定,可以从停车场的任意位置开始,需要室内定位技术作支撑。

日常生活中侧方向泊车较常见,停车时大多无人指导和帮助,泊车空间相对狭小,难度较大。自动泊车过程可以分为3个部分,分别是车位探测、路径规划和路径追踪。

(1) 车位探测是指利用超声波传感器等监测本车与路边车辆的距离信息,判断车位的长度是否满足停车要求。

(2) 路径规划是指中央处理器根据汽车与目标停车位的相对位置等数据,得出汽车的当前位置、目标位置及周围的环境参数,据此规划计算出最佳泊车路径和策略。

(3) 路径追踪主要是执行路径规划,将相关策略转化为电信号传达给执行器,依据指令引导汽车按照规划好的路径泊车。

自动泊车技术特点如下。

(1) APS启用需要满足一定速度条件。APS对车辆行驶速度有限制，一般在车速低于30km/h时才可以启用，从而进行车位探测。

(2) 具备侧方向泊车、垂直方向泊车功能模式中的一种或两种。自动泊车功能模式包括侧方向泊车、垂直方向泊车，还可附带自动驶出功能。有的车型具备侧方向泊车或垂直方向泊车中的一种，以侧方向泊车居多，有的车型同时具备这两种模式。

(3) 车位识别时对所需车位的长度或宽度有最小要求。在车辆进行车位识别时，会根据执行自动泊车所需车位的最小长度或宽度来判断车位是否可用。侧方向泊车的情况下，一般要求车位最小长度是车身长度的1.2倍(约车长＋0.8m)；垂直方向泊车的情况下，一般要求车位最小宽度是车身宽度的1.5倍(约车宽＋0.8m)。

(4) 半自动泊车和全自动泊车。如果在泊车过程中，车辆制动、加速需要驾驶员控制，则称之为半自动泊车。目前大部分车型装备的都是这类系统，也有企业在开发不需要驾驶员控制的全自动泊车系统。

(5) 大多使用超声波传感器。APS使用超声波传感器是主流的技术方案，探测距离为5～8m，但无法识别车位线。如要识别车位线，需要增加摄像头。

8.2　自动泊车系统现状

截至2020年1月，中国汽车保有量已达2.6亿辆，其中超过10个城市拥有300多万辆汽车，超过60个城市拥有100多万辆汽车，这造成了巨大的城市交通的压力。狭小的停车位造成停车不便，导致停车事故频发。

自动泊车系统(APS)可以通过车辆周身搭载的传感器测量车身与周围环境之间的距离和角度，收集传感器数据，计算出操作流程，同时调整方向盘的转动，实现停车入位。该技术为停车带来的便利性受到消费者的广泛关注。

复杂的泊车空间环境、有限的视野范围、要求车辆行驶速度与方向盘转向合理配合等多个因素容易使驾驶员感到紧张，最终导致泊车事故发生。自动泊车系统的出现不仅可以有效地减少交通事故的产生，而且对于很多新手和驾驶技术不娴熟的人来说也是一个福音，可以帮助他们将车辆快速、安全地驶入停车位。

1. 检测识别

对目标停车位的检测识别是自动泊车系统的一个重要组成部分，市场上大多数(半)自动泊车系统产品都是通过用户界面，以空间的超声传感器(通常安装在车辆的两侧)为基础来指定目标停车位的位置。同时，全景式监控影像系统(around view monitor，AVM)已成为停车辅助产品，一些汽车制造商已生产了配备此系统的车辆。AVM系统通过将由三台或四台摄像机采集的大量图像拼接在一起，来生成车辆周围360°环境的鸟瞰图图像。显示AVM图像有助于驾驶员在停车操作期间轻松识别停车位标记和车辆周围的障碍物。

随着智能网联技术的发展，A. Nandugudi等于2014年分析了一种方法，该方法利用诸如加速计之类的用户智能手机传感器来检测用户活动，以确定他们是在停车还是要离开。后台应用程序读取传感器数据，并使用此信息来确定某个停车场是否有空位。

2. 路径规划

路径规划是指借助传感器获取的泊车可行驶区域,并结合车辆的几何参数,预先规划出一条理想的泊车轨迹。平行泊车常用的是确定公法线加相切圆弧的方案规划设计一条可行的期望路径轨迹。泊车时,存在着泊车路径不连贯,需要反复调整的问题,许多研究者通过算法设计优化泊车路径,如粒子群算法、遗传算法等。李红等于2016年提出基于B样条理论的平行泊车路径规划方法,该方法综合车辆停放要求,以B样条路径曲线控制点为变量,以泊车终点处车身方位角最小化为目标,建立了含有避障约束等多个约束的泊车路径函数。用该方法对多个泊车工况进行路径规划并仿真,结果表明基于B样条理论的泊车路径规划方法可得到较优的泊车路径。垂直泊车过程与平行泊车类似,也需要考虑避撞、转向等约束条件,对路径进行平滑,而且垂直泊车存在着泊车空间狭窄的问题。尹刚于2019年分别对理想条件下的单步垂直泊车和狭窄泊车环境下多步垂直泊车进行路径规划,并采用了粒子群优化算法理论优化路径,对优化前后的路径进行对比,优化后的路径不仅能实现安全无碰撞地进入目标车位,而且缩短了车辆的行驶长度。

3. 车辆控制

在确定好车辆泊车过程的路径后,下一步的工作是控制。

车辆跟踪规划好的泊车路径安全行驶进入停车位。目前,基于人工智能的方法如模糊逻辑、遗传算法、神经网络和混合智能技术已经引起了研究者的广泛关注。人工智能被认为是自动泊车系统克服传统方法的局限性和问题的关键因素之一。

模糊控制系统是以模糊数学、模糊语言的知识和模糊逻辑的规则为理论基础,采用计算机控制构成的一种具有反馈通道的闭环控制系统。模糊控制无须被控制对象有完备精准的数学模型,故对难以创建模型的控制对象如APS,是一种良好的控制方法,而且它可以弱化参量变化和不可避免的干扰产生的影响,使系统在误操作、异常情况下也具有良好的稳定性。王芳成于2010年设计了可实现自动泊车的模糊控制器,并通过MATLAB/Simulink进行仿真分析,验证了控制器的可行性。

强化学习属于人工智能的一个领域,是在多次迭代中自主地重新修正算法来进行学习。其完全根据规则自我进化,没有人类主观经验的干预,使得最终系统的性能超越了人类水平。比如,在计算机游戏模拟环境中,利用强化学习训练的智能体可达到经验玩家的水平。张继仁等于2019年提出了一种基于强化学习的泊车运动规划,基于蒙特卡洛树搜索和初始的神经网络,结合车辆模型,对不同库位、起始位置进行仿真,产生数据;然后建立安全性、舒适性相关指标对数据进行评价,利用筛选后的最优数据来更新网络。该更新的网络又用到下一次迭代产生数据中,从而为蒙特卡洛树搜索提供更强的搜索引导。这样使得产生的泊车数据质量不断提升,学习到的泊车策略不断增强,最终收敛到最优,从而达到自主学习的目的。

8.3 自动泊车系统原理及架构

8.3.1 自动泊车系统原理

遍布车辆周围的雷达探头测量车辆自身与周围物体之间的距离和角度,然后通过车载计算机计算出操作流程,配合车速调整方向盘的转动。

该系统包括环境数据采集系统、中央处理器和车辆策略控制系统。

环境数据采集系统包括图像采集系统和车载距离探测系统，可采集图像数据及周围物体距车身的距离数据，并通过数据线传输给中央处理器。

中央处理器将采集到的数据分析处理后，得出汽车的当前位置、目标位置以及周围的环境参数，依据上述参数做出自动泊车策略，并将其转换成电信号。

车辆策略控制系统接受电信号后，依据指令做出汽车的行驶如角度、方向等方面的操控，直至停车入位。

不同的自动泊车系统采用不同的方法来检测汽车周围的物体。有些在汽车四周装上了感应器，它们既可以充当发送器，也可以充当接收器。这些感应器会发送信号，当信号碰到车身周边的障碍物时会反射回来。然后，车上的计算机会利用其接收信号所需的时间来确定障碍物的位置。其他一些系统则使用安装在保险杠上的摄像头或雷达来检测障碍物。但最终结果都是一样的：汽车会检测到已停好的车辆、停车位的大小以及与路边的距离，然后将车辆驶入停车位。

8.3.2 自动泊车系统架构

1. 传感器系统

传感器系统的主要任务是探测环境信息，如寻找可用车位，在泊车过程中实时探测车辆的位置信息和车身状态信息。在车位探测阶段，采集车位的长度和宽度。在泊车阶段，监测汽车相对于目标停车位的位置坐标，进而用于计算车身的角度和转角等信息，确保泊车过程的安全可靠。

2. 中央控制系统

中央控制系统为APS的核心部分，主要任务包括以下几个方面。

(1) 接收车位监测传感器采集到的信息，计算车位的有效长度和宽度，判断该车位是否可用。

(2) 规划泊车路径，根据停车位和汽车的相对位置，计算出最优泊车路径。

(3) 在泊车过程中，实时监测。

3. 执行系统

执行系统主要包括电动助力转向系统和汽车发动机电控系统。根据中央控制系统的决策信息，电动助力转向系统将数字控制量转化为方向盘的角度，控制汽车的转向。汽车发动机电控系统控制汽车油门开度等，从而控制汽车泊车速度。电动助力转向系统与汽车发动机电控系统协调配合，控制汽车按照指定命令完成泊车过程。

8.4 自动泊车系统核心技术

8.4.1 位置传感器

1. 超声波雷达

位置传感器的作用是“让系统知道车辆在环境中的什么位置”，目前常用的位置传感器是超声波雷达。系统通过超声波雷达发射频率超过 40kHz 的超声波,根据回波的时间差测算 15cm 至 500cm 内障碍物的距离,其测距精度是 1～3cm。超声波雷达具备短距测距精度高、技术成熟度高、成本低、不受光线条件影响等优势,常用在倒车辅助、自动泊车等系统中。

目前超声波雷达分为两种,一种是 UPA 超声波雷达,即传统的倒车雷达,探测距离为 15～250cm,安装在汽车前后保险杠上,用于测量汽车前后障碍物的距离及其位置,避免剐蹭;另一种是近年来快速上量的 APA 超声波雷达,探测距离为 30～500cm,主流有效探测距离为 4.5m 左右,布置在车辆的两侧,用以探测与车辆两侧障碍物的距离及其位置,提供侧向障碍物信息,同时还能判断停车位是否存在。与 UPA 超声波雷达相比,APA 超声波雷达的成本更高,功率也更大。

目前,流行的新一代 AK2 编码超声波雷达技术,是继 UPA 超声波雷达、APA 超声波雷达之后的新一代技术,具有支持超声波信号编码、探测距离更远、盲区更小、回波更多、抗干扰性更强、高速通信、物体检测速度更快、功能安全性更高等优势,可满足智能驾驶等级提升对感知升级的要求。

超声波雷达的主流的应用场景有三种:①实现简单的倒车辅助、警告障碍物的预警功能,通常配置 4 个 UPA;②增加前进过程中的预警功能,分别在前后保险杠上配置 4 个 UPA;③全自动泊车系统,通常配备前后向共 8 个 UPA 超声波雷达,车辆侧面共 4 个 APA 超声波雷达,构成前 4(UPA)、侧 4(APA)、后 4(UPA)的布置格局。随着自动泊车商业化推广,12 颗超声波雷达方案占比快速攀升,已经成为当前智能汽车的主流。超声波雷达产品技术参数对比如表 8.1 所示。

表 8.1 超声波雷达产品技术参数对比

产品	博世第六代超声波雷达	纵目科技第二代超声波雷达
功能安全等级	ASIL B	ASIL B
测距范围	15～550cm	10～550cm
最小目标物检测	3cm	—
系统刷新时间	85ms	<100ms
FOV	H:±70°,V:±35°	H/V:110°/60°
发射编码	Chirp	Chirp 和 AM
防护等级	IP64K	IP69K

由于超声波雷达的精度并不高,检测距离也比较短,现在有不少车企把车载毫米波雷达也用作自动泊车系统的位置传感器,得到距离分辨率更高、角度分辨率更高、环境适应性更高的优质数据。

2. 毫米波雷达

车载毫米波雷达使用天线发射毫米波(波长 1～10mm),通过处理回波测得汽车与探测目标的相对距离、速度、角度及运动方向等信息,具备全天候全天时、探测距离较长、探测性能稳定等优势,是高级自动驾驶的核心传感器。当前,车载毫米波雷达的主流发展趋势是提升现有雷达技术架构性能,向更小尺寸、更高精确度、更远探测距离方向发展;同时布局 4D 成像毫米波雷达。

在自动泊车应用中,与超声波传感器相比,4D 成像毫米波雷达探测距离更长,可以检测到停车区附近的更多物体。其最小探测距离更短，检测物体更为精确，视野覆盖范围更广，可结合视觉传感器在车辆周围实现360°全覆盖。同时，4D成像毫米波雷达具备测高能力，可帮助自动泊车系统获得立体的感知能力。随着毫米波雷达成本的降低以及“行泊一体”的推进，4D毫米波雷达将拥有巨大的市场需求。毫米波雷达产品技术参数指标如表8.2所示。

表8.2 毫米波雷达产品技术参数指标

产　品	大陆集团4D雷达ARS540	纵目科技ZM-SDR1
工作频率	76GHz～77GHz	76GHz～77GHz
探测距离	0.2～300m	≥80m(@10dBsm)
距离精度	±0.1～±0.3m	±0.05m
速度范围	－400～＋200km/h	±240km/h
速度精度	±0.1km/h	±0.18km/h
水平方位角	±60°	±75°
垂直俯仰角	±4°～±20°	±15°
功耗	典型功耗约18W/1.5A， 最大功耗约23W/峰值电流约2.0A	4.5W

8.4.2 视觉传感器

视觉传感器就是平时所说的摄像头。现在有很多车都装载了全景摄像头，与自动驾驶相关度最高的前置高清摄像头分为单目、双目、三目等几种，目数越大就能覆盖越多的焦段。

车载摄像头主要通过镜头和图像传感器实现图像信息的采集功能，被誉为“自动驾驶之眼”，是汽车视觉感知方案中的重要硬件，主要功能包括障碍物检测、车道线检测、道路信息读取、地图构建和辅助定位、其他交通参与者探测与识别等。在自动泊车领域，单靠视觉方案是可以实现的，问题是摄像头在恶劣天气和低亮度环境中工作就很容易失效，必须配合超声波雷达/毫米波雷达才能精准定位。

自动泊车系统使用的车载摄像头是环视摄像头。通过使用布置在车辆前方、后方、左右外后视镜周围的4个方位的环视摄像头，采集车辆四周的影像，经过图像的畸变校正和拼接合成车身周围的全景图，最后加入算法以实现车位线检测、障碍物检测等任务。近年来，随着自动泊车功能的逐步升级，基于“环视＋超声波”的融合泊车方案陆续落地。在技术趋势上，环视摄像头将向高像素(200万像素及以上)、尺寸小型化、低功耗、高动态、ISP集成域控等方向发展。环视摄像头产品技术参数对比如表8.3所示。

表8.3 环视摄像头产品技术参数对比

产　品	博世第二代近距离摄像头	大陆SVC210	纵目科技2MP环视
功能安全等级	ASIL B	—	ASIL B
有效像素	2MP	1.3MP	2MP
FoV(H)	＞190°	195°	193°±5°
动态范围	—	～115dB HDR	≥120dB
尺寸	23mm×23mm×38mm	23mm×23mm×38.5mm	23mm×23mm×30mm
防护等级	—	IP69K	IP69(前端)

雷达对物体的分类能力非常差，因此，视觉传感器与位置传感器相配合，才能更好地计算车辆的当前位置。

8.4.3 泊车控制器

泊车控制器负责将感知系统采集到的信息进行处理和分析，得出车辆当前的位置、目标的位置以及周边的环境，依据这些参数判断是否具备停车条件，计算最优路径规划，生成相应的控制指令，并通过整车网络将泊车过程中所需的转向力矩、转角信息等信息以电信号形式下发到相关执行器，同时要把需要向驾驶员显示的信息按照输出的逻辑和顺序，通知到HMI端，如图 8.1 所示。

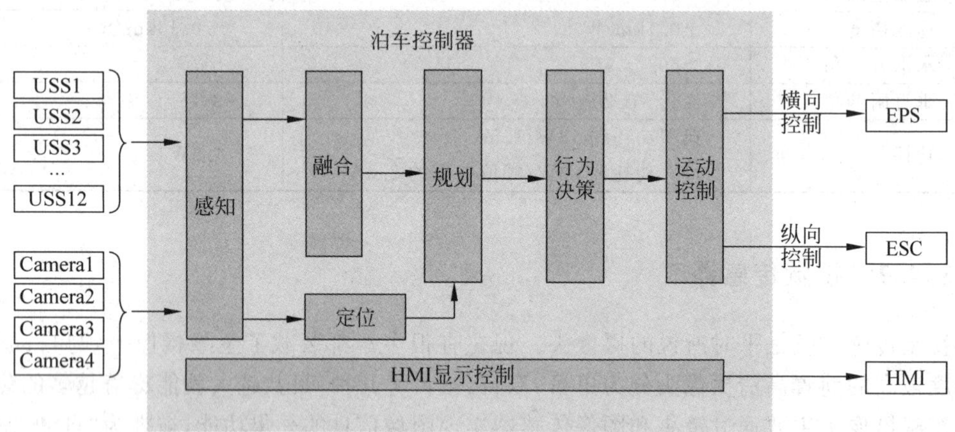

图 8.1 泊车控制器内部的处理模块

随着自动泊车级别的提升，各个方案所需的传感器的种类和数目越来越多，对数据处理的需求也越来越高。一般而言，超声波数据使用微处理器(MCU)处理即可；摄像头数据处理包括传统的计算机视觉方法和深度学习两种方法，需要使用到系统级芯片(SoC)上的中央处理器(CPU)、图形处理器(GPU)、数字信号处理单元(DSP)、神经网络处理器(NPU)等处理单元；毫米波雷达和激光雷达数据需要算力更强的 SoC 芯片进行处理。

8.4.4 电控操纵机构

百度 Apollo 项目在进行自动驾驶技术研发时，选的都是操纵机构全部具有电动备份的车型，电控油门、电控转向、电控制动、电控挡位都不能缺少。

与自动泊车技术相关的车载电子系统还有车速传感器、挡位状态传感器、点火开关状态传感器等。车身自带的车辆稳定系统控制单元也要参加工作，比如，起步加速防滑控制 ASR、电子牵引辅助 ETS、制动辅助 BAS、制动力分配 EBD、防抱死制动 ABS 等都要参与工作。ESP 还会主动对某一个车轮进行制动来校正车辆实时重心。

除此之外，警告单元也要被集成到系统中。如果自动泊车期间遇到突然侵入路径的障碍物，自动泊车系统不仅要制动，还得通过蜂鸣器和灯光信号告诉驾驶者。

8.4.5 地图

高精度地图不仅有更高精准度的道路坐标信息，还有每个车道的坡度、曲率、高程、航向、交通标识，包括规划好的停车位等多维信息。

从卫星角度看，斜坡上的泊车位的投影面积是不够泊车的，但现实中的面积却足够。只有凭着高精度地图和高精度的位置/视觉传感器，自动泊车系统才有信心和能力把车辆稳妥地泊到斜坡车位上。

如今，有了激光雷达的自动驾驶汽车可以在进入停车场后扫描场地建模，自建室内高精度地图(绕过地图商的独享权利)，还能将高精度地图分享给同系统、同品牌用户。

8.4.6 卫星定位

自动泊车技术分为离线和在线两种，离线的冗余比不上在线，因此依靠卫星定位技术的自动泊车才是未来的主流方向。

但在没有卫星定位信号的地方，如地下停车场，我们可以使用室内导航技术。现在已经有不少创业公司在做室内高精度地图，用的地位技术是 GPS 与蓝牙结合的，比较常见的微定位技术是苹果“必肯”(iBeacon)低功耗蓝牙(BLE)通信技术。

当然，最好的方式还是通过室内基站进行通信，车载收发机与室内基站不断沟通实时位置，进而安全可靠地使用自动泊车技术。

8.4.7 通信

速度更快的通信技术如 5G 对于 L4 和 L5 等级的自动驾驶、自动泊车技术而言是必需品，只有 5G 信号的低时延、大带宽、高可靠、低功率才能满足智能汽车的通信需求，因为 L4、L5 的实时信息量太巨大了。

8.4.8 算法

算法是整套自动泊车系统中的重要部分，它是 APA 的决策机构，决定了系统最终能不能成功。自动泊车技术作为车企的核心科技，算法都是高度保密的，传感器则可在外采购。

更高级的是离线的自动泊车算法，它是基于“视觉传感器＋位置传感器”进行判断的自动泊车算法，目前很多 APA 系统都是用这种算法进行自动泊车。

再往高级发展，就是以在线的百度 Apollo、Waymo、GM Cruise、AutoX、Pony 为代表的自动驾驶、自动泊车技术。

车位检测算法，从 21 世纪开始，主要分为传统方法和深度学习方法。下面梳理具有代表性的基于视觉停车位检测方法的文献。

1. 传统方法

(1) 基于视觉的自动泊车方法是基于视觉方法来检测车位障碍物，并进行运动规划等。

检测车位的核心思想是，停车位的车位线颜色与周围背景差异大，那么可以直接利用 HSI 颜色空间的色彩信息来分割出车位线，通过图像坐标系到地面三维坐标系的转换即可得到车位信息。

RCE 神经网络结构可以直接在 HSI 色彩空间中学习得到结果，其网络结构如图 8.2 所示。

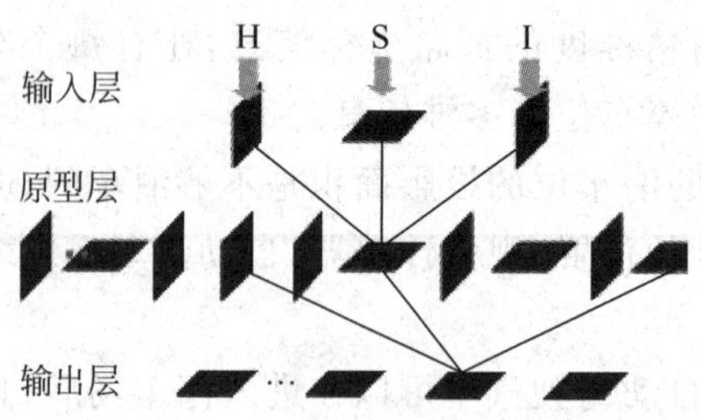

图 8.2　RCE 网络结构

如图 8.3 所示，得到分割结果后，再遍历分割后的图像切片就可以获得分割点(分割像素值与周围像素差别明显)，利用得到的这些点作直线拟合(最小二乘法)就得到了最后的车位线，结果如图 8.4 所示。

图 8.3　源自实际车位的分割结果

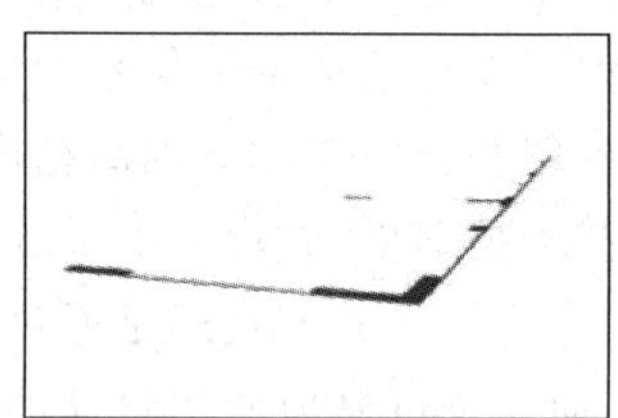

图 8.4　分割结果

这是很直观的解决问题思路，但是存在以下问题。

① 只能检测单一规则车位。但实际的车位类型很多(直库、长库、斜库等)。

② 不能适应复杂场景。由于只采用了色彩，如果遇到阴影、遮挡等情况，效果不好。

(2) 另一种方法是停车位标记识别，首先获得鸟瞰图像，然后利用 Soble 算子提取边缘得到图像边缘。接下来将图像边缘通过霍夫变换转换到霍夫空间，提取车位对应的直线段(基于二值图像中直线段像素转换到霍夫空间后表现为峰值的特点，在霍夫空间检测峰值即可对应到二值图像中的直线)。这种方法采用的变化与一般的霍夫变化略有不同，二值图像中直线与霍夫空间参数的对应关系如下。

$$\begin{aligned} y &= ax + b = \tan\theta \cdot x + b \\ d &= b \mid \cos\theta \mid \end{aligned} \tag{8.1}$$

最后的变化结果对应关系如图 8.5 所示。

这里存在问题有：如果环境不够干净，如检测出来很多直线，会出现不可避免的干扰。蝴蝶模式是解决这种问题的一种方式，但是计算量大、耗时长，因此采用分布式模式，即用假设的直线间距 w 作为车位线边缘直线对的特征约束。在 d 轴方向进行一维滤波，结合霍夫空间中峰值对的先验知识，检测出候选的峰值对。通过形态扩张和连通成分搜索，连续检测候选簇。最后得到检测的所有峰值。霍夫空间中的峰值对应图像边缘中的直线，从霍夫空间变换回去就可以得到直线参数，再求如图 8.6 所示的角点就可以得到车位的位置。

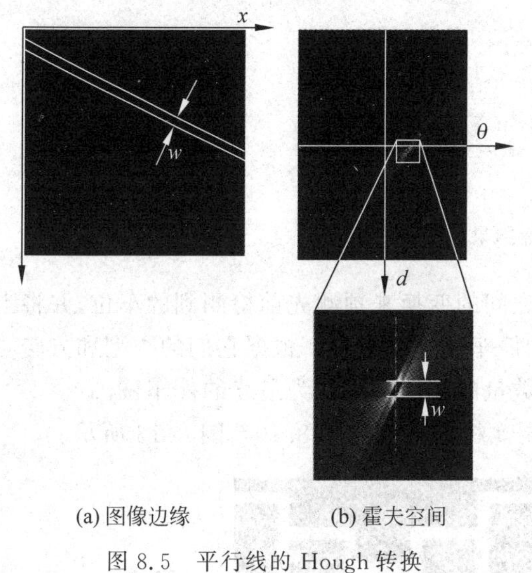

(a) 图像边缘　　(b) 霍夫空间

图 8.5　平行线的 Hough 转换

图 8.6　角点

(3) 半自动泊车。自动泊车一般分为 3 个步骤：①车位定位；②路径规划；③路径跟踪。停车位定位的方式可以有 4 种：①用户介入(指出位置)；②车位标记；③空旷空间；④基于设施。使用者在交互屏幕上用手点出车位角点的位置，如图 8.7 所示，然后由泊车系统对给出的位置做进一步处理。

半自动泊车系统的流程，具体来讲就是首先人为选定两个车位角点，然后对两个点附近的 1m×1m 的 ROI 区域做处理后，对两个角点类型利用神经网络分类。根据两个点分类结果匹配，匹配的结果确定最终的车位类型，计算出整个车位 4 个点，如图 8.8 所示。

图 8.7　驾驶员手动标出目标停车位的两端

图 8.8　确定车位类型

接下来，首先采用强度直方图聚类的方法，将强度直方图过度聚类成簇，将最亮的聚类作为车位标记的像素。二值化后通过模板匹配获取到分类信息，确定最终的车位类型(车位入口处两侧角点的组合类型)。然后直接把车的矩形框按这两个点和分类结果进行放置，可以得到一个目标结果位置，如图 8.9 所示。

这种方法无须计算剩余的两个点，只须人为指定两个点，即可直接用一个预测框确定位置。具体来说，一旦识别了目标停车入口两侧的连接模式，就可以相应地建立目标位置。

(4) 利用环视图像(AVM image)进行车位检测。其主要思路是，首先利用一种层次树

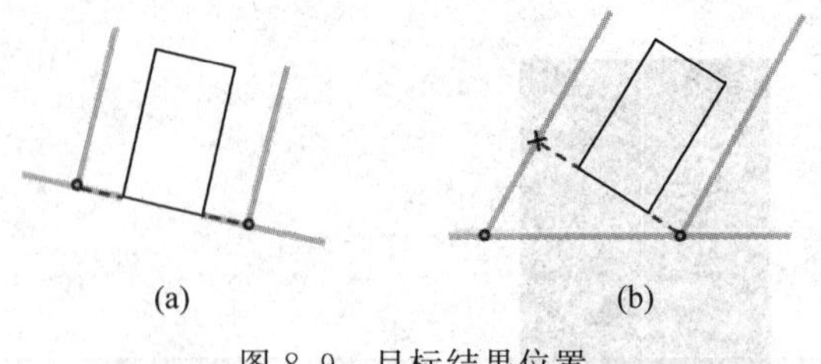

图 8.9 目标结果位置

检测器来检测当前帧角点，然后使用连续图像之间的变换来预测先前检测到的车位，并将当前图像中检测到的车位与从先前图像中预测的停车位进行组合。根据它们的类型和方向对得到的车位进行聚类，并且选择包含超过预定数量的车位的簇作为最终的停车位。

① 检测角点还是利用模板匹配的方式。层次树的方法如图 8.10～图 8.13 所示。

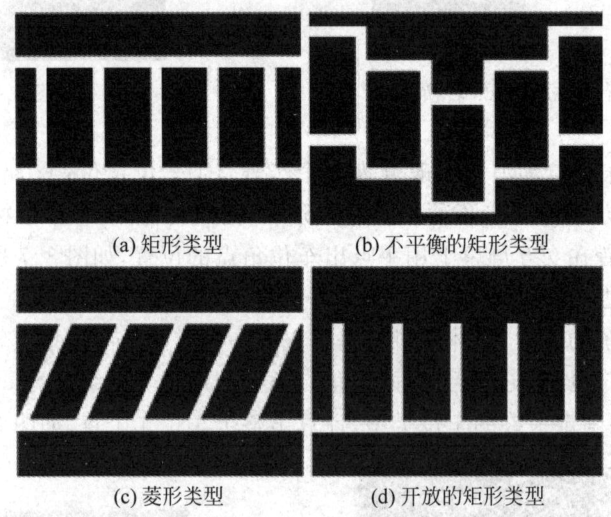

图 8.10 车位的 4 种类型

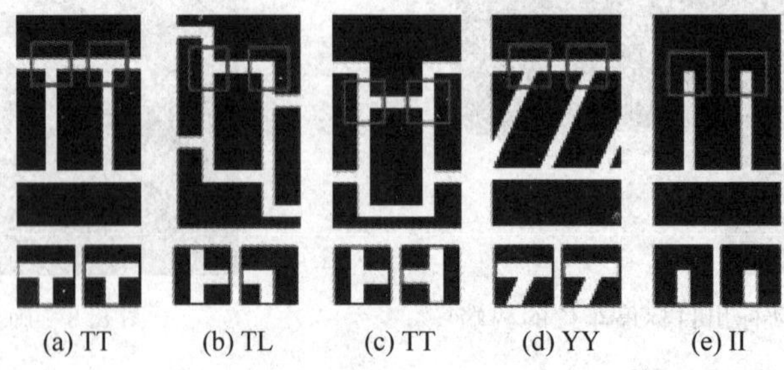

图 8.11 车位的 5 种类型以及相应的一对节点

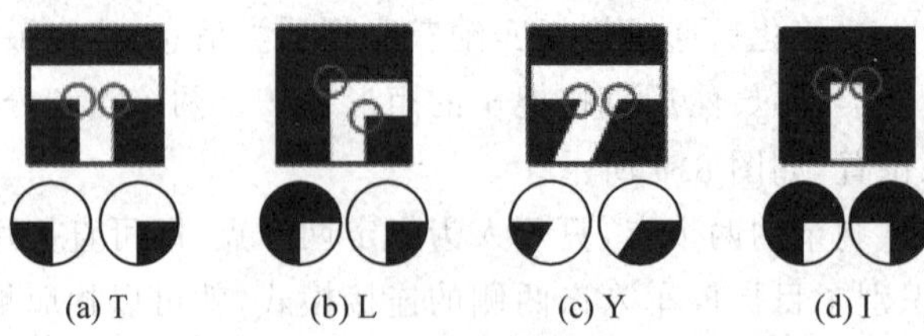

图 8.12 节点的 4 种类型以及相应的一对角度

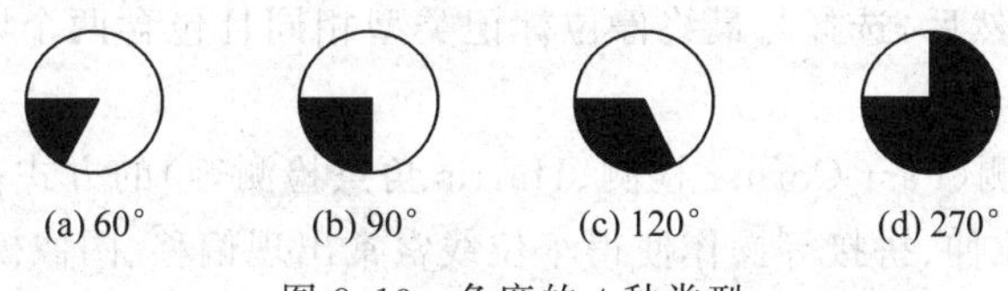
(a) 60°　(b) 90°　(c) 120°　(d) 270°

图 8.13　角度的 4 种类型

也就是从大到小逐步分组，检测角点并确定类型。检测角点时使用 Harri 算子，然后配对生成多个可能结果。具体如图 8.14 所示。

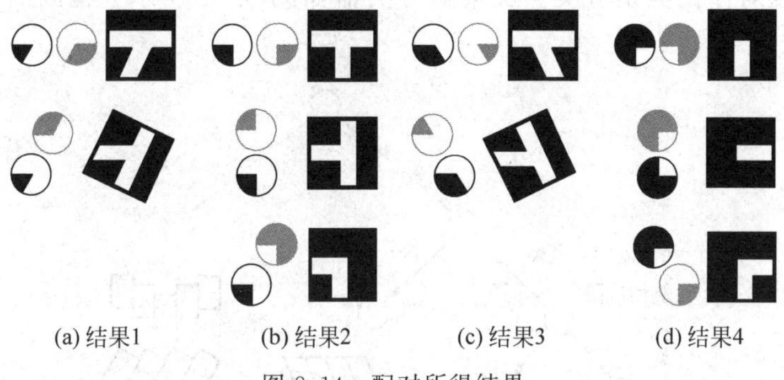
(a) 结果1　(b) 结果2　(c) 结果3　(d) 结果4

图 8.14　配对所得结果

对于重叠的结果，若超过一定的交并比，则用 NAIV（normalized average intensity values）去除多余的结果（车位线更亮，值更大），如图 8.15 所示。

(a) 利用层次检测器所得出的结果

(b) 移除重叠停车位后的结果

图 8.15　移除重叠车位前后对比

② 根据之前的检测结果预测当前帧的车位，是用两帧间的相机位姿变换矩阵来进行的。但是由于图像间的变换关系常被错误估计，因此用了以下的变换关系。

$$\boldsymbol{x}'_{in}=\boldsymbol{R}\boldsymbol{x}_{in}+\boldsymbol{t} \tag{8.2}$$

式中，$\boldsymbol{R}$ 是 2×2 旋转矩阵；$\boldsymbol{t}$ 是 2×1 平移矩阵。接下来利用预测结果和当前检测结果做校正。检测结果分 3 种情况：①检测结果和预测结果不重叠；②检测结果和预测结果重叠在同一车位；③不同车位的重叠。具体操作是利用 NAIV 从预测结果和检测结果中确定最好的结果。

为了确定最终的车位，根据剩余的非重叠车位的类型和方向对其进行聚类。假设在一个 AVM 图像序列中只有一种类型的车位标记，则将包含最多个槽的簇的车位类型视为最终的车位标记类型。然后,选择与最终停位标记类型相同且包含两个以上槽位的簇作为最终车位。

(5) 基于角点检测(Fast Corner 检测、Harris 角点检测等)的方式在环视图像中效果不佳,因为环视图像的拉伸、拼接等操作使得车位线常常出现偏移、图像模糊难以分辨等问题。而基于线段检测的方式如霍夫变换直线检测的效果也一般。

D-DBSCAN 直线检测算法的流程是:①环视图像输入;②特征提取;③使用 D-DBSCAN 聚类直线段特征点;④最小二乘法对聚类的特征点直线拟合参数;⑤决策树根据进入线段长度对库位类型分类。决策树分类器如图 8.16 所示。检测的结果如图 8.17 所示。

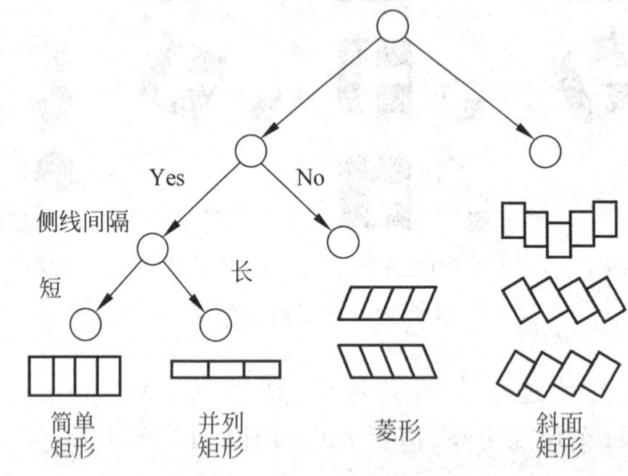

图 8.16 决策树分类器

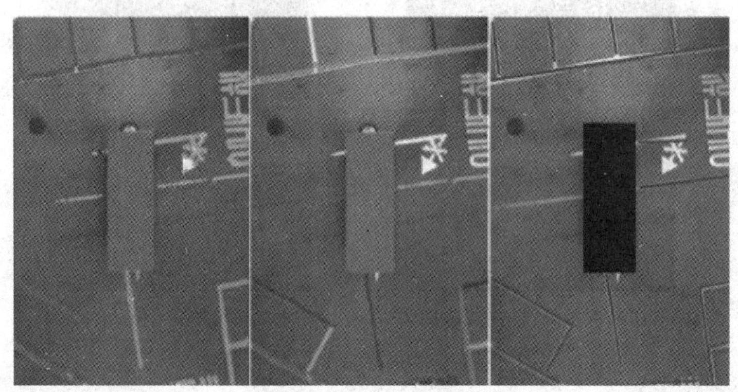

图 8.17 检测的结果

2. 深度学习方法

上面介绍的方法都可以认为是传统方法,即图像处理的方法或者传统神经网络的处理方法。

(1) 基于 PSV 数据集和高度融合卷积网络(HFCN)的车位和车道标记分割方法。该方法以 HFCN 为基础,采用额外高效的 VH-stage 对各种标记进行更好的分割。VH-stage 由两条独立的线性卷积路径组成,分别具有垂直卷积核和水平卷积核。这种改进使得网络能够稳健、准确地提取线性特征。

该方法的整体流程为：①利用卷积神经网络进行车位线与背景的分割；②利用形态学处理提取车位线骨架；③利用霍夫变换获取车位直线；④合并/删除多余直线，算出车位坐标(角点坐标)。分割网络结构如图 8.18 所示。

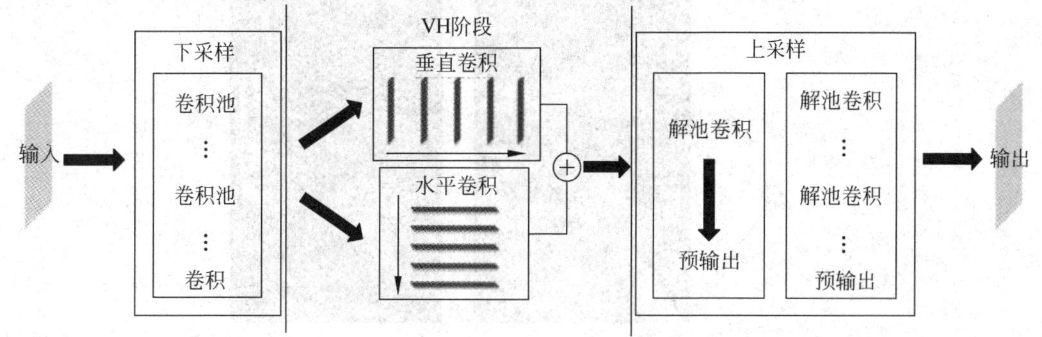

图 8.18 分割网络结构

其核心思想是车位线主要是线特征，于是在垂直和水平方向上分别提取特征然后结合特征信息进行分割。

分割结果样例如图 8.19 所示。

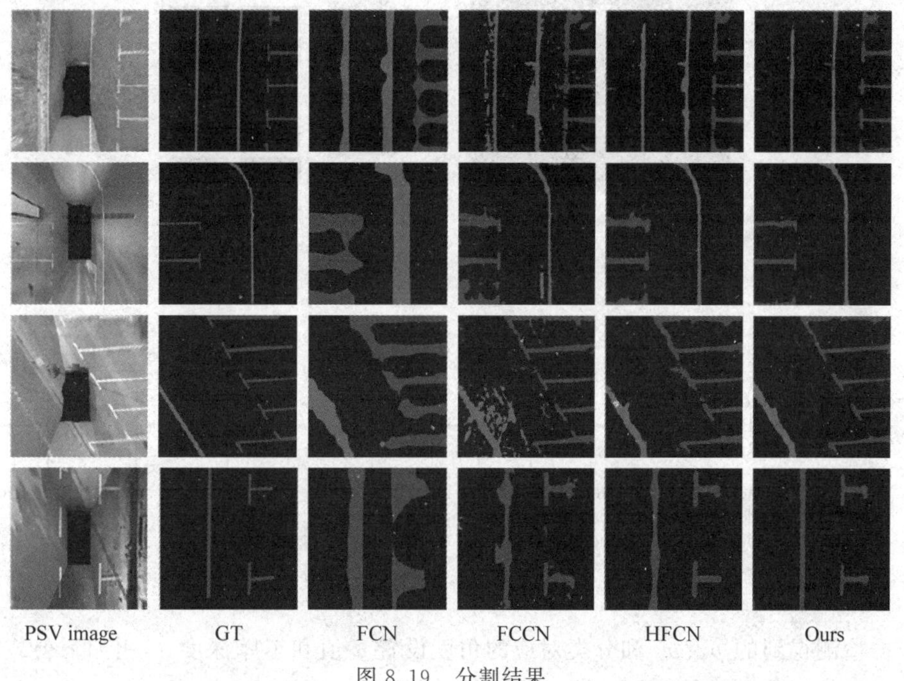

图 8.19 分割结果

(2) 利用环视图像的车库数据集，主要包含直库、斜库、平行库三种车库类型在不同环境(阴影、雨天、地下车库、户外等)下的场景共 12 000 多张图像，用深度卷积神经网络目标检测的方法实现对车位角点(头部角点)的检测，再做进一步计算、判断得到最后的检测结果。

首先基于 YOLO 训练一个角点的检测网络，然后利用一个分类网络对检测到的结果对应的车库类型进行分类。如图 8.20 所示，检测到 p_1、p_2。最后截取出来给到分类网络得到分类结果。分类网络结构如图 8.21 所示。

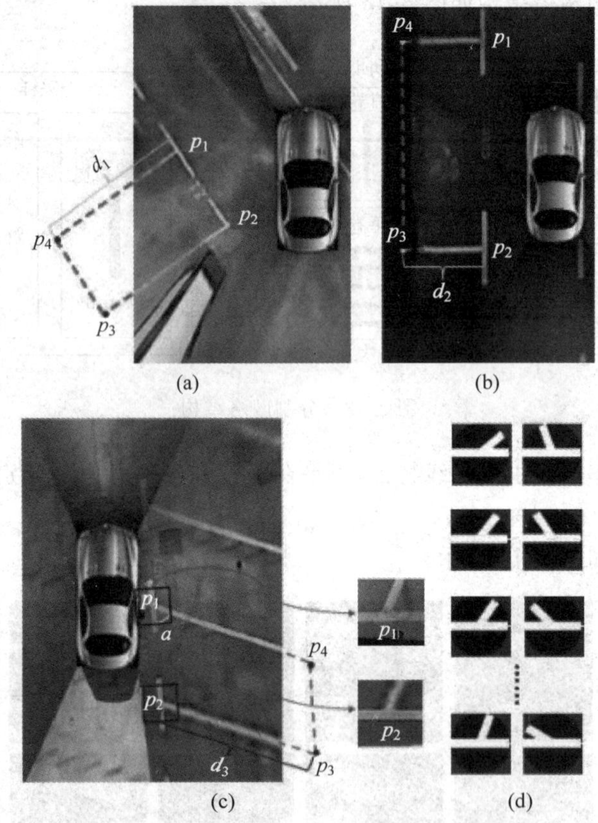

图 8.20 车辆检测出 p_1、p_2，给出分类结果

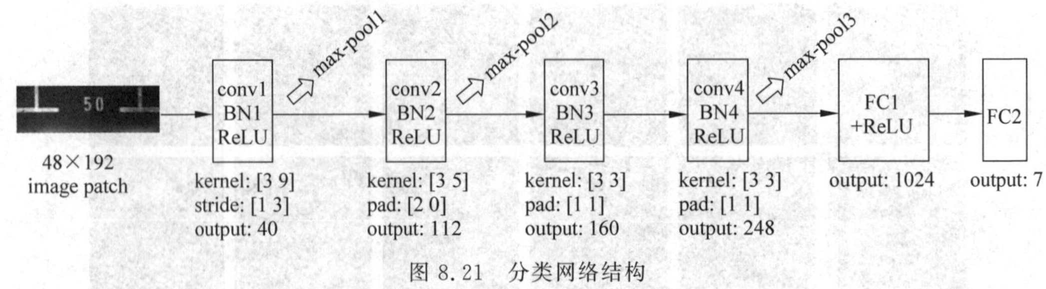

图 8.21 分类网络结构

根据检测得到的 p_1、p_2 和分类对应的角度设置 α 值和车库深度 d，用如下公式即可计算出车库另外两个点(可能不在可视范围内)。

$$p_3=\begin{bmatrix}\cos\alpha & -\sin\alpha\\ \sin\alpha & \cos\alpha\end{bmatrix}\frac{\overrightarrow{p_1p_2}}{\|\overrightarrow{p_1p_2}\|}\cdot d_3+p_2$$

$$p_4=\begin{bmatrix}\cos\alpha & -\sin\alpha\\ \sin\alpha & \cos\alpha\end{bmatrix}\frac{\overrightarrow{p_1p_2}}{\|\overrightarrow{p_1p_2}\|}\cdot d_3+p_1$$

得出的结果如图 8.22 所示。

子集	PSD_L (精度, 记忆)	DeepPS (精度, 记忆)
室内车位	(99.34%, 87.46%)	(99.41%, 97.67%)
室外正常白天	(99.44%, 91.65%)	(99.49%, 99.23%)
室外雨天	(98.68%, 87.72%)	(100%, 99.42%)
室外阴天	(97.52%, 73.67%)	(99.86%, 99.28%)
室外路灯照明	(98.92%, 92.00%)	(100%, 100%)
斜坡	(93.15%, 83.95%)	(96.25%, 95.06%)

图 8.22　结果(DeepPS)

(3) 车位检测。领域以前的研究大多是基于为通用目的而设计的现成模型,这些模型在解决特定问题方面有各种局限性。可以利用定向标记点回归的车位检测方法,即 DMPR-PS。DMPR-PS 没有使用现成的模型,而是使用了一种新的基于 CNN 的模型,专门为方向标记点回归设计。给定一个环绕视图图像 I,该模型预测了 I 上每个标记点的位置、形状和方向,可以很容易地推断出使用几何规则。DMPR-PS 的精度为 99.42%,召回率为 99.37%,同时在英伟达泰坦 Xp 上实现了每帧 12ms 的实时检测速度。

根据标记点图案的形状,各种标记点可分为 T 形标记点和 L 形标记点,如图 8.23 所示。T 形标记点的图案形状类似于字母 T,而 L 形标记点的图案形状类似于字母 L。由于 T 形标记点的图案是对称的,因此将其方向定义为沿对称轴的方向。对 L 形标记点图案,将其方向定义为顺时针旋转 90°后沿标记线与其他标记线重叠的方向,方向如图 8.23 中的箭头所示。

(a) T形标记点

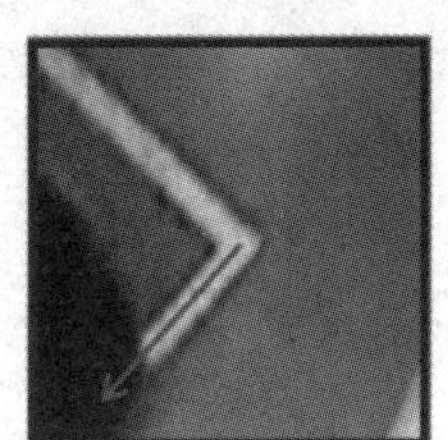

(b) L形标记点

图 8.23　定向标记点

DMP(方向标记点)的定义如下。

$$p=\{x,y,s,\theta\}$$

整个方法的流程主要分两步:①方向标记点回归;②停车位推理,如图 8.24 所示。

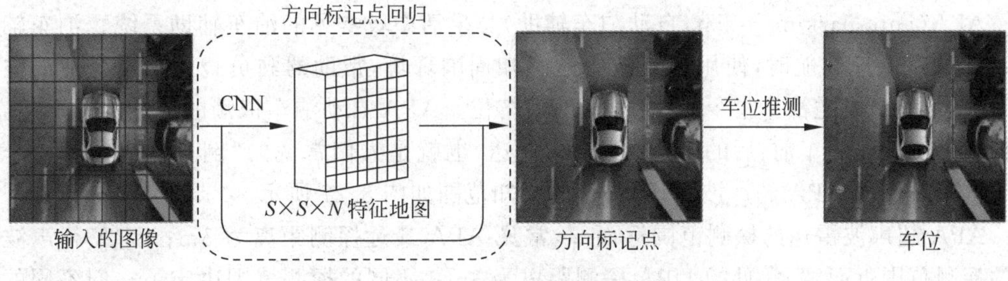

图 8.24　停车槽检测方法 DMPR-PS

首先是删除多余的点,然后对剩下的点完成合适的配对,最后根据几何线索得到结果。

删除多余点时，要符号车位进入线长度限制、点与点之前是否还有其他点等条件，如图 8.25 所示。

过滤掉不合适的标记点对后，发送剩余的点对以确定它们是否符合停车场入口的有效条件。如图 8.26 所示，对于形成入口线的一对标记点（A，B），两个标记点可分为 5 类。这 5 个标记点对有 16 个组合，其中两个标记点形成了一个有效的入口线。这 16 种组合对应于图 8.26 所示的 16 种有效的入口线。因此，对于每一个标记点对，首先通过比较形状和方向来确定这两个标记点是否属于 5 个标记点对中的一个，然后确定这两个标记点的组合是否与 16 个有效入口线中的一个匹配。如果满足这两个条件，可以认为这两个标记点形成了一个有效的入口线，并且可以确定一个有序的标记点对。因此，最终可以找到这条入口线的相应的停车位。

图 8.25　删除多余点

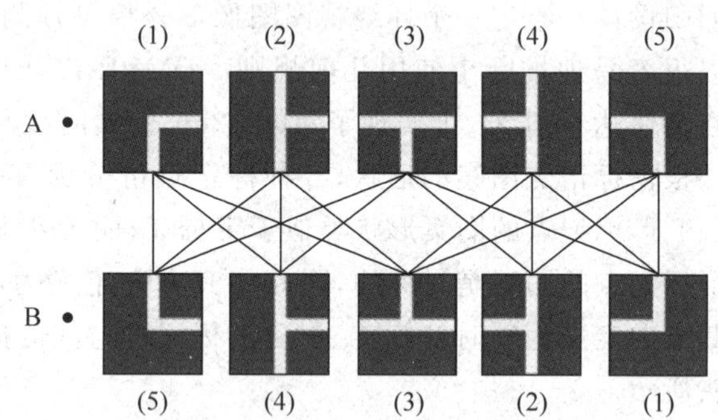

图 8.26　两点配对可能性

8.5　自动泊车系统开发应用案例

目前市面上已量产的泊车辅助系统主要有三类。第一类叫作 APA 自动泊车；第二类是将泊车与手机结合的第二代 RPA 远程遥控泊车；第三类是第三代的 HPP 记忆泊车；将来会出现更为先进的泊车解决方案——AVP 代客泊车，也就是暂未量产的第四代泊车辅助系统。

8.5.1　APA 自动泊车辅助

APA（auto parking assist，自动泊车辅助）是生活中较常见的泊车辅助系统。泊车辅助系统在汽车低速巡航时，使用超声波雷达感知周围环境，帮助驾驶员找到尺寸合适的空车位，并在驾驶员发送泊车指令后，将车辆泊入车位。APA 自动泊车依赖的传感器并不复杂，包括 8 个安装于汽车前、后的 UPA 超声波雷达，也就是人们常说的“倒车雷达”，和 4 个安装于汽车两侧的 APA 超声波雷达，雷达的感知范围如图 8.27 所示。

APA 超声波雷达的探测范围远而窄，常见 APA 最远探测距离为 5m；UPA 超声波雷达的探测范围近而宽，常见的 UPA 探测距离为 3m。不同的探测范围决定了它们不同的分工。APA 超声波雷达的作用是在汽车低速巡航时，完成空库位的寻找和校验工作。如图 8.28 所示，随着汽车低速行驶过空库位，安装在前侧方的 APA 超声波雷达的探测距离

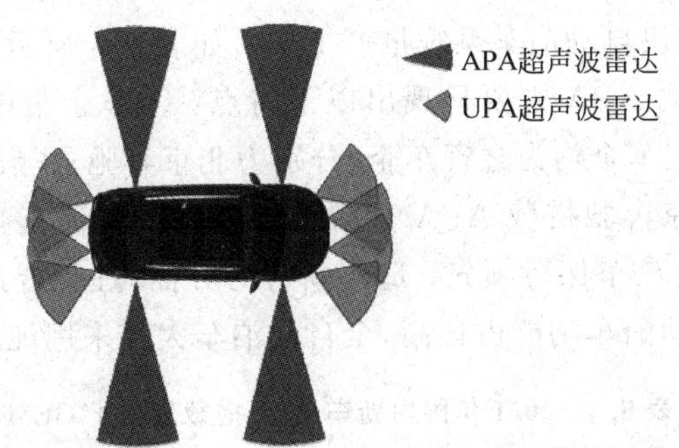

图 8.27　雷达感知范围示意图

有一个变小→变大→变小的过程。一旦汽车控制器探测到这个过程,可以根据车速等信息得到库位的宽度以及是否是空库位的信息。后侧方的 APA 在汽车低速巡航时也会探测到类似的信息,可根据这些信息对空库位进行校验,避免误检。

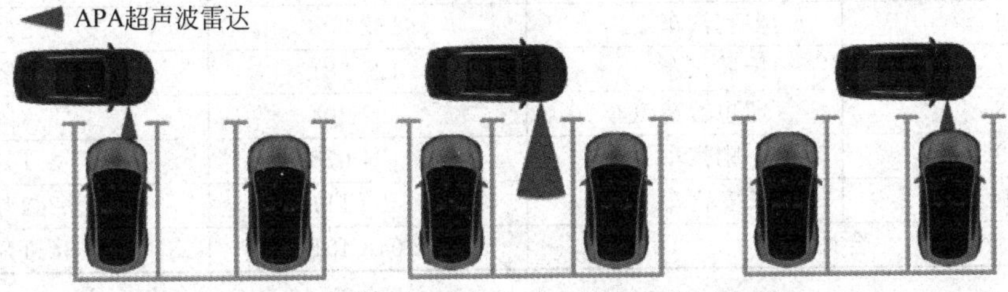

图 8.28　APA 超声波雷达检测库位原理图

使用 APA 超声波雷达检测到空库位后,汽车控制器会根据自车的尺寸和库位的大小,规划出一条合理的泊车轨迹,控制方向盘、变速箱和油门踏板进行自动泊车。在泊车过程中,安装在汽车前、后的 8 个 UPA 会实时感知环境信息,实时修正泊车轨迹,避免碰撞。

APA 自动泊车辅助需要驾驶员在车内实时监控,以保证泊车顺利完成,属于 SAE L2 级别的自动驾驶技术。对泊车辅助一代进行一个简单的技术盘点,如图 8.29 所示。

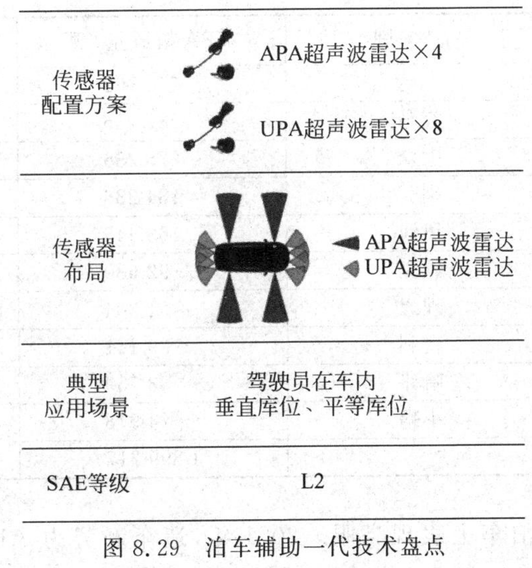

图 8.29　泊车辅助一代技术盘点

目前,各大车企正加快自动泊车系统量产上车。如表8.4所示,从2021年的数据来看,我国自主与合资车企搭载APA主要呈现出以下特点:①车企集中度高,前十车企占据了84.1%的市场份额;前五车企均为合资车企,分别为北京奔驰、华晨宝马、一汽大众、上汽通用和上汽大众,其中,北京奔驰搭载APA车型销量领先于其他车企。国内传统车企中,吉利汽车、长城汽车和长安汽车保持领先;造车新势力方面,理想智造汽车、小鹏汽车进入前十。②合资车企的半自动泊车功能占比高,全自动泊车大多采用纯超声波方案。

表8.4 2021年国内新车APA搭载量前十OEM

序 号	OEM	APA搭载量	市场份额
1	北京奔驰	536 062	22.0%
2	华晨宝马	287 716	11.8%
3	一汽大众	243 979	10.0%
4	上汽通用	231 190	9.5%
5	上汽大众	222 571	9.1%
6	吉利汽车	182 203	7.5%
7	长城汽车	125 281	5.1%
8	理想智造汽车	91 304	3.7%
9	小鹏汽车	74 978	3.1%
10	长安汽车	53 117	2.2%
合计		2 048 401	84.1%

分品牌看,2021年全年国内搭载APA新车中,汽车品牌集中度高。销量前十大品牌共占据约八成的市场份额,奔驰、宝马、奥迪三大豪华品牌占比超过40%;销量前五大品牌中包括两个主流合资品牌,分别为大众、别克,APA市场份额分别为11.3%、7.6%。自主品牌中,吉利汽车的领克和吉利品牌、长城汽车的哈弗品牌实现领先;国内造车新势力品牌方面,理想汽车与小鹏汽车品牌进入前十,如表8.5所示。

表8.5 2021年国内新车APA搭载量前十汽车品牌

序 号	品 牌	APA搭载量/辆	市场份额/%
1	奔驰	556 702	22.0
2	宝马	287 716	11.8
3	大众	275 256	11.3
4	别克	184 236	7.6
5	奥迪	163 445	6.7
6	领克	92 680	3.8
7	理想	91 304	3.7
8	吉利	89 141	3.7
9	哈弗	83 759	3.4
10	小鹏	74 978	3.1
合计		1 899 217	77.9

造车新势力在自动泊车上表现亮眼。2021年,造车新势力APA前装标配搭载量达216 394辆,占比8.9%。头部造车新势力中,理想汽车理想ONE车型标配APA功能,

APA 搭载量实现领先；小鹏汽车 APA 搭载量仅次于理想汽车，位居新势力品牌的第二位。APA 方案方面，理想汽车、小鹏汽车和蔚来汽车已采用融合泊车方案。自动泊车功能上，小鹏汽车和威马汽车除实现了全自动泊车和遥控泊车外，还率先推出了记忆泊车功能（适用场景、使用体验等方面存在差异），自动泊车技术处于国内领先水平。相比较而言，走在智能化前沿的特斯拉，自动泊车长期采用纯超声波方案，自动泊车能力表现不佳，虽然能够其智能召唤支持手机遥控车辆前往车主所在位置或所选位置，并按需绕行障碍物或停稳，但定位依赖 GPS 信号，限制条件较多，应用场景受限。

8.5.2 RPA 远程泊车辅助

RPA（remote parking assist）远程泊车辅助系统是在 APA 自动泊车辅助技术的基础上发展而来的，车载传感器的配置方案与第一代类似，在 APA 的基础上增加了遥控部分，允许驾驶员在车外一定可视范围内使用遥控装置（手机 App 或遥控钥匙）控制车辆实现泊入、泊出、直进、直出及自动召唤功能。

它的诞生解决了停车后难以打开自车车门的尴尬问题，比如，在两边都停了车的车位，或在比较狭窄的停车房。RPA 远程遥控泊车辅助系统常见于特斯拉、宝马 7 系、奥迪 A8 等高端车型中。在汽车低速巡航并找到空车位后，驾驶员将车辆挂入停车挡，就可以离开汽车了。在车外，使用手机发送泊车指令，控制汽车完成泊车操作。遥控泊车涉及汽车与手机的通信，目前汽车与手机最广泛且稳定的通信方式是蓝牙，虽然没有 4G 传输的距离远，但 4G 因为信号问题并不能保证所有地方都能做到稳定通信。RPA 远程泊车辅助系统比第一代 APA 技术增加了与驾驶员通信的车载蓝牙模块，不再需要驾驶员坐在车内监控汽车的泊车过程，仅需要在车外观察即可。泊车辅助二代的技术盘点如图 8.30 所示。

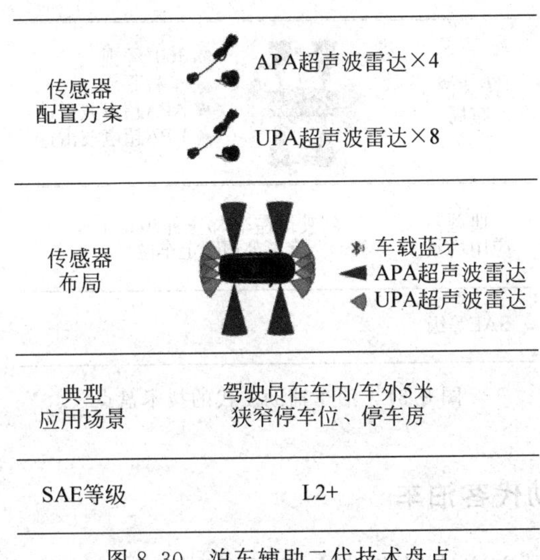

图 8.30 泊车辅助二代技术盘点

8.5.3 HPP 记忆泊车

在全自动泊车基础上，记忆泊车（home-zone parking pilot，HPP）可在相对更远距离和更复杂环境中自主完成泊入和泊出操作，对应 SAE 分级的 L3 级别。

在汽车变得越来越智能后，驾驶员的期望也越来越高。他们希望在大雨天下班时，不用自己冒雨取车，而是用手机发送指令后，汽车能自己启动，泊出车位，并行驶到他们面前。为了实现这个功能，给驾乘人员带来更好的体验，工程师们在汽车上加入了鱼眼相机。鱼眼相机的镜头就像鱼眼一样，能够看到超过 180°范围的东西，在汽车四周各装一个鱼眼相机，将它们的图像进行畸变矫正后再拼接，即可实现 360°的环境感知。市面上的很多高端车型上配备的 360°全景影像功能，就是基于以上原理拼接而成的“鸟瞰图”。为了给驾驶员提供更好的泊车体验，工程师在鸟瞰图的基础上做了更多文章，做出了“上帝视角”，配合车上的大屏使用，效果更佳。

记忆泊车能够学习驾驶员的泊入和泊出操作，并在以后自主完成这个过程。完成路线的学习后，在录制时的起点下车，用手机蓝牙连接汽车，启动记忆泊车辅助系统，汽车就能够模仿先前录制的泊车路线，完成自动泊车。驾驶员除了让汽车学习泊入车库的过程外，还能够让汽车学习泊出，并行驶到办公楼的过程。自学习泊车辅助系统相比于前两代加入了 360°环视相机，而且泊车的控制距离从 5m 扩大到了 50m，有了明显提升。记忆泊车系统应用区域不需要提前采集高精地图，适用于高频、高重复性的泊车行为，可以有效解决家庭区域私人停车位、园区及办公场景下单位固定停车场的泊车问题。泊车辅助三代的技术盘点如图 8.31 所示。

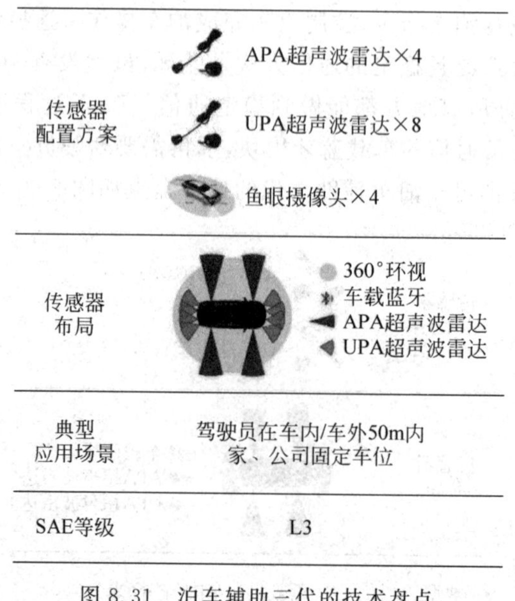

图 8.31 泊车辅助三代的技术盘点

8.5.4 AVP 自动代客泊车

理想的泊车辅助场景应该是，人们把车开到办公楼下后，直接去办正事，把找车位和泊车的工作交给汽车。汽车泊好后，发条信息给驾驶员，告知自己在哪儿。在人们下班时，给汽车发条信息，汽车即可远程启动并泊出库位，行驶到驾驶员设定的接驳点。

AVP(automated valet parking)自动代客泊车的研发就是为了解决日常工作、生活中停车难的痛点，其主要的应用地点通常是办公楼或者大型商场的地上或地下停车场。相比于更为成熟的前三代泊车辅助产品，AVP除了要实现泊入车库的功能外，还需要解决从驾驶员下车点低速(小于20km/h)行驶至车位旁的问题。为了能尽可能地安全行驶到车位旁，必须提升汽车的远距离感知的能力。前视摄像头成为最优的传感器方案。地上/地下停车场不像开放道路，场景相对单一，高速运动的汽车较少，对于保持低速运动的汽车来说，更容易避免突发状况的发生。常用的激光雷达和毫米波雷达没被选用的原因是，激光雷达的成本较高，在成本降下来之前，不在大部分车企的量产考虑范围内；毫米波雷达由于感知原理的限制，在低速下的表现并不好，而且在地库中使用时信噪比不高，因此也不考虑。

实现AVP还需要引入停车场的高精度地图，再配合SLAM或视觉匹配定位的方法，才能够让汽车知道它现在在哪里，应该去哪里寻找车位。除了自行寻找车位外，具备AVP功能的汽车还可以配合智能停车场更好地完成自动代客泊车的功能。智能停车场内需要安装一些必要的基础设施，如摄像头、地锁等。这些传感器不仅能够获取停车位是否被占用的信息，还能够知道停车场的道路上是否有车等信息。将这些信息建模后发送给汽车，汽车就能够规划出一条更为合理的路径，行驶到空车位处。

根据《自主代客泊车系统总体技术要求》给出的AVP参考架构，AVP系统主要包括基础设施、用户和车辆三大部分。其中，基础设施包括场端设施(包括停车场内的专用标识、灯光、场端网络、场端传感器、场端服务器等)、云平台和地图；用户App主要指用户使用AVP服务过程中的人机交互界面；车辆包括AVP车辆和与车辆远程控制相关的汽车OEM平台，如图8.32所示。

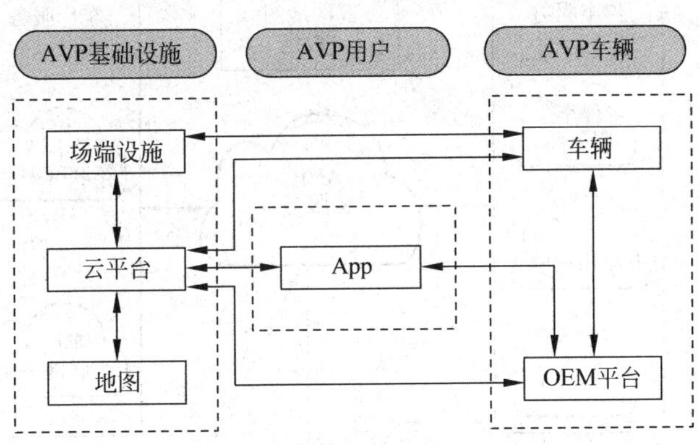

图8.32 AVP系统参考架构

在智能化发展前期，基于资源、成本等因素，自动代客泊车系统出现了三种技术路线：单车智能方案、场端方案和车场协同方案。

(1) 单车智能方案。基于单车智能的自动泊车系统完全通过车端的软件、硬件技术进行感知、定位、规划和控制。在感知定位层，自动泊车系统通过车辆周身搭载的传感器及其他软件、硬件技术，实时感知泊车环境并对周围环境进行数据采集。在规划控制层，自动泊车系统通过车载计算平台及合适的算法对数据进行处理，实时规划泊车轨迹，最后执行模块控制车辆的速度与方向，实现泊车入位。配置方面，单车智能方案一般需要12个超声波雷达、4个环视摄像头、1个前向摄像头、毫米波雷达/激光雷达等传感器以及视觉语义地图/停车场高精度地图。

单车智能方案可以避免对停车场进行大规模改造，适用于各类停车场。利益相关方仅有车企与用户，盈利模式较为清晰。技术方向上更接近 L4 自动驾驶场景，具备场景迁移能力。但该方案也存在诸多劣势。例如，该方案对车端感知能力、计算平台算力要求高，会增加单车成本；功能可靠性低，无法实现对周围环境无死角感知；车端无法提前获取空余车位、空余充电桩数、停车收费情况等场端数据。单车智能方案是目前被众多主机厂采纳最多的方案，主要供应商大部分有 ADAS 开发经验，从 ADAS 向上拓展应用场景，如纵目科技、百度等。

(2) 场端智能方案。基于场端智能的自动泊车系统通过提升停车场的智能化水平来实现自动泊车功能。场端负责感知、定位、规划等，车辆仅负责运动控制。

场端智能 AVP 方案提供商以博世为代表。博世的场端 AVP 方案在场端布置双目摄像头和边缘计算中心，以实现感知和决策；在车端配置电子驻车、线控刹车、自动换挡、动力转向、车辆远程唤醒以及互联模块等功能以完成车辆控制，不需要智能摄像头、雷达、高性能计算单元、停车场高精地图。目前博世 AVP 方案已实现商业试运营。

场端方案对车辆的智能化要求较低，但需要在停车场布置较高密度传感器，场端改造费用高且投资回报周期长。

(3) 车场协同方案。车场协同方案需要车端和场侧协同实现。车和场各自负责部分感知和定位功能，云平台负责车位分配和停车全局路径规划，车端负责局部路径规划和运动控制。

车场协同 AVP 方案提供商以华为为代表，如图 8.33 所示。华为的 AVP 方案需要在场端和车端分别部署，方案实施可分为两个阶段。

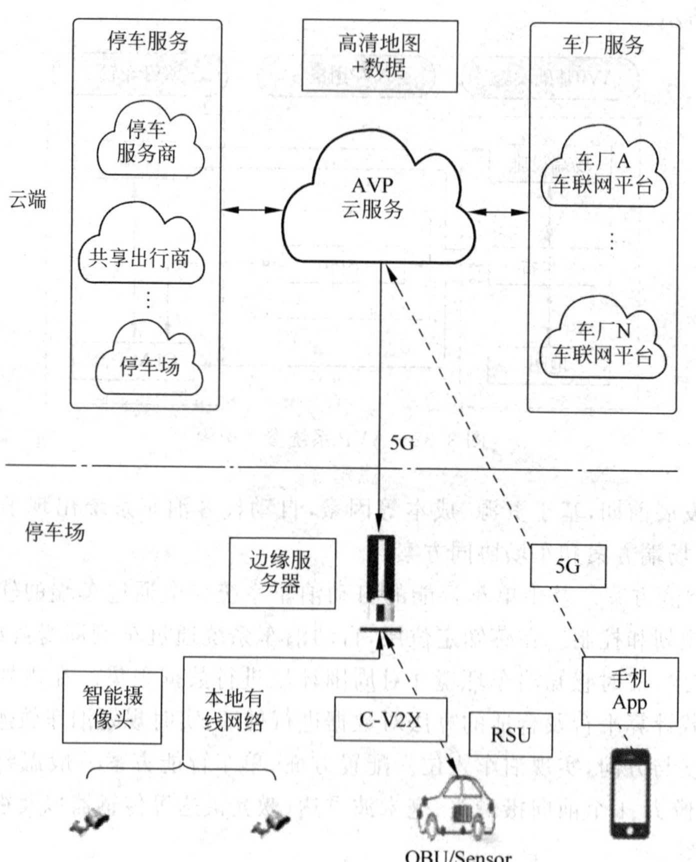

图 8.33　华为协作式 AVP 智慧泊车解决方案

第一阶段：在场端，需要在道路中间连续部署智能摄像头，依托本地有线网络与边缘服务器相连，借助5G与华为AVP云平台相连，再通过5G将停车场信息反馈到驾驶员手机App。在车端，并不需要进行额外改装。在第一阶段对停车场进行改造后，普通车辆找位和人反向寻车的功能将分别得以实现。第二阶段：路侧需要加装RSU，车端需要在支持APA辅助泊车系统的L2量产车型的基础上进行OBU和ECU的OTA升级。该阶段车主可实现一键自动泊车、自动取车。

车场协同方案的优点是成本相对较低（能降低场端投资和车端成本），具有广泛的适用性；能为自动驾驶功能安全提供双份冗余，确保车辆行驶安全。但该方案尚未形成统一方案，产业还需要统一通信、数据、地图等标准。另外，由于该方案涉及多个利益方，协调难度较大。

目前感知方面最大的问题是测量精度和多传感器融合，主流的传感器还是超声波雷达，少部分车型采用了"超声波雷达＋摄像头"的配置。激光雷达由于成本太高，还无法量产到车上。但是可以考虑加装毫米波雷达，它的成本在逐年下降，将来雷达与摄像头协同感知会成为主流。在决策方面，需要控制算法来实现，这样就需要大量的停车数据训练算法，一起顺利实现路径的规划。在执行方面，随着线控技术的不断发展，执行的响应度会越来越灵敏、安全性越来越可靠，汽车会越来越偏向智能控制。

随着传感、控制、执行的一体化发展进度、智慧停车基础设施的不断建设、自动驾驶技术的不断发展、各厂商对于自动泊车技术研发的热情不断激发，AVP全自动泊车系统终将会成为主流趋势。

参考文献

[1] 刘畅．多信息融合自动泊车系统研究综述[J]．内燃机与配件，2022(4)：218-220.

[2] 左培文，孟庆阔，李育贤．自动泊车系统发展现状及前景分析[J]．上海汽车，2017(2)：44-46,56.

[3] Xu J, Chen G, Xie M. Vision-guided automatic parking for smart car[C]//IEEE Intelligent Vehicles Symposium. IEEE, 2002.

[4] Jung H G, Dong S K, Yoon P J, et al. Parking slot markings recognition for automatic parking assist system[C]//2006 IEEE Intelligent Vehicles Symposium. IEEE, 2006.

[5] Jung H G, Yun H L, Kim J. Uniform user interface for semiautomatic parking slot marking recognition[J]. IEEE Transactions on Vehicular Technology, 2010, 59(2): 616-626.

[6] Suhr J K, Jung H G. Fully-automatic recognition of various parking slot markings in around view monitor(AVM) image sequences[C]//International IEEE Conference on Intelligent Transportation Systems. IEEE, 2013.

[7] Lee S, Hyeon D, Park G, et al. Directional-DBSCAN: Parking-slot detection using a clustering method in around-view monitoring system[C]//Intelligent Vehicles Symposium. IEEE, 2016.

[8] Chulhoon, Jang, Myoungho, et al. Semantic segmentation-based parking space detection with standalone around view monitoring system[J]. Machine Vision and Applications, 2019, 30(2): 309-319.

[9] Li W, Cao L, Yan L, et al. Vacant parking slot detection in the around view image based on deep learning[J]. Sensors(Basel, Switzerland), 2020, 20(7).

[10] 冯泽，蒙雪敏，孙振保，等．电动汽车整车电子控制器(VCU系统)智能横向泊车服务系统的设计探究[J]．科技创新与应用，2019(35)：79-80.

[11] 江浩斌，叶浩，马世典，等．基于多传感器数据融合的自动泊车系统高精度辨识车位的方法[J]．重庆理工大学学报(自然科学版)，2019,33(4)：1-10.

[12] 朴昌浩，禄盛，张艳，等．自动泊车系统设计[M]．北京：科学出版社，2014.

第9章

自动驾驶云平台开发技术

9.1　云平台架构

自动驾驶系统中，车载数据、环境数据等最终都应该上传汇总至统一的云平台，由云平台将个体数据汇总成系统整体数据，并加以分析、展示、控制和应用。

为了实现自动驾驶的云端控制，自动驾驶云平台应该包含如图 9.1 所示的几个部分。

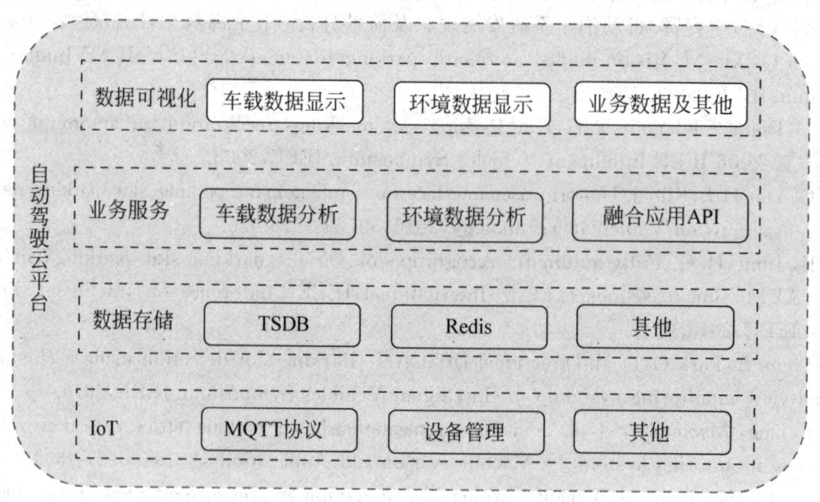

图 9.1　自动驾驶云平台框架图

1. IoT 层

IoT 层(即物联网层)可以看作车载数据、环境数据等个体数据与云平台交互的接口。在 IoT 层，各类自动驾驶设备通过 MQTT 协议与云平台进行双向交互。设备向云平台发送自身实时数据，云平台将反控指令和设备请求的其他数据反向传送给车载设备或者环境设备。

此外,云平台对联网设备的管理也包含在这一层。

2. 数据存储层

云平台收到的所有设备数据都应该在云平台中妥善存储,以备后继使用。车载数据和环境数据都具有很明显的实时特征,因此在云平台中大多采用时序数据库 TSDB 存储这些数据,而不是采用传统的关系型数据库。

此外,为了加快海量数据的存储,云平台一般还会选择基于内存的 Redis 系统作为数据缓存。

3. 业务服务层

业务服务层主要负责对设备上传的海量数据进行处理分析和融合应用,也是云平台的核心层。车载设备和环境设备上传到云平台的海量数据,可以采用大数据相关方法进行处理和分析。分析后得到的有效信息,可以根据用户的具体需求进行融合应用,比如,路径规划、违章预警、交通信号控制等。

为了适应不断变化更新的用户需求,业务服务层可以考虑通过提供 API 的方式向用户开放具体的业务服务。

4. 数据可视化层

云平台的最上层是数据可视化层,主要功能是将数据以及数据应用的结果以用户想要的方式展现给用户,即数据的可视化。根据不同用户的需求和权限,展现的数据包括车载数据、环境数据、地图以及业务服务层融合处理过的数据运算结果等。

9.2 数据与云平台的通信

云平台中,最底层的 IoT 层负责各类设备(包括车载设备和环境设备)与云平台的通信。

9.2.1 MQTT 协议

MQTT(message queuing telemetry transport,消息队列遥测传输)协议是一个极轻量级的基于发布/订阅消息的传输协议,构建于 TCP/IP 之上,由 IBM 公司在 1999 年发布。MQTT 协议最大的优点在于,可以以极少的代码和有限的带宽,为连接远程设备提供实时可靠的消息服务,专为受限设备和低带宽、高延迟或不可靠的网络而设计。

MQTT 协议的轻量、简单、开放和易于实现等特点使得它在物联网、小型设备、移动应用等方面有广泛的应用。例如,它已被用于通过卫星链路与代理通信的传感器、与医疗服务提供者的拨号连接以及一系列家庭自动化和小型设备场景。它也是移动应用的理想选择,因为它体积小,功耗低,数据包最小,并且可以有效地将信息分配给一个或多个接收器。

MQTT 协议的实现原理如图 9.2 所示。实现 MQTT 协议需要客户端和服务器通信完成。在通信过程中,MQTT 协议中有三种身份:发布者(Publish)、代理(Broker)(服务器)、订阅者(Subscribe)。其中,消息的发布者和订阅者都是客户端,消息代理是服务器,消息发布者可以同时是订阅者。

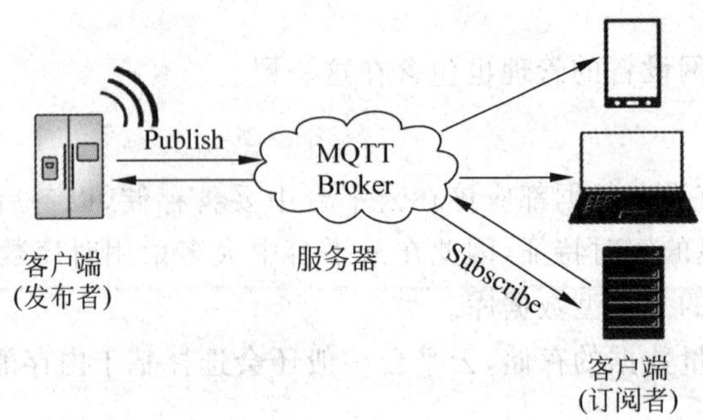

图 9.2　MQTT 协议的实现原理

MQTT 消息分为主题(topic)和负载(payload)两部分：主题可以理解为消息的类型；负载可以理解为消息的内容。

MQTT 协议中定义了一些方法(也被称为动作)，主要包括以下几种。

(1) Connect：等待与服务器建立连接。

(2) Disconnect：等待 MQTT 客户端完成所做的工作，并与服务器断开 TCP/IP 会话。

(3) Subscribe：客户端向服务器订阅一个主题。

(4) UnSubscribe：客户端向服务器取消一个主题的订阅。

(5) Publish：客户端发送消息请求，发送完成后返回应用程序线程。

下面举例来描述一次完整的 MQTT 通信过程。

客户端 A，发布者；客户端 B，订阅者；服务器 C，Broker。假设 A 想发送消息给 B，双方约定消息的主题为 target。

(1) A Connect C。

(2) B Connect C。

(3) B 向 C Subscribe(target)。

(4) A 向 C Publish(target,"our message ...")。

(5) C 向 B 推送消息(target,"our message ...")。

(6) B 收到消息，处理消息。

客户端可以通过 UnSubscribe 请求取消订阅一个主题，也可以通过 Disconnect 来请求与服务器断开连接。但实际应用中，客户端设备大多需要持续地传输数据，因此大多会维持和服务器的长连接，并且订阅的主题也相对保持稳定。

所有订阅了相同主题的客户端都能收到这个主题下面发布的消息。但是消息发布的质量有 3 种不同的层次。

(1) 至多一次：消息发布完全依赖底层 TCP/IP 网络，会发生消息丢失或重复。倘若接收消息的设备在消息推送时未联网，再次联网也就收不到了。

(2) 至少一次：确保消息到达，但消息重复可能会发生。

(3) 只有一次：确保消息到达一次。

大多数环境传感器数据会实时发送环境数据，丢失一次不会造成影响，因为很快会有新的数据传送上来。这种情况比较适合用“至多一次”的服务。但是对于重要的信息，如果消息重复或丢失会导致不正确的结果，就要选择更高质量的消息发布服务了。

9.2.2　设备上传数据

自动驾驶云平台中，设备上传的数据主要来自两类设备：车载设备和环境设备。车载设备主要是指安置在车辆中的设备，通过传感器捕获当前车辆的实时数据，包括车辆位置、速度、加速度，车内温度、湿度等，甚至还可以包括车辆的驾驶参数，如方向盘转角、刹车状态、安全带状态等。环境设备是指安置在车辆行驶环境中的设备，如红绿灯、路边测速仪、路灯、停车检测仪器等。这些环境设备捕获当前环境的实时数据，上传到云平台，主要包括红绿灯状态、车辆行驶速度、停车状态、环境障碍情况、环境温度和湿度等。

这些设备数据种类繁杂，实时上传，数据量庞大，上传时应该分层设置订阅主题，以便对数据进行分层管理。

MQTT协议中的主题可以分层设置，还可以用"＃"和"＋"两个通配符同时指定多个主题。

举例说明如下。

假设有车载设备V1、V2、V3，环境设备E1、E2、E3。

下面的主题分别指定了V1、V2、V3三个车载设备发布的温度信息，订阅相应的主题可以获得不同设备温度信息的推送。

```
/Sensor/vehicle/V1/temperature
/Sensor/vehicle/V2/temperature
/Sensor/vehicle/V3/temperature
```

下面这个带有符号"＃"的主题，指定了车载设备V1发布的所有信息，如果订阅了这个主题，V1发布的温度、湿度、速度等所有位于/Sensor/vehicle/V1/层次下面的信息，都可以获得服务器推送。"＃"是多层通配符。

```
/Sensor/vehicle/V1/#
```

下面带有符号"＋"的主题，指定了所有车载设备发布的温度信息，如果订阅了这个主题，所有车辆发布的温度信息都可以获得服务器推送。"＋"是单层通配符。

```
/Sensor/vehicle/+/temperature
```

环境数据的主题与车载数据类似。

下面的主题分别指定了E1、E2、E3三个环境设备发布的温度信息。

```
/Sensor/surroundings/E1/temperature
/Sensor/surroundings/E2/temperature
/Sensor/surroundings/E3/temperature
```

下面的主题指定了环境设备E1发布的所有信息。

```
/Sensor/surroundings/E1/#
```

下面的主题指定了所有环境设备发布的温度信息。

```
/Sensor/surroundings/+/temperature
```

下面的主题指定了所有设备(包括车载设备和环境设备)发布的温度信息。

```
/Sensor/+/+/temperature
```

定义好上传数据的主题之后,设备可以按照这些定义好的主题进行数据发布,MQTT服务器会将发布的实时数据推送给订阅了这些主题的客户端。但是,应该由谁来订阅这些主题,并最终获得数据呢?

自动驾驶云平台中,大量的实时数据需要在云端进行处理分析,并加以应用。因此,数据最终的流向应该是云端服务器。所以,云端服务器应该以软件进程的形式设置一个虚拟设备(virtual device),该虚拟设备订阅上述所有主题,可以获得所有设备的上传数据,然后对数据进行后继的存放和处理,如图 9.3 所示。

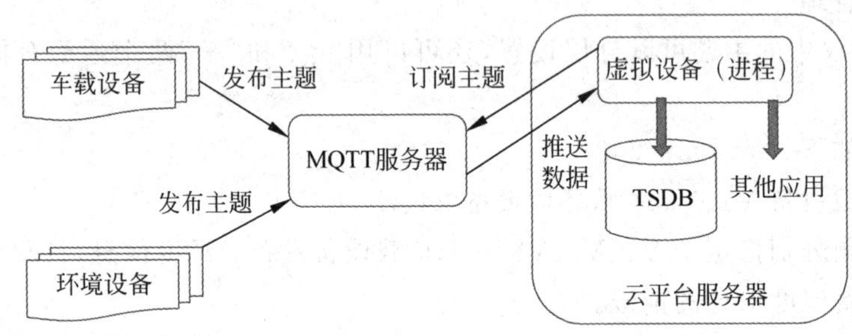

图 9.3　设备数据上传云平台示意图

9.2.3　设备获取数据

云平台与设备的通信应该是双向的。设备上报的数据,云平台上的虚拟设备通过订阅相应的主题可以获得推送。同时,设备也应该能够获取云平台对它发布的控制指令以及其他设备的数据信息。

1. 设备获取云平台的控制指令

在这种情况下,云平台的虚拟设备是信息的发布者,等待接受指令的设备是信息的订阅者。

控制指令的主题可以类似如下定义:

```
/Control/vehicle/V1
```

车载设备 V1 订阅上面的主题,当虚拟设备向这个主题发布信息时,V1 可以接收到服务器推送的控制指令。

```
/Control/surroundings/E1
```

环境设备 E1 订阅上面的主题,当虚拟设备向这个主题发布信息时,E1 可以接收到服务器推送的控制指令。

```
/Control/vehicle/#
/Control/surroundings/#
/Control/#
```

上面使用了通配符“#”的主题，虚拟设备可以用来向车载/环境设备群发布控制指令。示意图如图 9.4 所示。

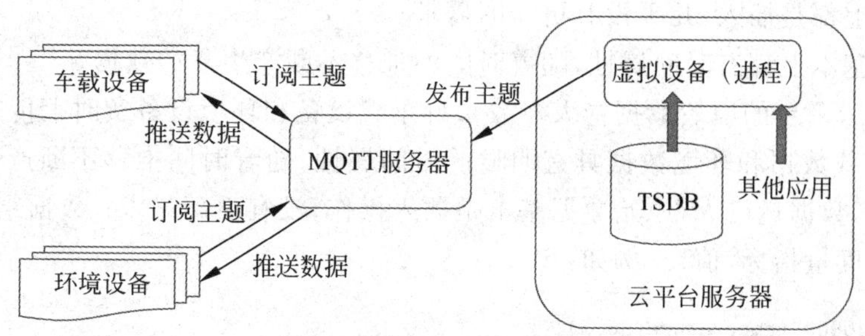

图 9.4 设备获取云平台数据示意图

2. 设备获取其他设备数据

在某些应用场景下，设备可能还想要获取其他设备的数据。比如，车载设备想获取环境设备的交通信号灯状态信息，或者路侧的停车检测设备想获取车辆的刹车状态信息等。

设备之间进行数据传送流程较为复杂，需要根据业务需求具体分析考虑，主要有以下两种模式。

(1) 通信的两设备之间直接通过主题进行信息的传递，一方是发布者，另一方是订阅者。这种模式虽然看似简单，但是通信双方的权限如何验证，通信的有效时间段和地域范围如何控制，都需要云平台服务器加以管控。换句话说，海量的设备之间不可能无限制地随时随地进行信息的发布和订阅，只有某一时刻位于这台设备附近的设备才有数据传送的必要性。那么，如何判断这台设备附近有哪些设备，哪些数据又是有必要、有权限传送的？这些都需要云平台的介入才能够实现。因此，这种设备之间直接通过主题进行信息发布和订阅的方法，实际应用中并不简单。

(2) 通信的两设备之间经过虚拟设备转发数据信息。发布者设备 V1 将信息发布给云平台的虚拟设备，此时 V1 是发布者，虚拟设备是订阅者。随后，虚拟设备经过数据整理和权限分析，再将这个信息发布给设备 V2，这一步中，虚拟设备是发布者，V2 是订阅者。

在这种模式下，两台设备之间的数据传送就相当于进行了一次设备数据上传和设备数据接收，即图 9-3 和图 9-4 的过程分别执行了一次。虽然看似复杂，但是云平台的进程有足够的信息进行权限分析和数据处理，安全性和业务逻辑都不会被破坏。

9.3 时序数据库

时序数据库(time series database)是用来存储时序数据，并以时间点/区间建立索引的数据库。

9.3.1 时序数据的特点

时序数据常有以下特点。

(1) 某一度量指标在某一时间点只会有一个值，没有复杂的结构(嵌套、层次等)和关系

(关联、主外键等),因此数据结构简单。

(2) 时序数据往往由所监控的大量数据源产生,因此数据量巨大。

(3) 基本上都是插入,几乎没有更新的需求。

(4) 数据基本上都有时间属性,随着时间的推移不断产生新的数据。

自动驾驶云平台的原始数据绝大多数来自车载设备和环境设备实时上传的数据。这些实时上传的车载数据和环境数据具有明显的时间属性,随着时间推移不断产生新数据;由于不间断上传,数据量巨大,原始数据基本是插入操作,没有更新需求;数据结构简单,基本模式是(时间,度量指标,值)。例如:

```
(1660280040800,temperature,36.2)
(1660280040800,speed,52.3)
```

因此,自动驾驶云平台的设备上传数据是典型的时序数据,适合用 TSDB 存储。

9.3.2 时序数据库样本举例

时序数据库中的基本概念与传统的关系数据库略有不同,简单介绍如下。

(1) metric(度量):数据指标的类别,如温度、风力等。

(2) field(域):度量下数据的不同子类别。比如,wind(风力)这个 metric 包含 direction(风向)、speed(风速)两个 field。即一个 metric 支持多个 field,当然也可以没有子类别 field。

(3) timestamp(时间戳):数据产生的时间点。

(4) value(数值):度量对应的数值。比如,36.2℃、52.3km/h 等(实际时序数据库中不带单位)。如果一个 metric 有多个 field,则每个 field 都有相应的 value。

(5) tag(标签):一般而言,标签是一个 key-value 对,用于提供不随时间戳变化的额外信息,比如,"设备号=95D8-7913""型号=ABC123""出厂编号=1234567890"等。

(6) data point(数据点):1 metric+1 field(可选)+1 timestamp+1 value+$n$tag($n \geqslant 1$)唯一定义了一个数据点。当写入的 metric、field、timestamp、$n$tag 都相同时,后写入的 value 会覆盖先写入的 value。

(7) 时间序列:1 metric+1 field(可选)+$n$tag($n \geqslant 1$)定义了一个时间序列。

下面对自动驾驶云平台中的时序数据简单举例说明。单域数据点的时间序列如图 9.5 所示。

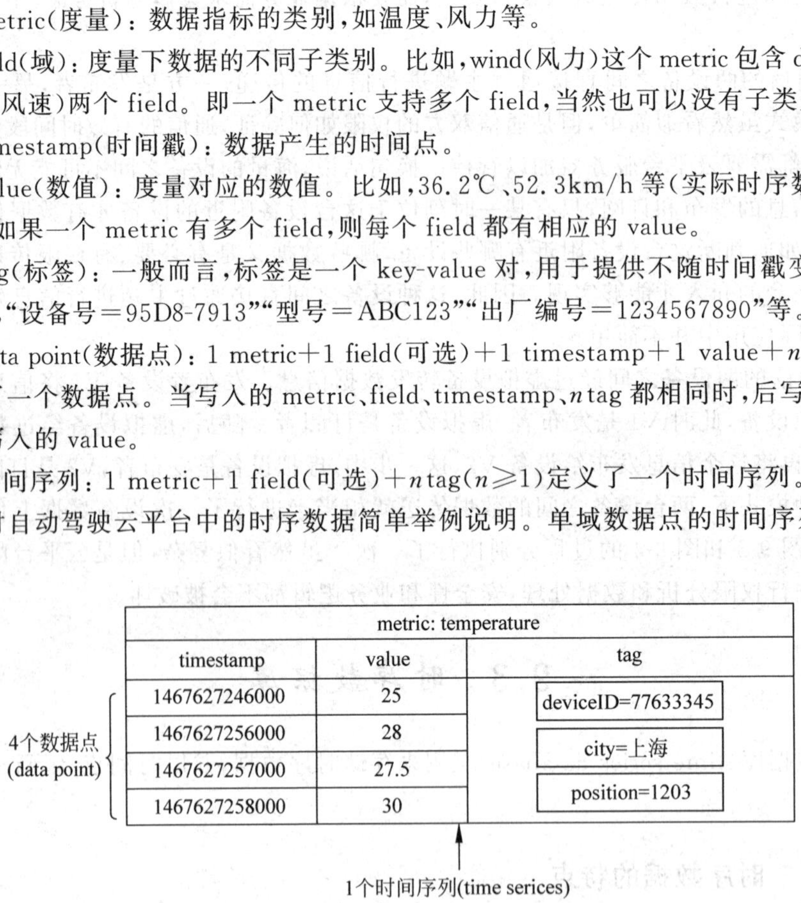

metric: temperature		
timestamp	value	tag
1467627246000	25	deviceID=77633345
1467627256000	28	city=上海
1467627257000	27.5	position=1203
1467627258000	30	

图 9.5 单域数据点的时间序列示例图

图 9.5 展示了云平台下，一个环境设备上传的关于环境温度的时间序列。该时间序列由 4 个数据点组成，每个数据点时间戳不同，但是都对应同一个 metric：temperature。不同的时间戳下面，上传的实时温度值(value)也不同。这一组时序数据有 3 个区别于其他数据的、不随时间戳变化的标签(tag)，分别表示该测温设备的设备号、所在城市和位置。

多域数据点的时间序列如图 9.6 所示。

metric: wind			
timestamp	field:direction	field:speed	tag
1467627246000	45.1	1.8	
1467627256000	45.2	1.2	sensor=95D8-7913
1467627257000	46	1.9	city=深圳
1467627258000	47		province=广东
1467627259000		1.1	

图 9.6　多域数据点的时间序列示例图

图 9.6 展示了云平台下，一个环境设备上传的关于风力的时间序列。该时间序列由 5 个数据点组成，每个数据点时间戳不同，但是都对应同一个 metric：wind。不同的时间戳下，wind 包含两个 field：direction 和 speed，上传的实时数值(value)至少包含其中之一。这一组时序数据有 3 个区别于其他数据的、不随时间戳变化的标签(tag)，分别表示该风力传感器的设备号、所在城市和省份。

9.3.3　常见的时序数据库

时序数据库出现的时间较晚，目前较成熟的时序数据库如下。

1. InfluxDB

(1) 单机版免费开源，集群版本收费。

(2) 支持类 SQL 语法。

(3) 支持条件过滤以及正则表达式删除数据。

(4) 可以设置在集群内的副本数。

2. OpenTSDB

(1) OpenTSDB 是基于 HBase 的分布式时序数据库。

(2) 数据存储一致性，毫秒级写入，数据持久化。

(3) 底层基于 HBase，每秒百万次写入，支持线性扩容。

3. Beringei

(1) Beringei 是 Facebook 开源的一款内存时序数据库。

(2) Beringei 使用一种三级的内存数据结构。其中，第一级为分片索引，第二级为时间序列索引，第三级为时序数据，通过该数据结构可以支持快速的数据读写。Beringei 实现了一种高效的流式的压缩算法，从而使内存占用最小化；Beringei 支持写入内存的同时写入硬盘，并在重启后恢复数据。然而 Beringei 也有一些限制，譬如只支持浮点型数值，时间精度只到秒，只能按时间戳顺序写入数据。

9.4 云平台数据处理分析

自动驾驶云平台的第三层是业务服务层。在这一层，原始数据首先被处理和分析，然后根据用户的需求，进行不同的融合应用。对应海量原始数据的处理和分析，需要用到数据清洗、统计分析、数据挖掘等相关技术。

9.4.1 云平台数据处理流程

自动驾驶云平台中，原始数据进入时序数据库之后，处理流程如图 9.7 所示。

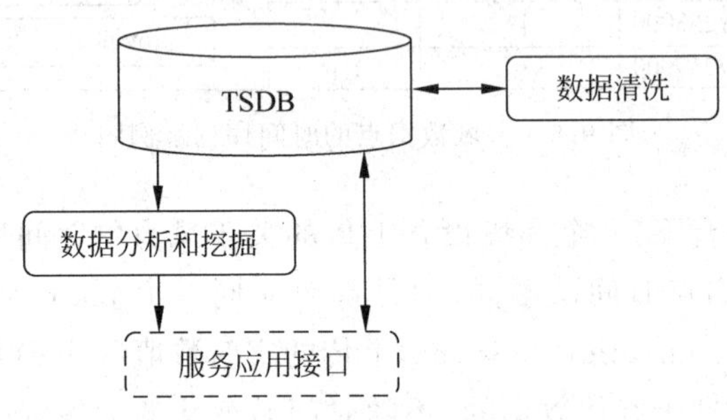

图 9.7 云平台数据处理流程图

设备上传的实时数据进入云平台的 TSDB 之后，需要进行数据清洗，目的是保证数据的准确性、完整性和一致性。当然数据清洗的时机和频率可以根据业务需要进行设置和调整。清洗过的数据可以采用特定的机制(如定时、条件触发等)进行统计分析和数据挖掘，找出数据中的有效信息和模式特征，以备后继业务需求使用。最后，分析和挖掘得到的信息，连同原始数据，一起流向服务应用接口，通过应用接口提供给用户使用。

9.4.2 数据清洗

一般来说，数据清洗是将数据库精简去重，并使剩余部分转换成标准格式的过程。数据清洗标准模型是将数据输入数据清洗处理器，通过一系列步骤"清洗"数据，然后以期望的格式输出清洗过的数据。数据清洗从数据的准确性、完整性、一致性、唯一性、适时性、有效性几个方面来处理数据的丢失值、越界值、不一致代码、重复数据等问题。

(1) 解决不完整数据(即值缺失)的方法。大多数情况下，缺失的值必须手工填入(即手工清洗)。当然，某些缺失值可以从本数据源或其他数据源推导出来，这就可以用平均值、最大值、最小值或更为复杂的概率估计代替缺失的值，从而达到清洗的目的。

(2) 错误值的检测及解决方法。用统计分析的方法识别可能的错误值或异常值，如偏差分析、识别不遵守分布或回归方程的值，也可以用简单规则库(常识性规则、业务特定规则等)检查数据值，或使用不同属性间的约束、外部的数据来检测和清洗数据。

(3) 重复记录的检测及消除方法。数据库中属性值相同的记录被认为是重复记录，通过判断记录间的属性值是否相等来检测记录是否相等，相等的记录合并为一条记录(即合并/清除)。合并/清除是消重的基本方法。

(4) 不一致性(数据源内部及数据源之间)的检测及解决方法。从多数据源集成的数据可能有语义冲突,可定义完整性约束用于检测不一致性,也可通过分析数据发现联系,从而使得数据保持一致。

上面4点仅仅是针对数据清洗的一般原则,但是针对具体应用,由于不同的应用对数据的要求不一致,应用环境也千变万化,很难归纳统一的方法和步骤进行数据清洗。

在自动驾驶云平台中进行数据清洗,需要考虑以下几个问题。

(1) 数据清洗的时机。数据清洗可以选择在数据进入数据库之前。但是选择这种数据清洗时机,可能会带来两类问题:①如果数据上传的频率非常高,海量数据清洗就会耗费很多时间,导致实时数据上传产生延迟;②在数据进入数据库之前进行清洗,大多只能根据经验值纠正明显的数值错误,对于数据的缺漏、重复、冲突等情况,很难处理。

数据清洗也可以在数据进入数据库之后,由后台线程定时完成。这种方式的优点是不会造成实时数据上传的延迟,也可以重复利用已有数据进行比对。但是缺点是有可能数据还没有来得及清洗就要被使用。

最后,数据清洗还可以选择在数据被应用时完成。比如,查询数据时,发现某一时段数据缺失或冲突,则临时补齐或修正数据。

具体使用哪种清洗时机,或者混合使用,需要由系统的规模和具体业务需求决定。

(2) 数据清洗的方法。数据清洗主要解决以下问题。

① 数据不完整:对于某一时间段的数据缺失,可以采用自动补齐的方法处理,数据补齐的原则要看具体的业务需求。比如,用默认值补齐数据,用相邻时间点的数据补齐,或者采用相近时间段数据加权平均的方法补齐,都是实际应用中可以选择的方法。

② 数据错误或冲突:对于明显的数据错误或者数据冲突,可以对原始数据打上更改标记,然后再选择合适的方式修改错误数据,解决冲突。

③ 数据重复:重复数据的处理方法大多是删除。

(3) 历史数据的清洗。对于自动驾驶云平台而言,由于数据实时传送,历史数据库必然越来越庞大,需要定期清洗,以避免数据查询时的巨大时间开销。历史数据的清洗主要有两种方法:一是删除历史数据,这个操作需要小心进行。二是将历史数据移入专门的历史数据库,避免当前的实时数据库过于庞大,而数据查询等操作大多在实时数据库中进行。这样可以最大限度地避免海量数据查询带来的时间开销。

9.4.3 数据分析与挖掘

自动驾驶云平台汇总了设备的实时海量数据后,可以对这些数据进行分析和挖掘,以备后继的各种业务服务使用,这无疑是很有意义的。

前面已经说过,云平台上的数据是典型的时序数据,对时序数据的分析,目的通常有三种:①根据历史数据,描述数据的动态变化;②揭示数据的变化规律;③预测未来的数据变化趋势。

针对不同的数据分析目的,常见的数据统计分析和挖掘方法有以下几类。

1. 描述性的时序数据分析

通过直观的数据比较或绘图观测,寻找序列中蕴含的发展规律,这种分析方法就称为描述性时序分析。描述性时序分析方法具有操作简单、直观有效的特点,它通常是人们进行统计时序分析的第一步。

2. 时序数据的对比分析

大多数时序数据,可以从绝对量(水平分析)和相对量(速度分析)进行比较统计。时间序列的水平分析是指按照时间顺序对数据的绝对量进行的分析,如数据的均值、增值、平均增长量等。反映数据变化速度快慢的称为速度分析,主要指标有增长速度、平均增长速度等。

对时序数据进行周期性比较分析时,还可以使用环比、同比等对比方式。

3. 相关性分析

相关性分析是指对两个或多个具备相关性的变量元素进行分析,从而衡量两个变量因素的相关密切程度,包括单相关、复相关、偏相关等不同的情况。对自动驾驶云平台的数据进行相关性分析,可以找出数据间的依赖关系和规律,有助于信号反控和预警。

4. 回归分析

在时间序列数据分析中,回归分析是一种常用的预测性建模技术,它研究的是因变量(目标)和自变量(预测器)之间的关系。例如,司机的鲁莽驾驶与道路交通事故数量之间的关系,较好的研究方法就是回归分析。回归分析又可以分为线性回归、多元线性回归、logistic 回归、非线性回归等不同方法,都已经有很多的实际应用场景。

5. 聚类分析

聚类分析指将物理或抽象对象的集合分组为由类似的对象组成的多个类的分析过程。它是一种重要的人类行为。

聚类分析的目标是在相似的基础上收集数据来分类。聚类源于很多领域,包括数学、计算机科学、统计学、生物学和经济学。在不同的应用领域,很多聚类技术都得到了发展,这些技术方法被用作描述数据,衡量不同数据源间的相似性以及把数据源分类到不同的簇中。

聚类分析是挖掘数据内在规律的一种重要手段。对自动驾驶云平台的数据进行有目的的聚类分析有助于发现这些数据的内在规律。

6. 其他方法

对自动驾驶云平台的数据进行分析和挖掘,不仅仅局限于上述的各种方法,其他各类分析方法都可以有针对性地应用于这些数据上,如主成分分析、决策树分析、蒙特卡洛模拟、神经网络等。

9.4.4 数据应用接口

自动驾驶云平台集中了海量数据资源,可以为用户提供丰富的业务应用服务。由于用户需求繁多,平台直接提供的业务服务很难满足用户的所有需求。所以,大多数平台提供了基本的应用程序接口(API),让用户调用平台数据和基本操作,来自定义实现自己想要完成的业务服务。

自动驾驶云平台作为业务数据和服务的提供者,向用户提供的服务应该是跨平台、跨语言的,并且应该是能够通过网络传递的、轻量级的,HTTP 接口无疑是最好的选择。近年来,基于 HTTP 的 RESTful 风格接口被很多大型云平台采用。下面简单介绍这种接口。

HTTP(超文本传送协议)主要用于浏览器与服务器之间的通信,可以传输文本、图片、视频等。HTTP 是一种应用层协议,是基于 TCP 的。现在流行的 HTTPS 在 TLS 或 SSL 协议层之上。HTTP 1.0 定义了 3 种请求方法:GET、POST 和 HEAD。HTTP 1.1 新增了 6 种请求方法:OPTIONS、PUT、PATCH、DELETE、TRACE 和 CONNECT。

在传统的 HTTP 接口中,一个 URL 应对某一种操作,对同一批数据进行不同的操作,需要切换 URL 地址。例如:

- api/get.php——获取数据;
- api/update.php——更新数据;
- api/delete.php——删除数据。

REST 指的是一组架构约束条件和原则。如果一个架构符合 REST 的约束条件和原则,就称它为 RESTful 架构,具有以下特点。

(1) 以资源为核心,每个 URL 代表一种资源。资源可以是网页、视频流、图像等,甚至可以是抽象的概念。唯一真正的限制是系统中的每个资源都是唯一且可标识的。

(2) 统一接口,客户端使用同一套标准操作来访问所有的资源。为此,定义了下面 4 个常用的 HTTP 动词。

- GET:从服务器获取资源。
- POST:在服务器新建一个资源。
- PUT:在服务器更新资源(客户端提供改变后的完整资源)。
- DELETE:从服务器删除资源。

同一个资源具有多种表现形式(XML、json 等),对资源的操作不会改变资源的 URI。

所有的操作本身都是无状态的,使用 http code 代表状态。

因此,对同一批数据,进行不同的操作,只需要一个 URL,只是请求方式不同。例如:

- GET 方式请求 api/state——获取数据;
- POST 方式请求 api/state——添加数据;
- PUT 方式请求 api/state——更新数据;
- DELETE 方式请求 api/state——删除数据。

RESTful 风格的接口灵活而简洁,很少参与业务逻辑,层次分明。看 URL 就知道用户要什么,看 HTTP 方法就知道用户要干什么,看 HTTP 状态码就知道结果如何。这种接口风格可以减少前、后端开发人员的沟通成本。

9.5 数据可视化

数据可视化是指将数据转换为图形中包含的可视对象来传达数据或信息的技术。为了清晰有效地传达信息,数据可视化使用统计图形、图表、信息图形和其他工具。有效的可视化有助于用户分析和推理数据,也使复杂的数据更易于访问、理解和使用。

数据可视化既是一门艺术,也是一门科学。有人认为它是描述性统计的一个分支,但也有人认为它是理论发展工具。越来越多的海量数据给数据可视化带来了挑战。

1. 数据可视化的要点

数据可视化有以下3个要点。

(1) 逻辑清晰：数据可视化一定要确认好内容动线，做到逻辑严密，结构清晰。

(2) 表达精准：数据准确，选择正确的图表，表达合适的信息，一看就懂，理解毫无歧义。

(3) 设计简洁：可视化的重点不是好看，而是突出重点，简洁美观。图表各元素、布局、坐标、单位、图例、交互适中展示，不要过度设计。

2. 数据可视化的形式

目前，数据可视化的常见形式有以下几种。

(1) 大屏。多见于展厅、监控中心，一般适用于实时监控预警、信息展示等场景。

(2) 看板/仪表盘。多见于管理后台、数据看板，如公众号管理后台、ERP数据看板。

(3) 报表。多见于专题分析、管理报表，以多维表格为主，会辅以简单图形或筛选器。

对于自动驾驶云平台而言，平台本身应该提供至少两类可视化形式。

3. 数据看板

数据看板是一个可视化工具，通过合理的页面布局、效果设计，将可视化数据更直观、更形象地展现出来。同时，数据看板也是一个交流工具，通过数据公开和呈现，共享有效信息，激活用户交流。

在制作数据看板时应该注意以下几点。

(1) 考虑受众，站在受众的立场上设计数据看板。

(2) 不要试图把所有的信息放在同一页上。一张数据看板上的信息应该符合一个主题、服务一个受众。

(3) 选择正确的看板类型。常见的包括战略型、操作型、分析型等。每个数据看板都应该为特定的目的设计。

(4) 展示数据的关联性。

(5) 仔细考虑布局和色彩。

(6) 使用交互元素。

越来越多的云平台提供了自定义看板的功能，以组件的方式，向用户提供可选择的数据展示方式。用户可以自由地搭建自己想要的数据看板，选择想要的数据源和图表类型。比如，百度的物联网云平台提供了物联网数据可视化——物可视，包含了丰富的可视化组件，支持多样的数据源接入，预置精致的可视化模板，完成可视化之后发布预览，一键分享URL访问。自动驾驶云平台的数据可视化也可以参考物可视，提供自定义数据看板的功能。

4. 数据报表

当用户进行数据查询和分析时，云平台必须能够以数据报表的形式进行数据可视化展示。报表是数据分析的展现形式，需要条理清晰、逻辑缜密、可读性强。根据信息类型选择适合的图表非常重要。

可视化专家Andrew Abela提出将图表展示的数据关系分为以下4类。

(1) 比较。比较型图表用于比较值的大小。使用该类型图表可以轻易地找出数据的最大值和最小值，也可以用于查看当前数值和过去的数值相比是增加还是减少。适用图表有柱形图、条形图、折线图等。

(2) 分布。分布型图表用来查看定量值如何沿着数轴从最低到最高分布。用户可以通过图表中数据的形态,识别数值范围的特征值、集中趋势、形状和异常值。适用图表有直方图、正态分布图、散点图等。

(3) 构成。构成型图表用于展示部分相较于整体的情况以及一个整体分成几个部分后各自的占比。该类型图表主要展示相对值,但一些类型也可以展示绝对差异,区别在于显示的是占总量的百分比还是具体数值。适用图表有饼图、堆积柱形图、堆积面积图、瀑布图等。

(4) 联系。联系型图表用于展示数据之间的关系,并且可以查找数据间的相关性、异常值和数据集群。适用图表有散点图、气泡图等。

9.6　云代驾案例分析

随着 5G、智慧交通、V2X 等新基建的应用落地,云代驾可在车上无驾驶员的情况下为自动驾驶系统的能力缺口补位。中国路况复杂,场景多样,即使是 L4 级高度自动驾驶处理起来也有一定风险,如临时道路变更或交通管制等。云代驾充分挖掘无人驾驶云平台的功能,通过使用智能车联的车云同步信息,使用无人驾驶云平台为车辆远程提供引导控制、平行驾驶等方案,对遇困车辆进行协助。与普通的无人驾驶技术相比,云代驾可以通过远程云平台控制中心实时了解车辆所处环境与状态,在自动驾驶有风险的场景下完成远程协助,保障自动驾驶的安全性和合理性,是自动驾驶的重要补充。

下面以一个模拟应用云代驾的场景对云代驾进行说明。

场景描述:张三及朋友共 3 人,申请云代驾,出发地 A,去往目的地 B。

第一步:云下单。

张三首先要通过 App 在云平台上申请云代驾订单。云代驾的订单应该至少提交以下信息:乘客身份信息(或手机号)、搭乘人数、出发地址、目的地址。

云下单的形式和现在的打车软件类似。但是由于云代驾没有实际的驾驶员,所以对乘客的身份信息、位置信息应该更仔细地进行核验,以免后期搭载乘客时出现麻烦。

第二步:云调度。

乘客下单后,云平台应该根据乘客人数和出发地点,调度合适的车辆承担运营任务。选择车辆时需要考虑的因素包括车型大小、车辆与出发地点的距离(车辆到达出发地点的时间)、车辆剩余的油量。

选定车辆后,车辆信息将发送至乘客的手机上。同时,车辆将以自动驾驶模式行驶至乘客出发地点。

第三步:云监控。

选定车辆在自动驾驶过程中,会全程接受云平台的监控,一旦遇到紧急状态或者突发状态,则接受云平台的反控。这也是云代驾区别于普通自动驾驶的关键所在。

车辆在行驶过程中的所有数据都会通过 MQTT 协议上传至云平台,存储在 TSDB 中。同样,沿途的环境数据也会通过路侧的环境设备上传至云平台。云平台的数据分析层会对车辆数据和环境数据进行实时分析计算,一旦发现突发事件,或者预测出危险状态,则会向车辆发送反控指令,对车辆的自动驾驶过程进行干预。比如,提前发现前方道路临时封闭,则向车辆发出绕行指令；发现车辆燃油不足以支撑本次订单的行程，则向车辆发出加油指令。当然突发事件也可能导致云平台更换车辆调度的结果。

第四步：乘客上车。

车辆到底乘客出发点后，乘客可以经过某种身份确认后，进入车内。比如，通过手机验证码，乘客可以打开车门，进入车厢内。此时，车辆会进行安全性确认，包括车门是否关好、安全带是否系好、是否超载、剩余油量是否足够等，这些信息也应该同步上传至云平台。

一切准备就绪后，车辆将进入自动驾驶模式，开往目的地。

第五步：前往目的地。

这一步与第三步类似，仍然全程接受云平台的监控和反馈。但是由于乘客在车内，有两点与上面的第三步稍有不同。一是由于车内有人，对车辆的安全性和舒适性监控将会变得更加谨慎。比如，车内温度的监控和反控调整、刹车距离的设置等。但是除非车辆故障，此时的异常状态反控往往不会导致车辆调度发生变更。二是数据可视化层将会发挥作用，在车内的显示屏上，车辆当前的状态、行驶路线等信息，都会以数据看板的形式展示出来，并提供与乘客交互的方式，允许乘客选择合理的偏好设置。比如，乘客可以通过数据看板调整车内温度，选择行驶路线等。

到底目的地后，一次完整的云代驾就结束了。

参考文献

[1] 廖建尚.物联网 & 云平台高级应用开发[M].北京：电子工业出版社，2017.

[2] 王见，赵帅，曾鸣，等.物联网之云：云平台搭建与大数据处理[M].北京：机械工业出版社，2018.